JN425654

이공계 학생을 위한

파워포인트로 이미지 만들기

장우동 지음

자유아카데미

저자서문

\introduction

이공계 학생을 위한
파워포인트로 이미지 만들기

이 책은 이공계 학생들을 위한 파워포인트 활용법을 다루고 있습니다. 파워포인트는 기본적으로 프레젠테이션을 위해 개발된 프로그램이지만 내부에는 기본적인 도형에서부터 복잡한 도형을 표현할 수 있는 다양한 도구들이 포함되어 있습니다. 이처럼 파워포인트는 그림을 그리기 위해서 필요한 매우 강력한 기능을 가지고 있음에도 그 기능들이 널리 알려져 있지 않습니다.

최근 유기신소재화학 교재를 집필하였는데, 책 집필에 가장 많은 시간을 쏟았던 것이 각종 신소재 관련 물질들을 설명하기 위한 다양한 이미지였습니다. 이미지 저작권이 강화되면서 대부분의 그림을 직접 그려야 했기 때문입니다. 이때 제가 활용한 소프트웨어가 바로 파워포인트입니다. 복잡한 구조의 그림을 그리기 위해서는 다양한 소프트웨어가 요구되는데, 필자는 그동안 비교적 범용으로 활용되고 있는 파워포인트를 이용하여 다양한 그림들을 그려서 사용해 왔습니다. 유기신소재화학 교재에서도 다양한 그림들이 사용되었으며 이 그림들을 제작하는 과정을 공유했으면 하는 마음에 이 책을 집필하게 되었습니다.

대부분의 학생들이 과제 발표 및 연구결과를 보고하기 위해 또는 실험결과를 정리하고 논문을 작성하기 위해 파워포인트를 자주 활용하고 있습니다. 최근에는 저널에 투고하는 과정에서 본인의 연구내용을 한눈에 알아볼 수 있는 그림이 요구되고 있습니다. 이를 위해 다양한 소프트웨어가 활용되고 있지만, 기능이 많은 소프트웨어일수록 그 사용법을 익히는 것이 쉽지 않으며 많은 시간과 노력이 요구됩니다.

이 책에서는 파워포인트만을 이용해서 그릴 수 있는 다양한 그림들을 소개함과 동시에 고난도의 그림을 쉽게 그릴 수 있는 방법을 익힐 수 있도록 그 과정을 소개하고 있습니다. 또한 프레젠테이션을 위해 파워포인트에서 제공되는 애니메이션 기능에 대해서도 간략하게 다루고 있습니다. 이 책은 파워포인트 2016을 사용하여 작성되었으며, 파워포인트 2016을 기준으로 설명하고 있습니다. 버전에 따라 일부 메뉴나 기능의 이름이 다를 수도 있으니 이 점은 감안하기를 바랍니다.

끝으로, 책에 나오는 내용을 실습해 볼 수 있는 실습용 PPT 파일과 출간 후 나올 수 있는 수정사항 등은 자유아카데미 홈페이지(www.freeaca.com) 자료실에 제공할 예정입니다. 이 책을 통해 모든 이들이 파워포인트의 강력한 기능들을 이해하고 활용할 수 있게 되기를 바랍니다.

2020년 6월

연세대학교 화학과 교수
장 우 동

목차
contents

01 이미지 포트폴리오

1 각종 실험용 장치 10
2 첨단 신소재 디바이스 11
3 바이오 관련 이미지 12

02 메뉴 둘러보기

1 기본 메뉴 구성 14
2 상태 표시줄 14
3 파일 탭 15
4 리본 메뉴 구성 16
5 서식 창 23
6 서식 창/세부 요소 24
7 서식 창/세부 요소/제어 속성 25
8 대화상자 30

03 도형 편집하기

1 텍스트의 삽입 32
2 도형의 삽입 33
3 도형의 이동, 크기 변형, 회전 34
4 선 35
5 도형 채우기: 색상 36
6 도형 채우기: 질감 38
7 도형 채우기: 그림 39
8 도형 채우기: 그라데이션 40

이공계 학생을 위한
파워포인트로
이미지 만들기

9 도형의 조합 42
10 도형의 편집 43
11 도형 효과 44
12 도형 효과: 그림자 효과 45
13 도형 효과: 반사 효과, 네온 효과, 가장자리 효과 46
14 도형 효과: 입체 효과 47
15 도형 효과: 3차원 회전 효과 48
16 도형의 복사 49
17 도형의 정렬: 개체 순서 50
18 도형의 정렬: 그룹화 51
19 도형의 정렬: 맞춤 52
20 도형의 정렬: 회전 54
21 개체 이름 지정하기 55
22 그림 자르기 56
23 투명한 색 설정 57
24 그림 배경 제거하기 58

04 도형 편집을 이용한 이미지 제작

1 도형 병합의 활용: DNA 모식도 60
2 단순한 도형들의 조합을 통한 그림 그리기: 근육 모식도 61
3 3차원 도형 효과를 이용한 이미지 만들기: 물방울 63
4 3차원 도형 효과를 이용한 이미지 만들기: 나노 입자 모형 64
5 3차원 효과가 적용된 단순한 도형들의 조합을 통한 그림 그리기: 캐릭터 인형 따라 그리기 66
6 3차원 회전의 활용: 루빅스 큐브 69

목차

contents

7	도형 병합과 3차원 도형 효과의 활용: UV램프	70
8	3차원 도형의 조합: 지방 세포 모식도	72
9	3차원 도형의 조합: 머그컵과 와인잔	73
10	3차원 도형의 위치 관계: 원통을 관통하는 기둥	77
11	3차원 도형의 위치 관계: 주사기	78
12	그림으로 변환 옵션의 활용 I: 직물	79
13	그림으로 변환 옵션의 활용 II: 연결된 고리	80
14	그림으로 변환 옵션의 응용: 반투명 캡슐에 싸여져 있는 나노 입자의 모식도	81
15	그림으로 변환 옵션의 응용: Vial	82
16	3차원 도형의 조합: Vial	83
17	외부 이미지의 활용: 휴대전화	84
18	질감 채우기의 활용: 뼈 모식도	92
19	그림자의 활용: 벽시계	95
20	정렬의 활용: 온도계	97
21	정렬의 활용: 세포막	100
22	네온 효과의 활용: 전구	102
23	도형 편집 기능의 응용: 잉크젯 프린팅의 모식도	104
24	도형 편집 기능의 응용: 레이저 전사법	107
25	도형 편집 기능의 응용: OLED 디바이스	110
26	도형 편집 기능의 응용: NMR	112
27	도형 편집 기능의 응용: 가스 저장 용기	114
28	도형 편집 기능의 응용: 전기화학 반응기	117
29	도형 편집 기능의 응용: 진공펌프	120
30	도형 편집 기능의 응용: 디지털 미러 소자	122
31	도형 편집 기능의 응용: 디지털 미러 프로젝터	127
32	도형 편집 기능의 응용: 광학 현미경	130
33	도형 편집 기능의 응용: 혈액 투석막	136

이공계 학생을 위한
파워포인트로
이미지 만들기

05 전환/애니메이션의 활용

1 전환 메뉴 143
2 전환 효과 144
3 전환 효과 옵션 145
4 전환 타이밍 146
5 전환 효과: 모핑 147
6 애니메이션 메뉴 148
7 애니메이션 149
8 애니메이션 효과 옵션 150
9 애니메이션 효과 옵션 대화상자 151
10 고급 애니메이션 153
11 애니메이션 타이밍 154
12 애니메이션의 활용: 순차적인 나타내기 155
13 애니메이션의 활용: 부드럽게 시작, 부드럽게 종료, 바운드 종료 효과의 활용 159
14 애니메이션의 활용: 회전과 압축효과를 동시에 활용한 강조 160
15 애니메이션의 활용: 이동경로를 이용한 이미지의 자연스러운 흐름효과 161
16 애니메이션의 활용: 특정 부분의 확대 효과 163
17 애니메이션의 활용: 지속적인 움직임 164
18 애니메이션의 활용: 이동경로를 활용한 불꽃놀이 구현 165

목차
contents

06 템플릿의 활용

1 슬라이드 마스터 열기 170
2 슬라이드 마스터 편집 171
3 레이아웃의 적용 175
4 이 책에서 사용된 레이아웃 176

이공계 학생을 위한
파워포인트로
이미지 만들기

01

이미지 포트폴리오

이 장에서는 파워포인트를 활용해서 작성된 각종 이미지들의 예를 보여준다. 모든 이미지는 파워포인트만으로 제작되었으며, 파워포인트가 가진 다양한 기능들을 활용할 경우, 매우 강력한 그래픽 디자인의 툴로 사용될 수 있음을 보여준다.

1 각종 실험용 장치

전기화학 반응

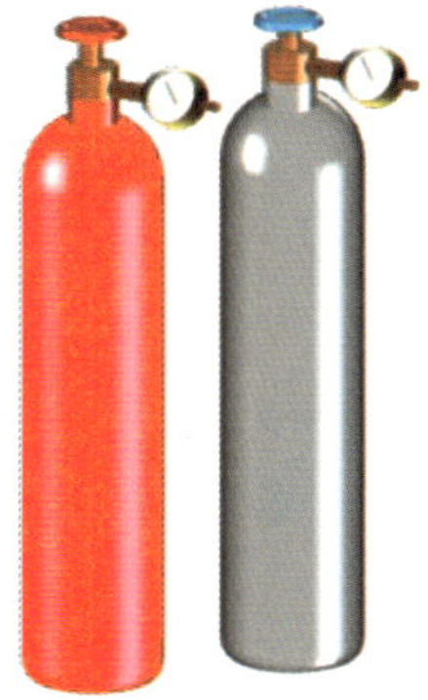

가스 저장 용기

분리용 컬럼

진공펌프

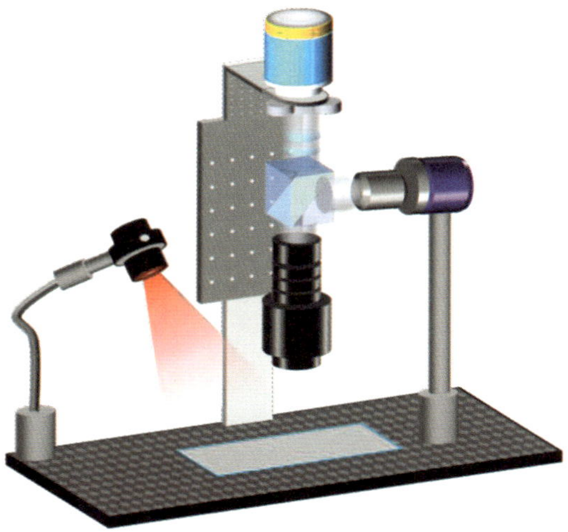

실체 현미경

히팅 챔버

2 첨단 신소재 디바이스

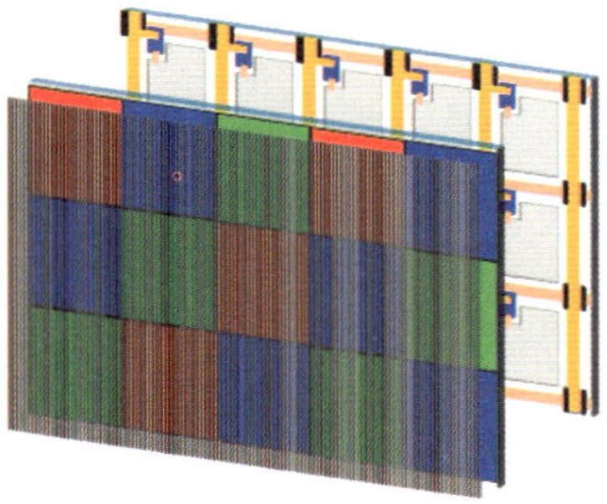

액정 디바이스

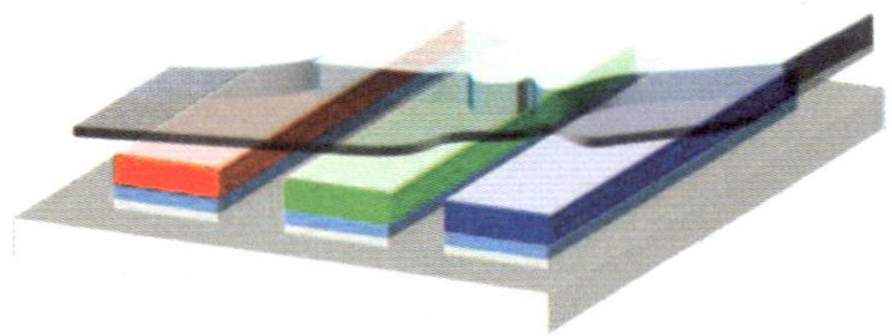

OLED 디바이스

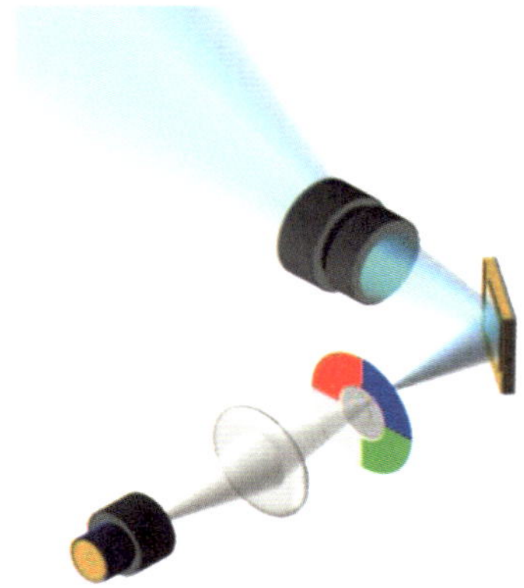

디지털 미러 프로젝터

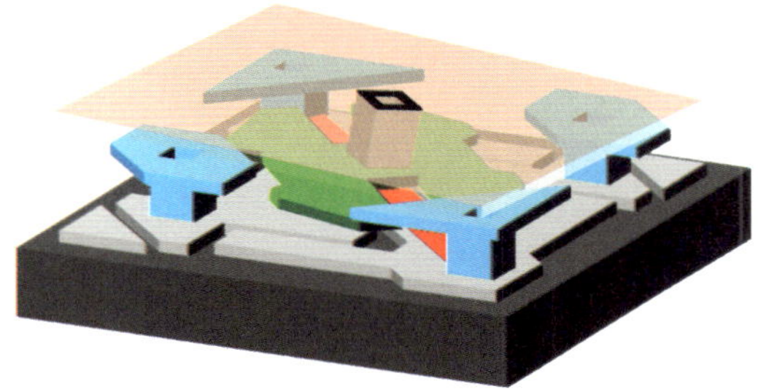

디지털 미러 디바이스

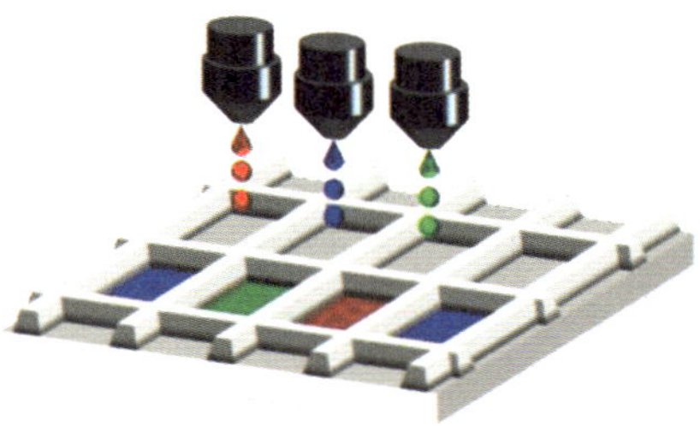

잉크젯 프린팅

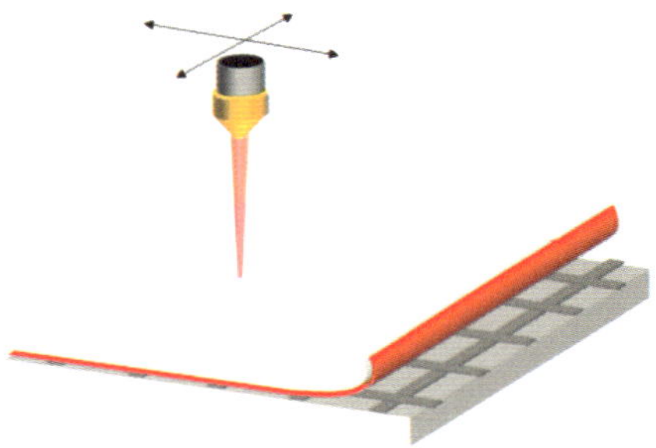

레이저 전사법

CMOS 이미지센서

Compact Disk

3 바이오 관련 이미지

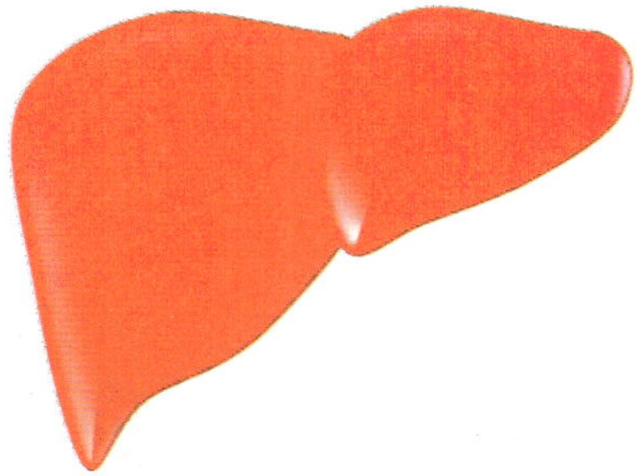

간

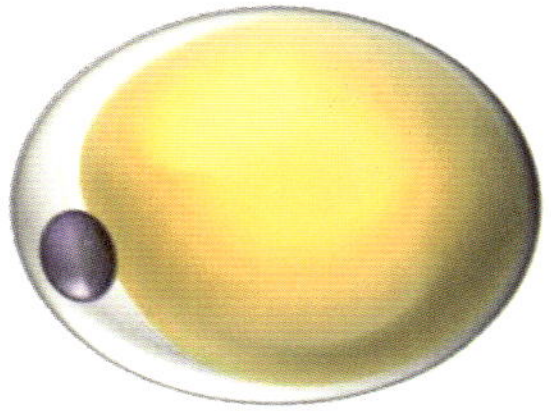

지방세포

근육

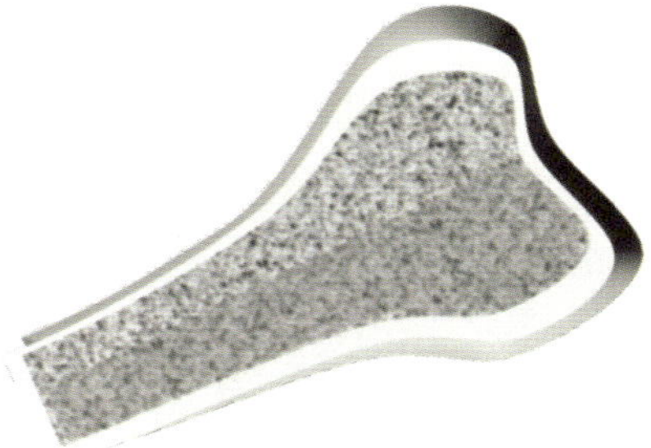

뼈

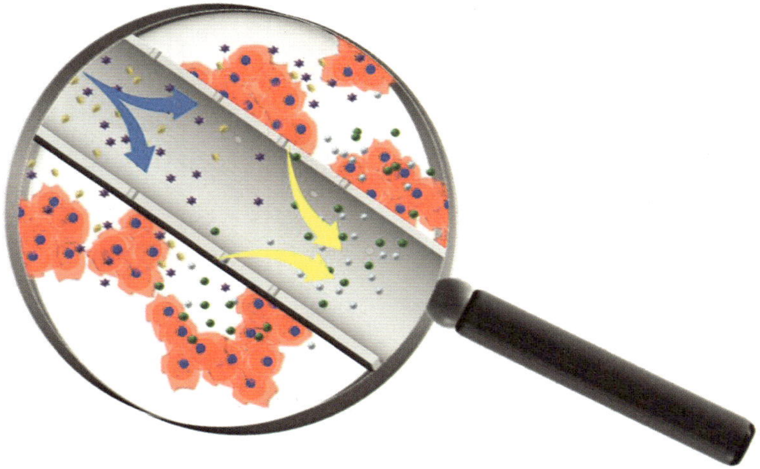

중공사 투석막

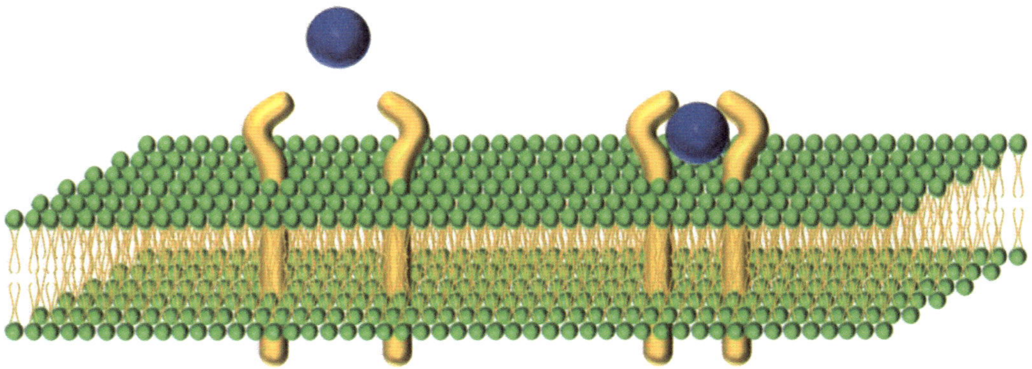

세포막

이공계 학생을 위한
파워포인트로
이미지 만들기

02

메뉴 둘러보기

이 장에서는 파워포인트를 활용한 이미지 작성을 위해서 반드시 필요한 메뉴를 중심으로 간단하게 기능을 설명하고자 한다. 단, 파워포인트의 기능에 대해서 숙지하고 있는 사람은 이 장을 건너뛰어도 무방하다.

1 기본 메뉴 구성

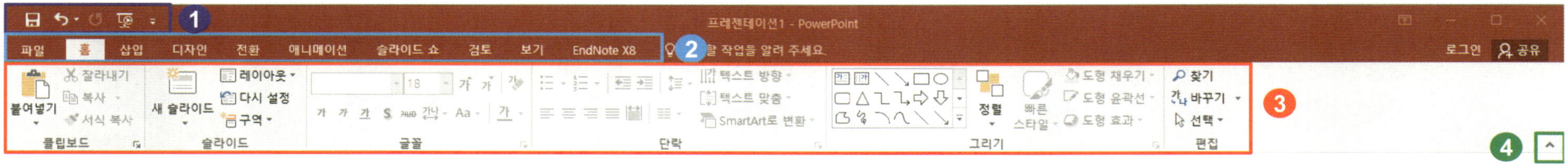

1. 빠른 실행 도구 모음: 자주 사용하는 메뉴를 사용할 수 있도록 모아 놓은 곳으로 사용자에 의해 편집이 가능하다.
2. 탭 메뉴: 파일, 홈, 삽입, 디자인, 전환, 애니메이션, 슬라이드 쇼, 검토, 보기가 기본적으로 표시되며 Endnote와 같은 연동프로그램이 설치되어 있는 경우, 추가적으로 표시된다. 개체를 선택하면 도구 탭이 나타나게 되며 각각의 개체에 해당되는 서식, 디자인, 레이아웃과 같은 하위 메뉴가 나타난다.
3. 리본 메뉴: 각각의 탭 메뉴에 해당되는 명령과 기능들이 표시된다.
4. 리본 메뉴 접기: 클릭하여 리본 메뉴를 숨길 수 있다.

2 상태 표시줄

5. 슬라이드 번호, 맞춤법, 언어를 표시한다.
6. 슬라이드 보기 형태를 보여주며 선택하여 변화시킬 수 있다.
7. 슬라이드 확대 및 축소 배율을 보여주며 조절이 가능하다. (이미지의 세부적인 요소 편집을 위해 자주 활용됨)

3 파일 탭

파일 탭은 별도의 리본 메뉴를 제공하지 않으며 클릭하면 새로운 화면이 나타난다. PPT 파일의 저장, 불러오기, PDF 변환, 인쇄 등의 기능과 함께 파일에 대한 기본적인 정보를 제공한다.

4 리본 메뉴 구성

홈 탭

※각 리본 메뉴 우측 하단의 ⬊ 마크를 클릭하면 추가적인 대화상자 또는 서식창이 나타나며 세부적인 요소의 조절 기능이 제공된다.

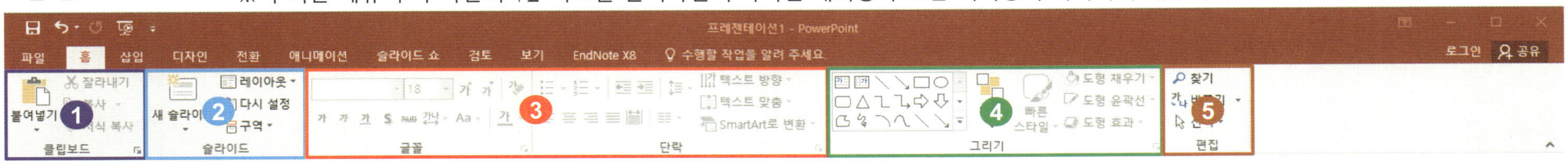

❶ 텍스트 또는 서식, 개체 등을 복사하고 클립보드에 저장하는 기능을 제공한다. 특정 개체가 선택된 상태에서 서식 복사 버튼을 클릭하고 다른 개체를 클릭하면 오브젝트에 적용된 서식을 다른 개체로 복사할 수 있기 때문에 도형의 편집에 유용하게 사용된다.

❷ 슬라이드의 추가, 레이아웃 구성, 구역 설정 등의 기능을 제공한다.

❸ 글꼴과 단락을 제어하는 기능을 제공한다. 텍스트가 선택되었을 때 활성화된다.

❹ 도형의 삽입 편집 기능을 제공한다.

❺ 문자열의 검색, 바꾸기, 선택 등의 기능을 제공한다.

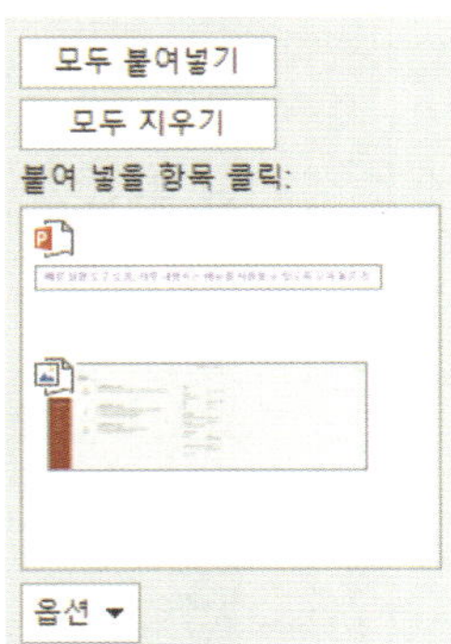

화면 좌측에 나타나며 클립보드에 저장된 내용 전체를 보여준다.

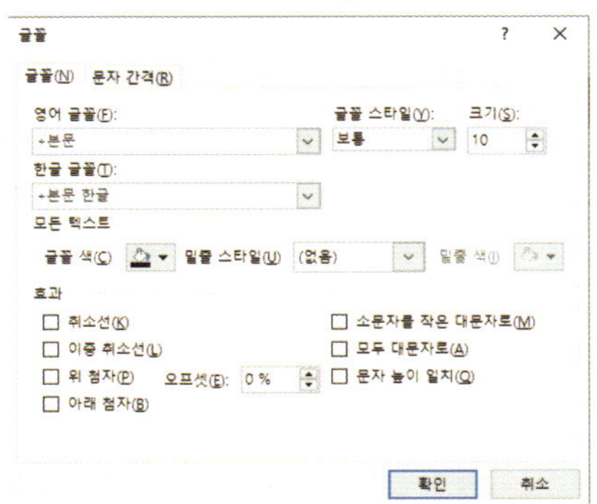

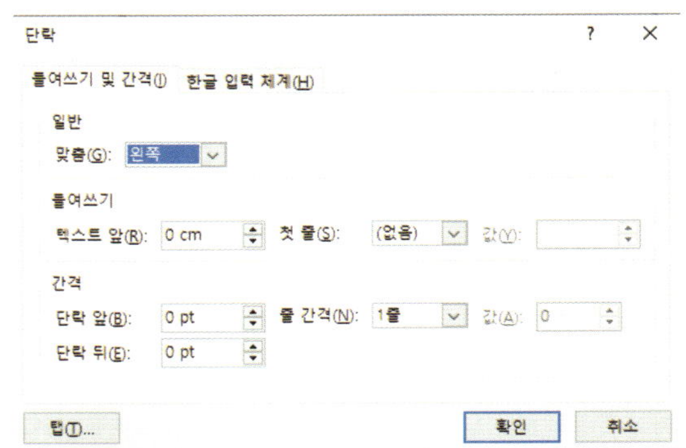

글꼴, 단락을 제어하기 위한 대화상자

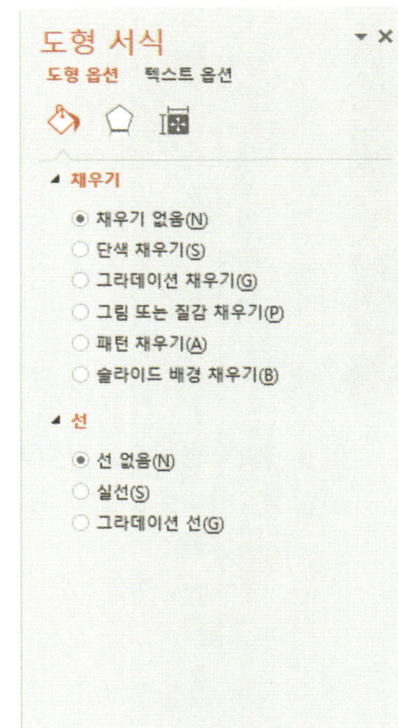

화면우측에 나타나며 각종 개체의 편집을 위해 매우 중요한 기능을 제공한다.

삽입 탭

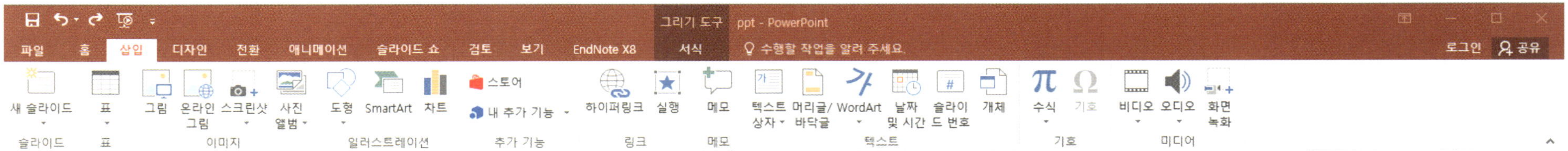

그림, 도형, 표, 차트, 수식, 기호, 등 각종 개체를 삽입하기 위한 기능을 제공한다. 기본적인 도형의 삽입 기능은 홈 탭에서도 가능하다.

디자인 탭

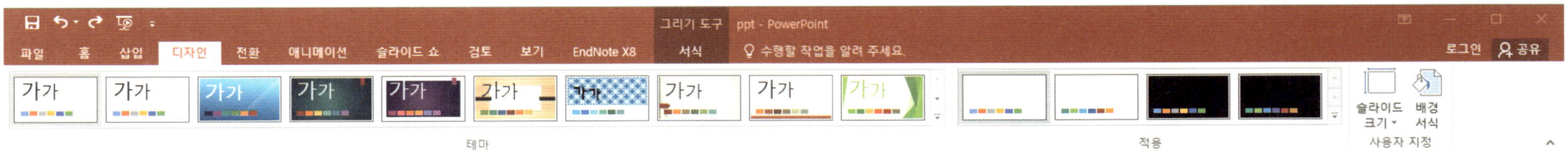

슬라이드의 테마, 색상 등의 선택이 가능하며, 크기와 배경 서식, 등을 지정할 수 있다. 비교적 사용빈도가 낮은 탭이다.

전환 탭

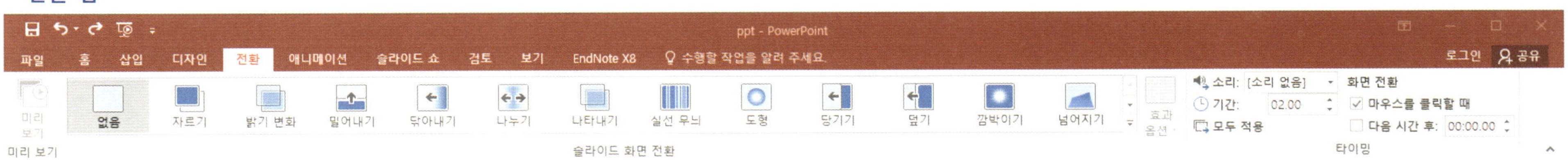

슬라이드 쇼가 진행되는 동안 슬라이드의 전환 효과, 소리, 시간, 등을 제어하는 기능을 제공한다. 5장에서 보다 자세하게 다룰 예정이다.

애니메이션 탭

그림, 도형, 표, 차트, 수식, 등 각종 개체에 애니메이션을 부여하는 기능을 제공한다. 5장에서 보다 자세히 다룰 예정이다.

슬라이드 쇼 탭

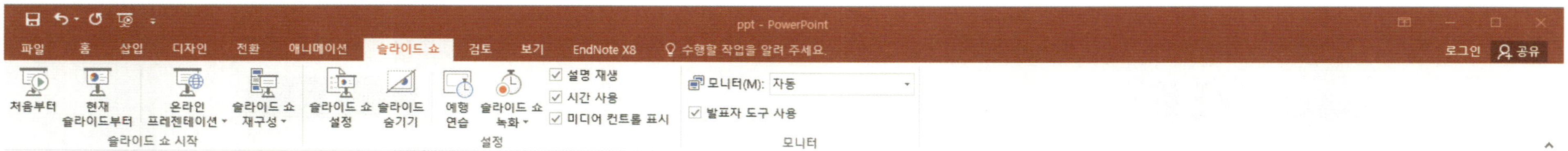

슬라이드 쇼의 구성에 대해 설정할 수 있으며 녹화가 가능하다. 사용빈도가 낮은 탭이다.

검토 탭

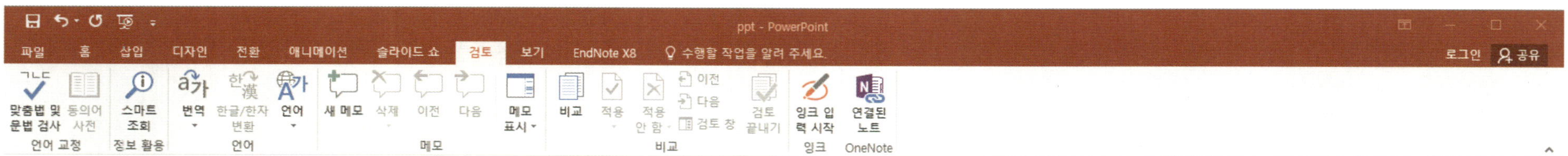

교정, 문법 검사, 메모 등의 기능을 제공한다. 사용빈도가 낮은 탭이다.

보기 탭

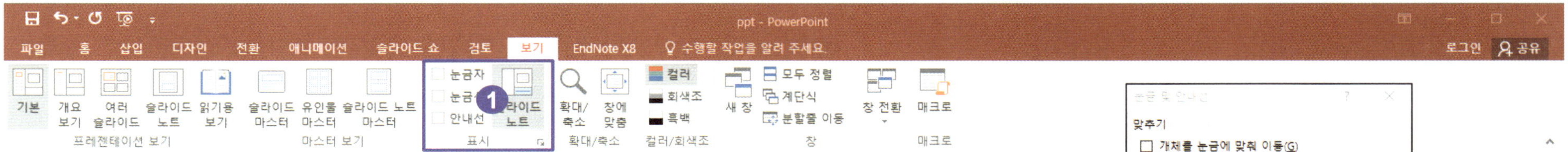

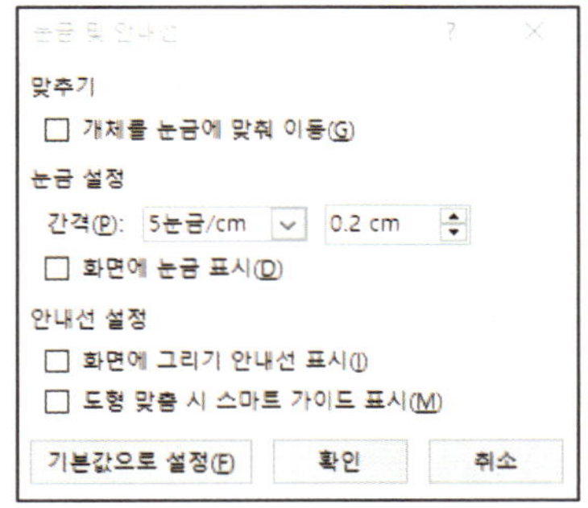

슬라이드 보기와 슬라이드 마스터 보기 기능을 제공하며 화면의 확대/축소 등의 형태를 제어할 수 있다. 슬라이드 마스터에 대해서는 6장에서 보다 자세히 다루고자 한다.

❶ 눈금자, 눈금선, 안내선의 표시를 제어할 수 있다. 각종 이미지 편집에서 중요한 역할을 한다. ↘ 마크를 클릭하여 눈금선과 안내선의 간격을 제어할 수 있다.

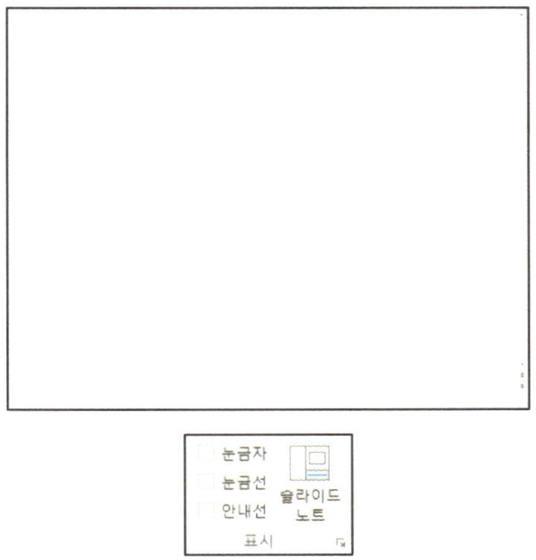

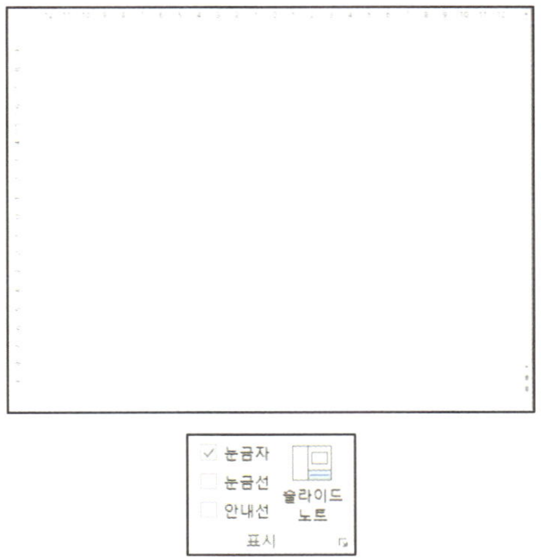

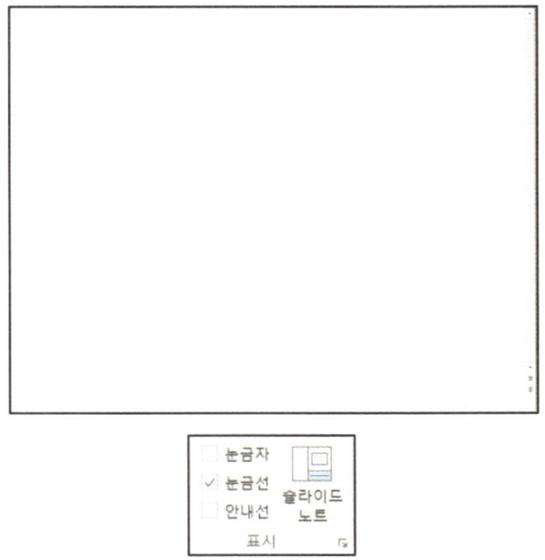

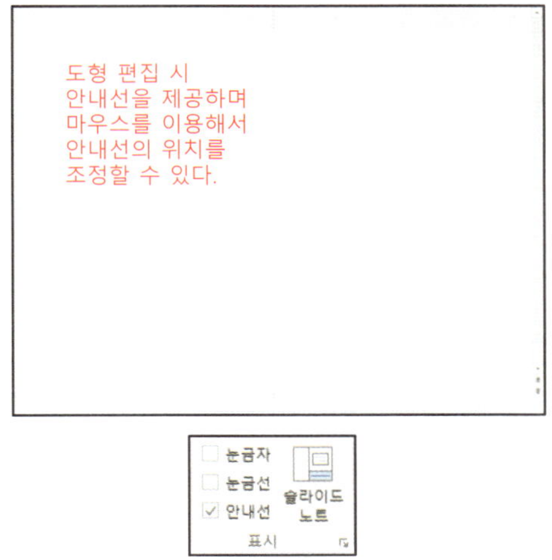

그리기 도구 / 서식 탭

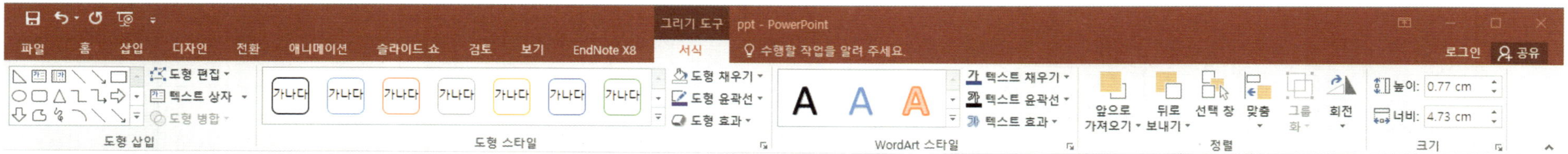

도형을 선택하면 활성화되며, 도형의 스타일, 채우기, 윤곽선, 효과 등을 제어한다.

그림 도구 / 서식 탭

그림을 선택하면 활성화되며, 그림의 스타일, 테두리, 효과 등을 제어한다.

표 도구 / 디자인 탭

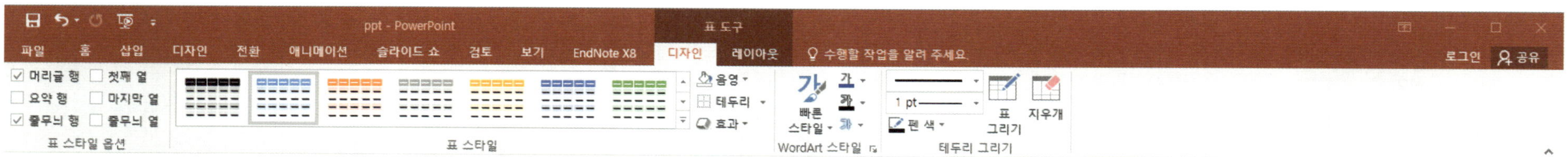

표를 선택하면 활성화되며, 표의 음영, 테두리, 스타일을 제어한다.

표 도구 / 레이아웃 탭

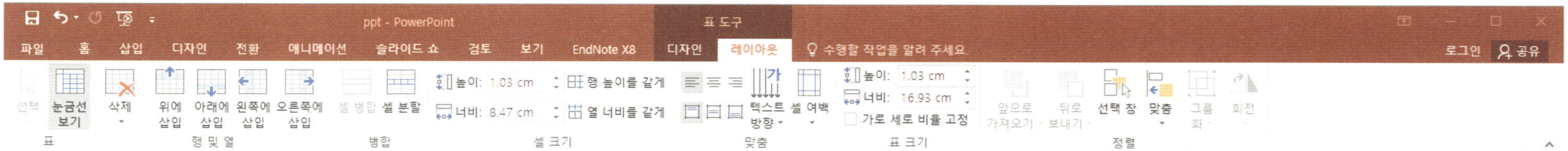

표의 구조를 제어한다.

SmartArt 도구 / 디자인 탭

SmartArt의 구조를 제어한다.

SmartArt 도구 / 서식 탭

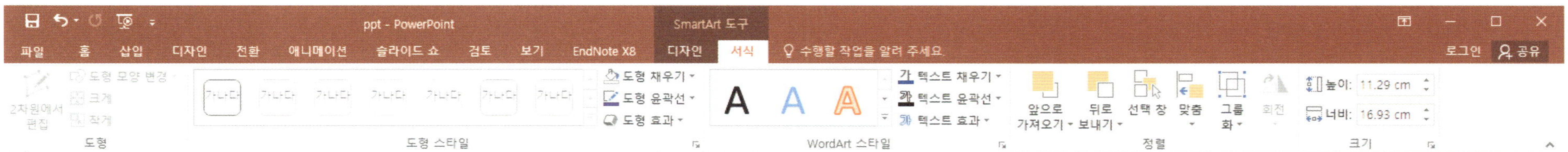

SmartArt의 서식 스타일을 제어한다.

차트 도구 / 디자인 탭

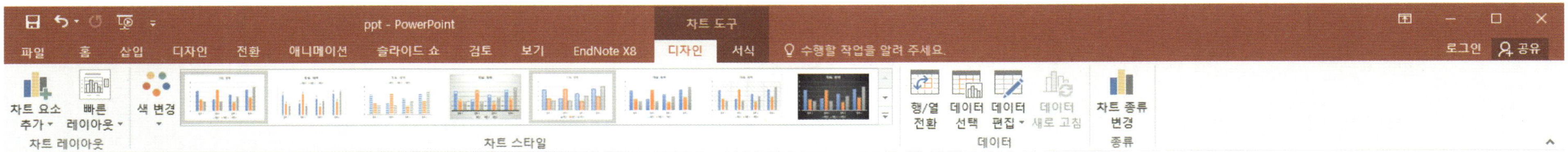

차트를 선택하였을 때 활성화되며 차트의 종류와 색상 등을 제어한다.

차트 도구 / 서식 탭

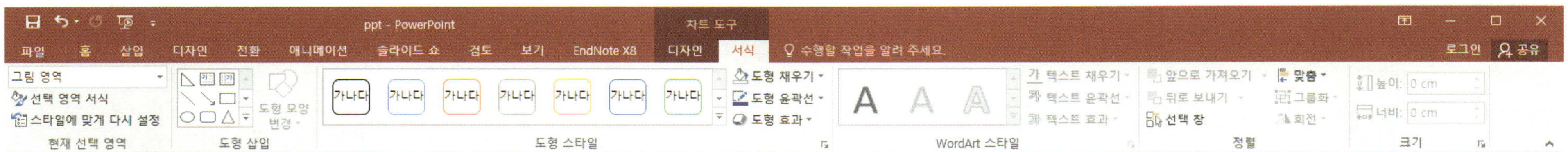

차트에 사용되는 도형, 텍스트의 서식을 제어한다.

수식 도구 / 디자인 탭

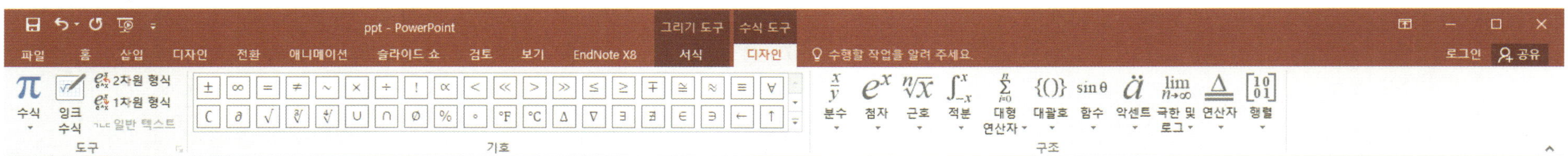

수식을 편집하여 제공한다.

5 서식 창

※각종 서식 탭 또는 홈 탭의 그리기 메뉴 우측 하단의 ↘마크를 클릭하면 화면 우측에 서식 창이 열리게 된다.
서식 창은 도형이나 텍스트 그림 등을 효율적으로 편집하기 위해서 매우 중요한 기능을 제공한다.

선택된 오브젝트가 없을 경우 활성화되며 채우기 속성을 조절할 수 있다.

배경에 이미지나 질감이 추가되면 아래와 같이 꾸밈 효과와 이미지 속성을 제어할 수 있는 기능이 추가된다.

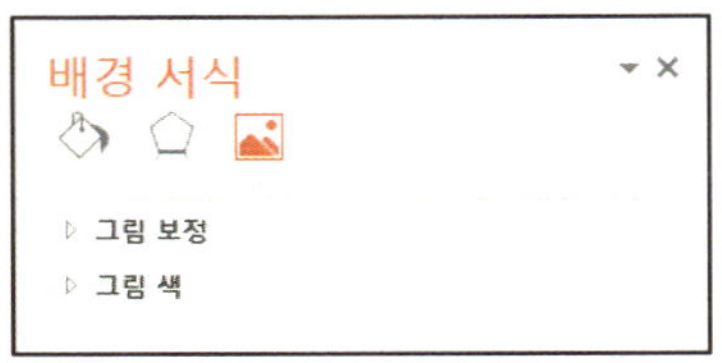

텍스트 또는 도형, SmartArt, WordArt, 수식 등이 선택되었을 경우 활성화되며 도형 옵션에서 3가지 세부 요소를 제어할 수 있다.

텍스트 또는 도형, SmartArt, WordArt, 수식 등이 선택되었을 경우 활성화되며 각 오브젝트 내에 존재하는 텍스트의 속성을 제어하게 된다. 텍스트 옵션은 3가지 세부 요소를 가진다.

이미지가 선택되었을 때 활성화되며 4가지 세부 요소를 제어할 수 있다. 도형 서식의 도형 옵션에 그림 속성이 추가된 형태이다.

6 서식 창 / 세부 요소

배경 서식, 도형 서식, 그림 서식 창에는 서로 다른 속성을 제어할 수 있는 세부 요소들이 존재하며 각각의 개체를 선택했을 때 해당되는 세부 요소들이 나타나게 된다. 각 세부 요소는 속성을 제어할 수 있는 메뉴들이 있으며 선택하였을 때 추가적인 제어 기능이 나타나게 된다.

세부 요소	해당 서식	제어 속성
	배경 서식 도형 서식 (도형 옵션) 그림 서식	채우기 선
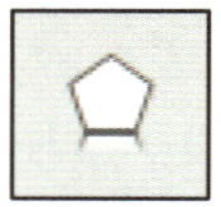	배경 서식 (그림 또는 질감 채우기 선택 시) 도형 서식 (도형 옵션) 그림 서식	그림자 반사 네온 부드러운 가장자리 3차원 서식 3차원 회전 꾸밈 효과 (텍스트 서식 제외)
	도형 서식 (도형 옵션) 그림 서식	크기 위치 텍스트 상자 대체 텍스트
	도형 서식 (텍스트 옵션)	텍스트 채우기 텍스트 윤곽선
	도형 서식 (텍스트 옵션)	그림자 반사 네온 부드러운 가장자리 3차원 서식 3차원 회전
	도형 서식 (텍스트 옵션)	텍스트 상자
	배경 서식 (그림 또는 질감 채우기 선택 시) 그림 서식	그림 보정 그림 색 자르기

7 서식 창 / 세부 요소 / 제어 속성

▷ 채우기 및 텍스트 채우기

○ 채우기 없음 (배경 서식에는 해당 없음): 도형을 채우지 않음.
○ 단색 채우기: 배경이나 도형, 텍스트를 한 가지 색상으로 채움.
○ 그라데이션 채우기: 배경이나 도형, 텍스트를 그라데이션으로 채움.
○ 그림 또는 질감 채우기: 그림이나 내장되어 있는 질감으로 배경이나 도형, 텍스트를 채움.
○ 패턴 채우기: 내장되어 있는 각종 패턴으로 채움.
○ 슬라이드 배경 채우기 (배경 서식, 텍스트에는 해당 없음): 슬라이드 배경에 적용된 색상으로 도형을 채움.
□ 배경 그래픽 숨기기 (배경 서식만 적용): 슬라이드 마스터로부터 제공되는 이미지를 보이지 않게 해줌.

그라데이션 채우기

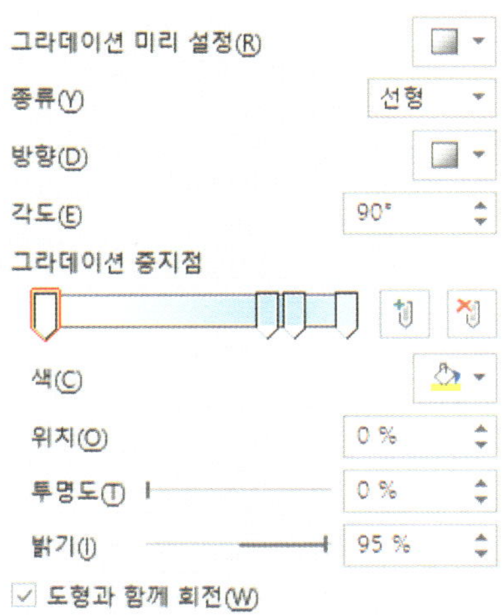

그림 또는 질감 채우기

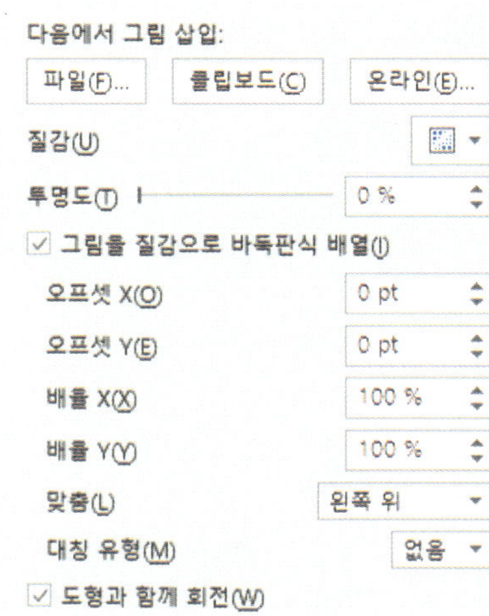

패턴 채우기

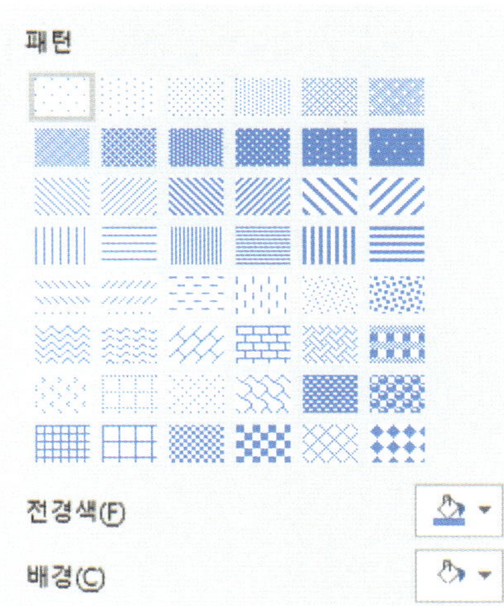

▷ **선**(배경 서식에는 해당 없음) 또는 **텍스트 윤곽선**

○ 선 없음: 도형의 외곽선이 나타나지 않음.
○ 실선: 단색의 선으로 도형 또는 그림의 외곽선이 표현됨. 선의 형태, 너비, 투명도 등의 조절이 가능하다.
○ 그라데이션 선: 도형 또는 그림의 외곽선에 그라데이션을 적용함.

실선

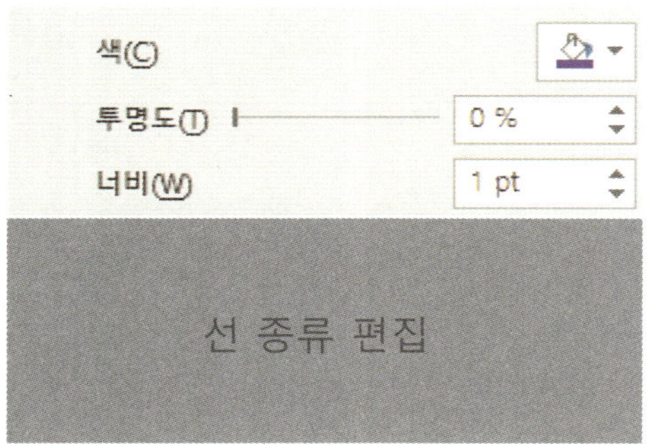

그라데이션 선

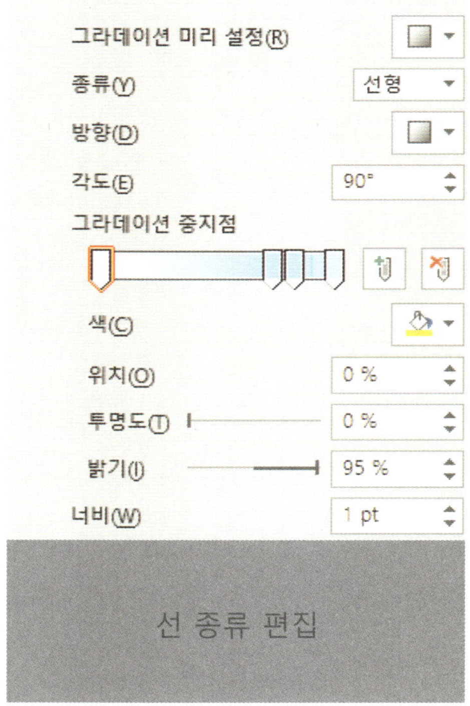

선 종류 편집

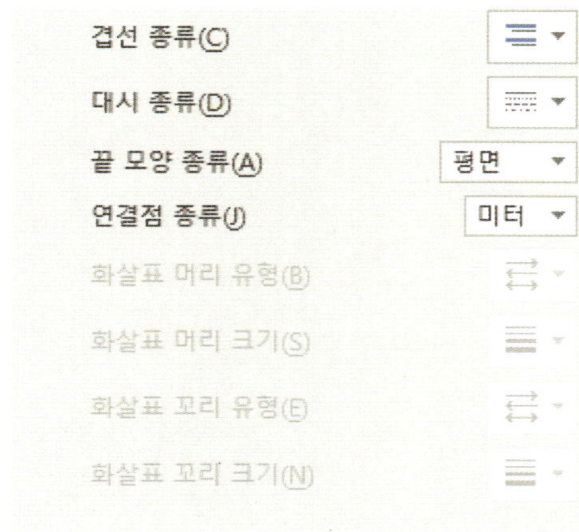

개체에 특수 효과를 주기 위한 속성들로 미리 설정된 값들이 있으며 선택하여 사용하거나 새로운 설정 값을 지정할 수 있다.

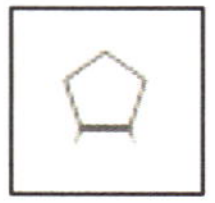

▷ **그림자** (배경 서식에는 해당 없음)
▷ **반사** (배경 서식에는 해당 없음)
▷ **네온** (배경 서식에는 해당 없음)
▷ **부드러운 가장자리** (배경 서식에는 해당 없음)
▷ **3차원 서식** (배경 서식에는 해당 없음)
▷ **3차원 회전** (배경 서식에는 해당 없음)
▷ **꾸밈 효과** (도형 서식에는 해당 없음)

그림자

반사

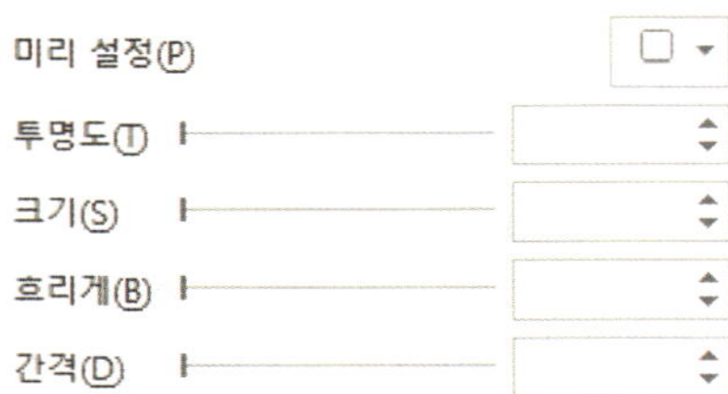

네온

부드러운 가장자리

3차원 서식

3차원 회전

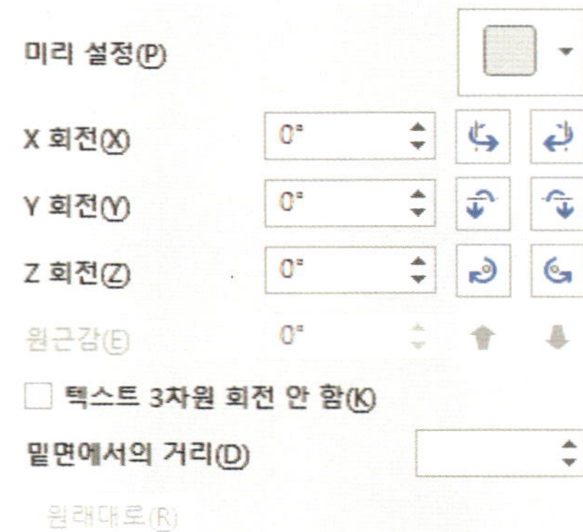

▷ **크기**
▷ **위치**
▷ **텍스트상자**
▷ **대체 텍스트**

그림이나 도형의 크기 위치를 지정할 수 있으며 텍스트 상자의 서식을 지정할 수 있다.

크기

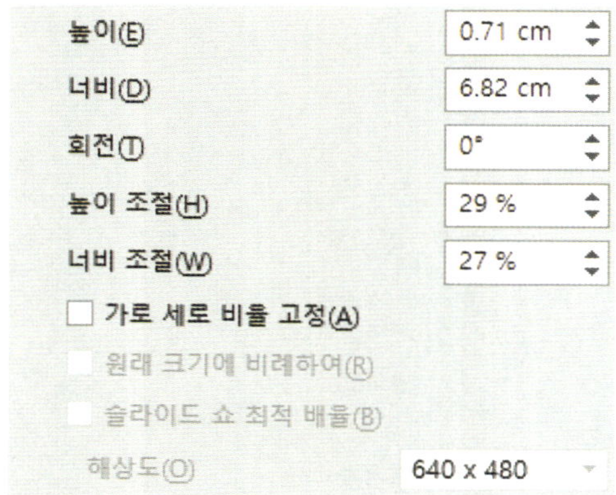

위치

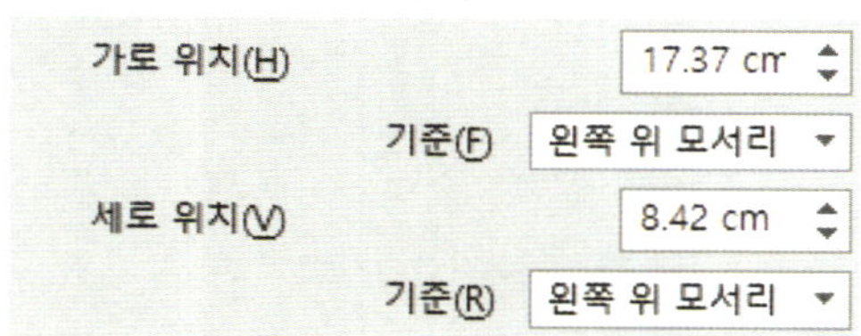

텍스트 상자

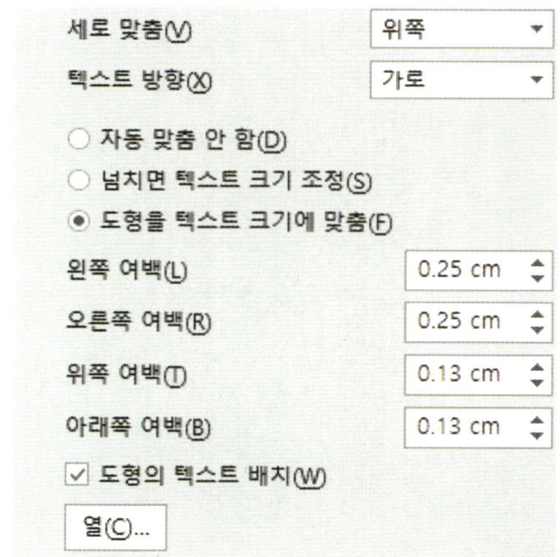

대체 텍스트는 그림이나 표 등을 대신하여 설명할 수 있는 텍스트로 시각 또는 인지 장애가 있는 사용자를 위한 옵션이다.

▷ **그림 보정**
▷ **그림 색**
▷ **자르기**

그림의 색상 밝기 등의 조절이 가능하며 자르기 옵션을 조정할 수 있다.

그림 보정

그림 색

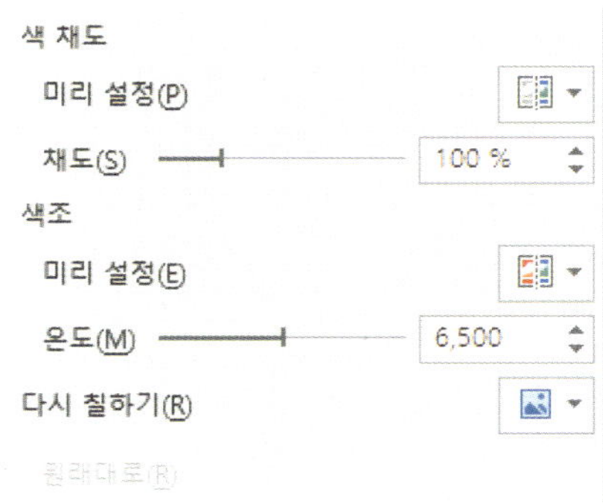

자르기

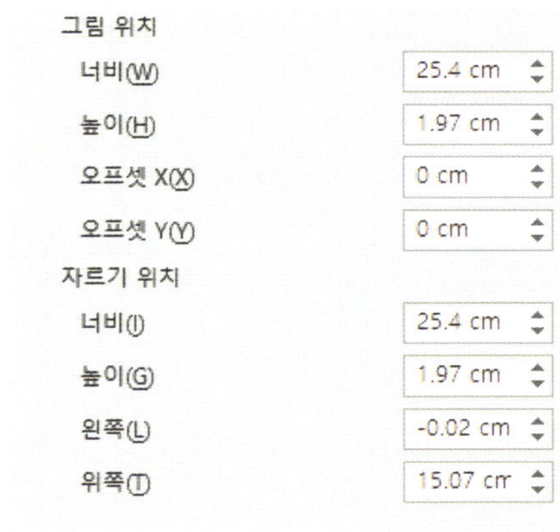

8 대화상자

개체를 선택한 상태에서 마우스의 오른쪽 클릭을 통해서 대화상자를 불러올 수 있으며 각 개체에 해당되는 각종 필요기능들이 제시된다. 효율적으로 활용하면 슬라이드 제작에 큰 도움이 될 것이다.

선택이 없을 때

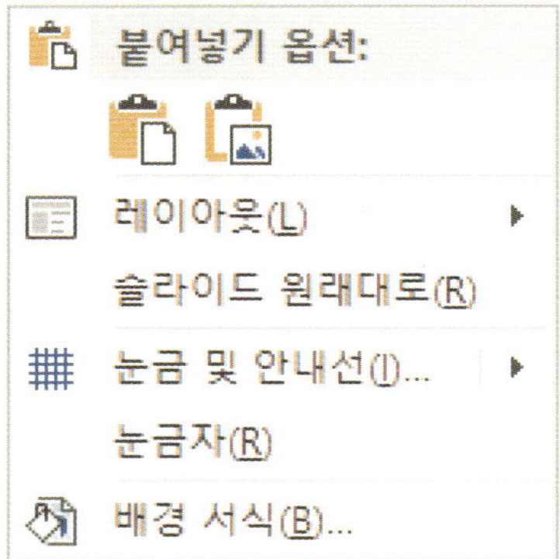

텍스트 선택 시

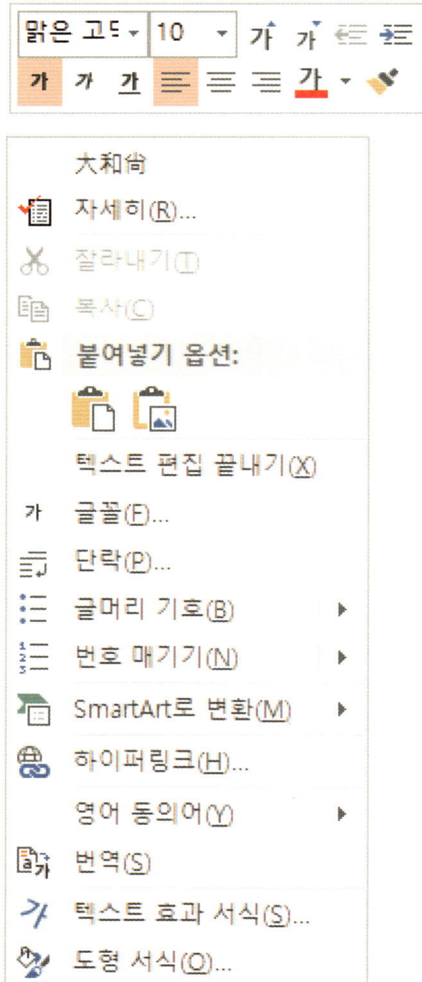

도형 선택 시

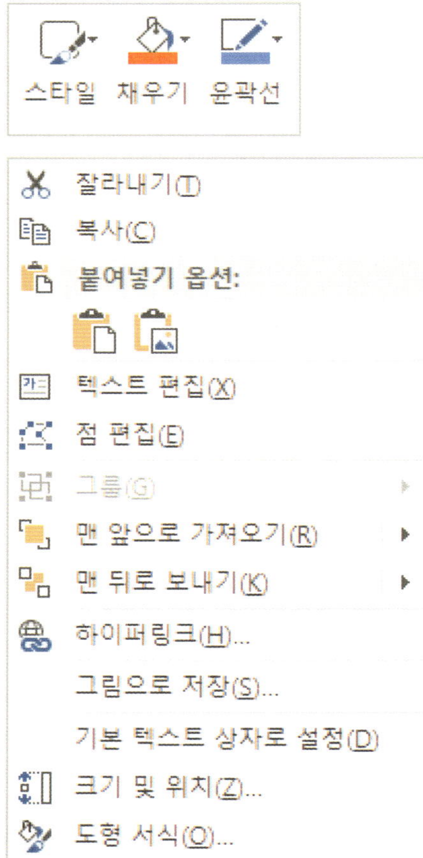

그림 선택 시

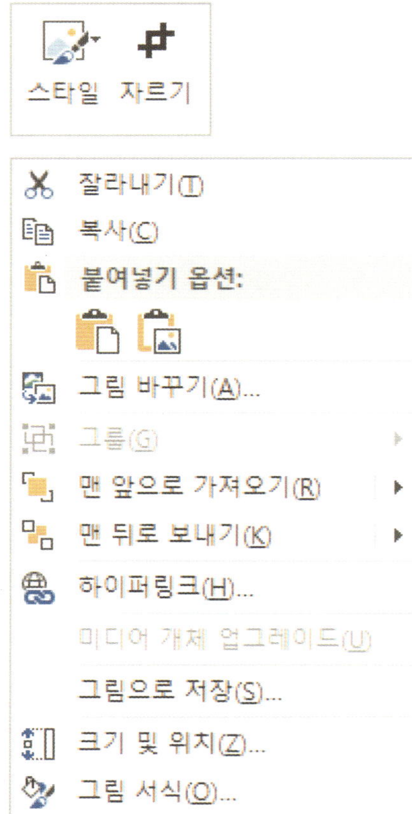

이공계 학생을 위한
파워포인트로
이미지 만들기

03

도형
편집하기

이 장에서는 각종 도형의 편집 기법에 대해서 설명하고자 한다. 파워포인트에서 기본적으로 제공되는 도형의 제어 방법을 다루게 되며 그림에 대한 조작도 간단하게 다룬다. 다만, 표나 차트 등의 개체에 대한 편집 기법은 다루지 않는다.

1 텍스트의 삽입

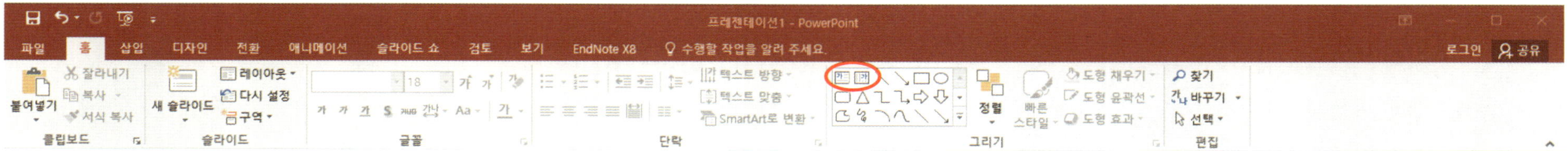

파워포인트에서 텍스트를 삽입하는 것은 홈 탭 그리기 영역의 텍스트 상자를 활용하게 된다. 삽입된 텍스트는 글꼴 영역에서 폰트, 크기, 장평, 색상, 등의 편집이 가능하며 단락 영역에서 글머리기호나 번호 단락 맞춤, 줄간격 등의 다양한 제어가 가능하다.

파워포인트에서 텍스트 상자를 이용하여 입력된 텍스트는 하나의 개체로 취급이 되며 그리기 도구의 서식 창에서 워드 아트 형태로 변환이 가능하며 텍스트 채우기 색과 윤곽선의 색을 바꿀 수 있고 그림자, 반사, 네온, 부드러운 가장자리, 3차원 서식, 3차원 회전 등의 효과를 부여할 수 있다. 24페이지에 설명되어 있는 서식 창에서도 동일한 조작이 가능하다. 이들 효과들은 각종 도형에 적용되는 내용과 동일하기 때문에 다음 페이지부터 도형을 이용해서 설명하고자 한다.

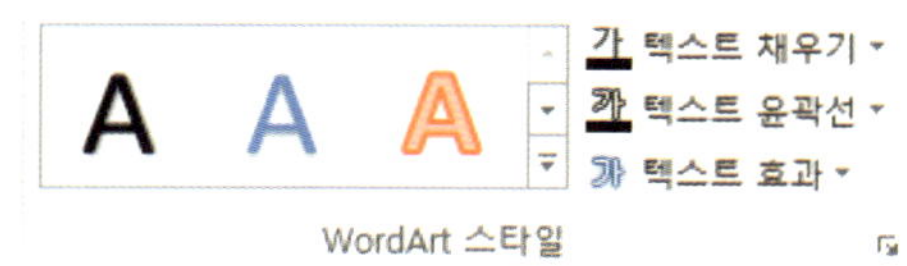

파워포인트에서 제공하고 있는 각종 도형에 직접 텍스트를 입력하는 것도 가능하다. 도형에 텍스트를 삽입하기 위해서는 도형을 선택하고 원하는 텍스트를 입력하면 된다.

2 도형의 삽입

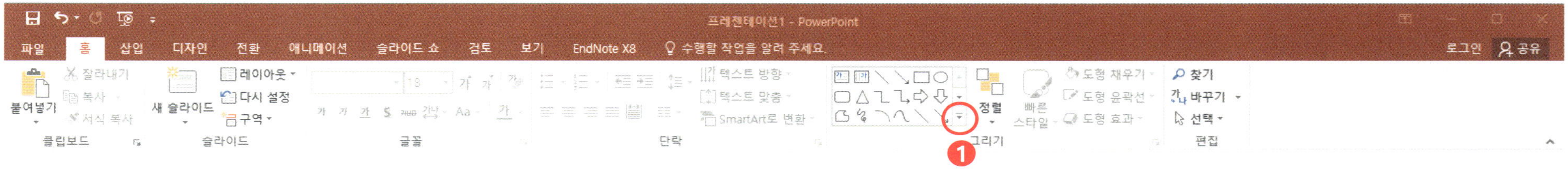

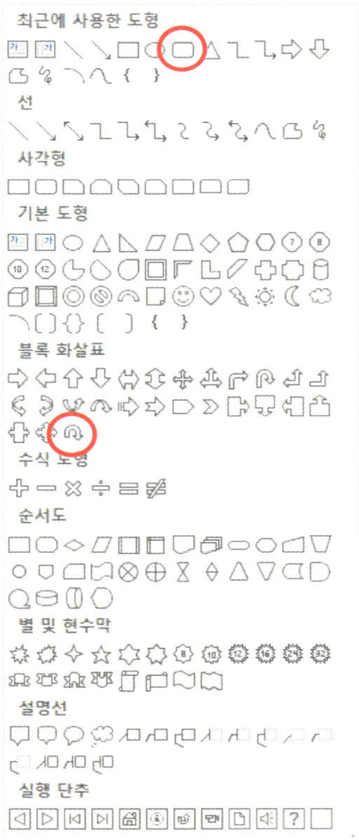

홈 탭의 그리기 영역의 화살표 ❶ 를 클릭하면 다양한 형태의 기본적인 도형들이 제공된다. 원하는 형태의 도형을 클릭하여 기본적인 도형의 삽입이 가능하다. 삽입된 도형에는 회전과 크기에 대한 편집 기능이 주어지며 몇 가지 추가적인 모양의 변형을 줄 수 있는 옵션이 제공된다.

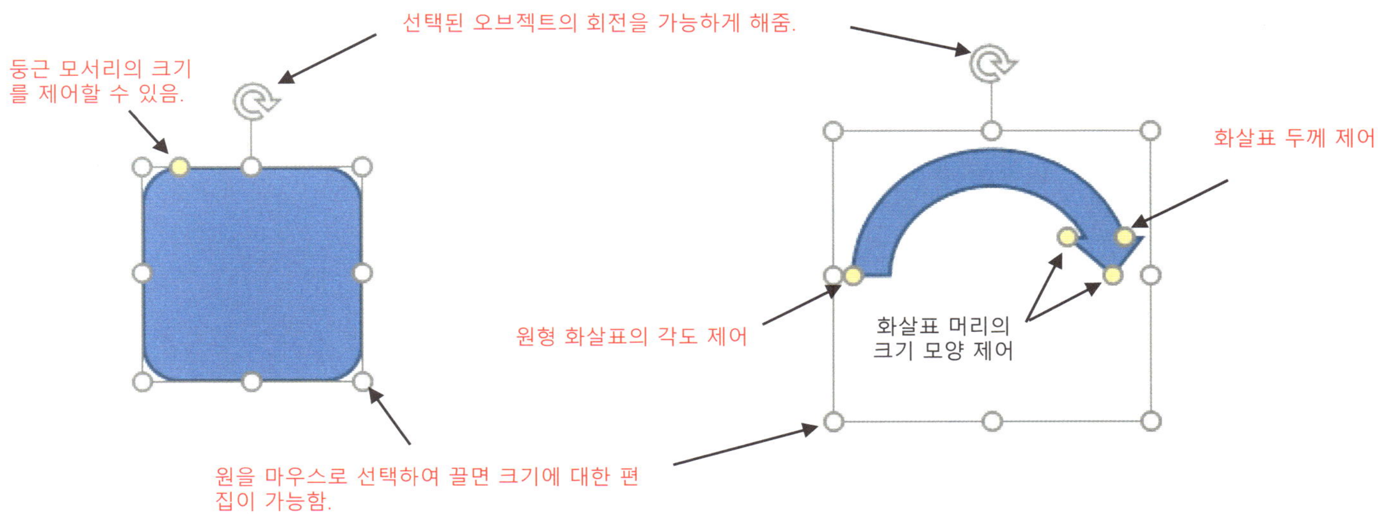

모서리가 둥근 형태의 사각형을 삽입한 결과

둥근 형태의 화살표를 삽입한 결과

3 도형의 이동, 크기 변형, 회전

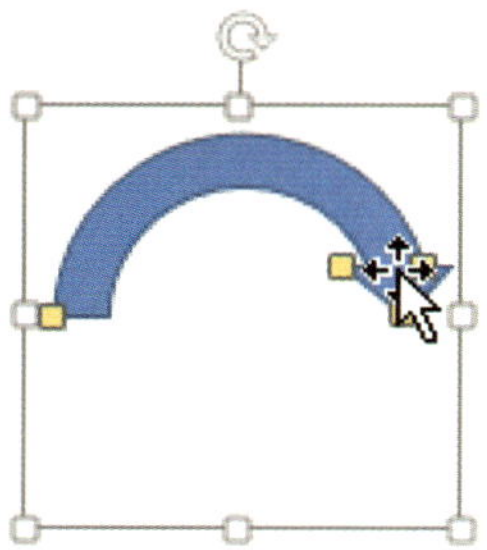

도형, 텍스트 상자 등의 개체를 이동시키기 위해서는 개체를 선택하고 마우스 왼쪽 버튼을 누른 상태에서 드래그한다. 이때 Ctrl 키를 누른 상태에서 드래그하면 오브젝트의 복제가 가능하다. Shift 키를 누른 상태에서 드래그하게 되면 개체의 이동이 수평 또는 수직방향으로만 이루어질 수 있도록 제한된다. Shift + Ctrl 키를 동식에 사용하면 수평방향 또는 수직방향으로 이동된 개체가 복제되어 만들어진다.

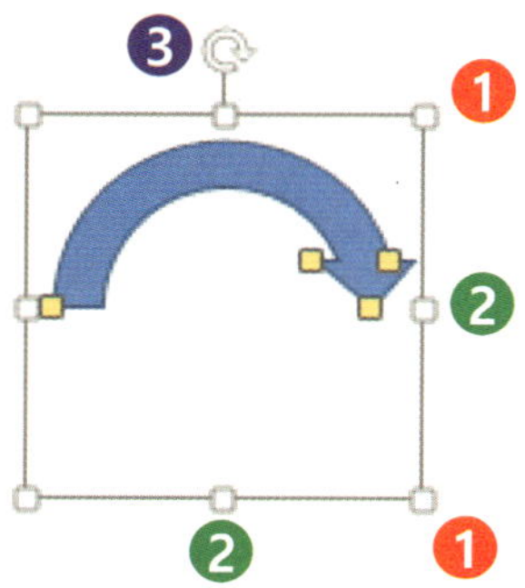

개체를 선택하면 선택된 개체는 사각형으로 둘러싸인 형태가 되며 사각형의 꼭짓점 1과 변 2에 점들이 나타난다. 꼭짓점 1 의 점들 중 하나를 선택하여 드래그하면 도형 전체의 크기를 변형시킬 수 있으며 변 2 의 점들 중 하나를 선택하여 드래그하면 도형을 가로 또는 세로 방향으로 선택적으로 변형시킬 수 있다. 꼭짓점 1 의 점을 선택하여 Shift 키를 누른 상태에서 드래그하면 도형의 가로 세로 비율을 유지한 상태에서 크기만 변형시킬 수 있게 된다. Ctrl 키를 누른 상태에서 꼭짓점 1이나 변 2의 점을 드래그하면 개체의 중심위치는 고정된 상태에서 변형이 이루어진다.

개체 위쪽에 위치한 모양 3을 선택하여 움직이면 개체를 회전시킬 수 있다. 개체의 크기가 작아지면 나타나지 않기 때문에 작은 개체의 회전을 위해서는 화면의 확대가 필요하다. 회전각도의 정밀한 제어가 필요한 경우 홈 탭 리본메뉴 그리기 영역의 정렬에서 회전 각도를 정의해서 회전시킬 수 있다.

4 선

직선

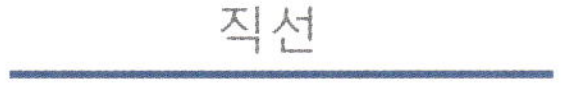

곡선

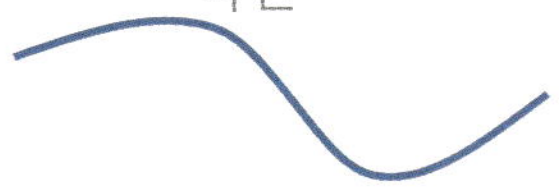

자유형

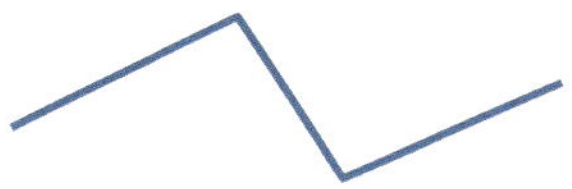

자유 곡선

외형선

연결선

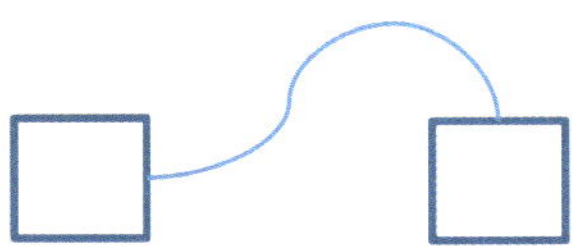

홈 탭의 리본 메뉴 그리기에서 제공되는 선은 직선, 곡선, 자유형, 자유 곡선 등이 있으며 도형의 외형선과 도형을 서로 연결하는 연결선을 제공한다. 직선, 곡선, 자유형, 자유 곡선과 연결선은 끝부분에 화살표를 넣을 수 있다. 도형 윤곽선을 선택하면 대화창이 열리며 두께 ❶, 대시 ❷, 화살표 ❸ 의 조절이 가능하다. 외형선의 경우, 화살표는 활성화되지 않는다. 아래쪽의 다른 선을 선택하면 서식 창이 열리며 보다 세부적인 조절이 가능하다.

서식 창을 이용하여 선의 투명도, 선의 종류, 끝 모양 등의 제어가 가능하며 선에 그라데이션을 적용할 수도 있다. 그라데이션의 조절방법은 도형 채우기와 동일하다.

5 도형 채우기: 색상

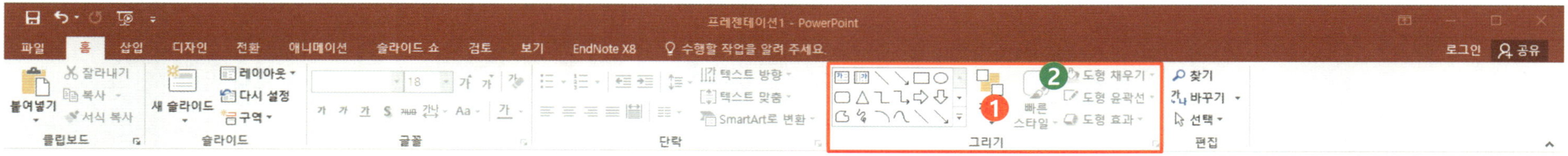

도형의 색상 및 윤곽선의 편집은 가장 기본적인 기능이며 홈 탭의 그리기 ❶ 영역에서 기본적인 색상의 선택이 가능하며 서식 창을 이용하여 세부적인 사항들의 제어가 가능하다. 그리기 영역에서 도형 채우기 ❷를 선택하면 색상 편집을 위한 창 ❸이 나타나며 테마색 또는 표준색을 선택할 수 있다. 다른 채우기 색 ❹을 선택하여 보다 많은 색상과 사용자 지정 색상을 선택할 수 있다. 스포이드 ❺를 선택하면 슬라이드 내에 존재하는 각종 색상들을 선택할 수 있으며 선택된 색상으로 도형의 색상이 변화된다. 다른 채우기 색을 선택하여 나타나는 색 대화상자를 이용하여 색상의 투명도 ❻를 조절할 수 있다.

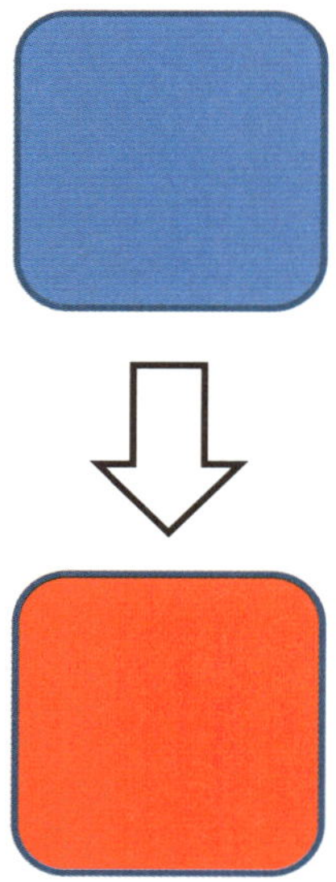

대화상자에서 표준 색의 색상을 선택하여 도형 채우기 색상을 변화시킨 결과

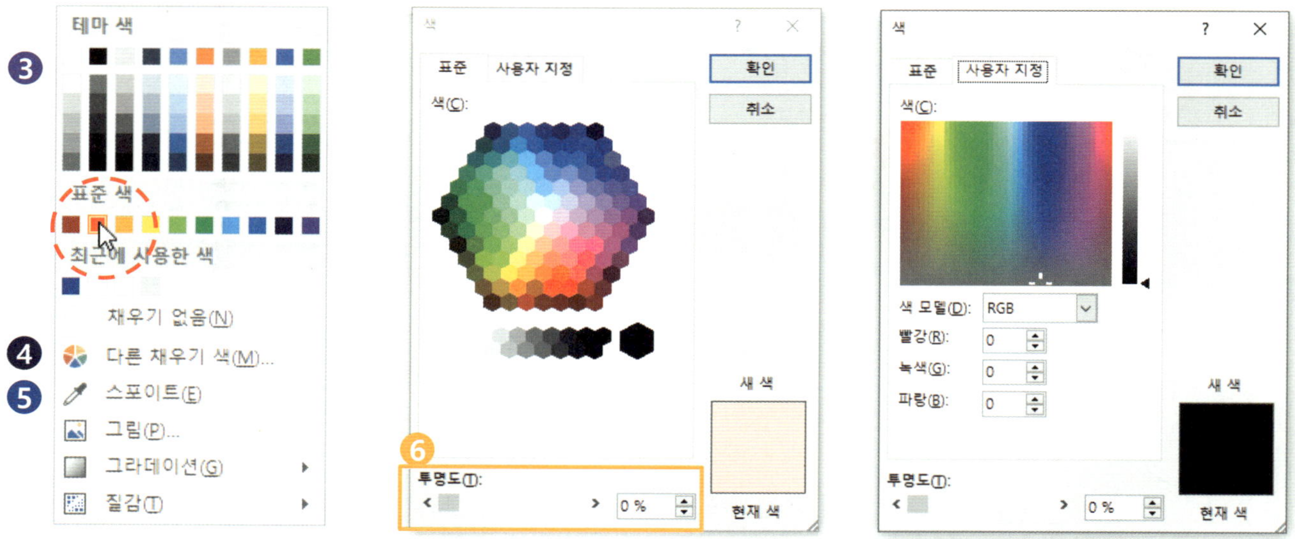

스포이드를 이용하여 도형 채우기 색상을 변화시킨 결과

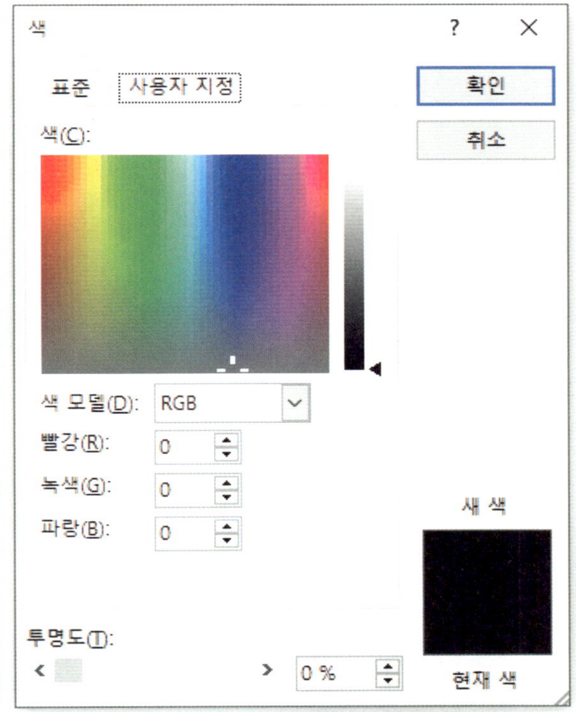

스포이드를 선택하면 스포이드 모양의 아이콘이 나타나며 슬라이드 내부에 원하는 색상 위에 위치시키면 우측상단에 변화될 색상이 나타나게 된다. 클릭하면 도형의 채우기 색상이 변화된다.

다른 채우기 색을 선택하면 표준 또는 사용자 지정 색상의 선택이 가능하다. 사용자 지정 색상의 경우 RGB 값 또는 HSL 값을 직접 입력하여 색상을 선택할 수 있으며 색좌표에서 원하는 색상을 선택할 수 있다. 아래쪽의 투명도 옵션을 제어하여 색상의 투명도를 제어할 수 있다.

6 도형 채우기: 질감

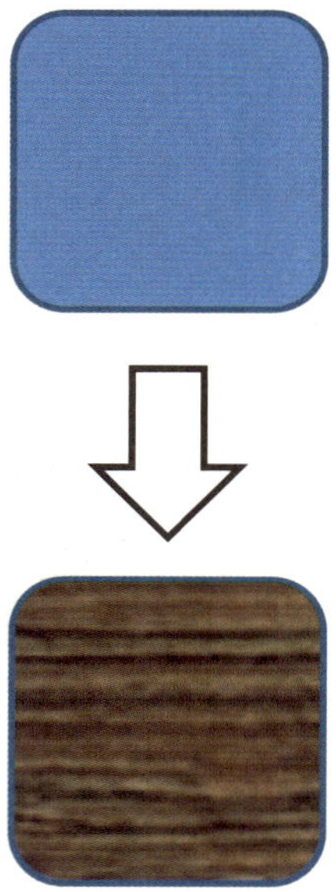

대화상자에서 질감 채우기를
이용하여 색상을 변환시킨 결과

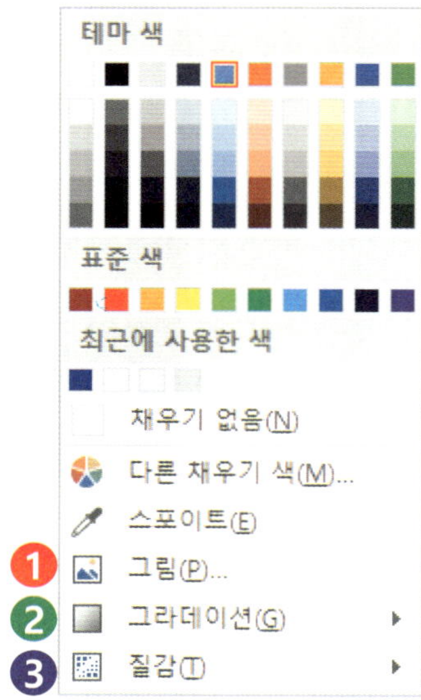

색 대화상자에서 그림 ❶, 그라데이션 ❷, 질감 ❸을 선택하여 도형 내부를 그림이나 질감 그라데이션으로 채울 수 있다. 그림은 온라인이나 클립보드, 컴퓨터 내에 저장되어 있는 그림을 선택할 수 있으며 그라데이션이나 질감을 클릭하면 미리 설정되어 있는 몇몇 값들이 나타나게 된다. 미리 설정되어 있는 값들 이외의 값을 이용하기 위해서는 아래쪽의 기타 그라데이션이나 기타 질감 ❹을 선택하면 오른쪽에 서식 창이 열리게 된다. 서식 창을 이용하여 보다 세부적인 제어가 가능하다.

7 도형 채우기: 그림

도형 채우기에 그림을 선택하게 되면 도형의 크기에 그림이 맞추어지게 된다. 왼쪽의 그림은 서로 다른 도형에 동일한 그림을 채운 결과이다. 도형의 모양에 따라서 그림이 왜곡된 결과를 보여주게 된다. 채워진 그림을 조정하기 위해서는 서식 창에서 도형 옵션 그림 또는 질감 채우기의 오프셋 ❶을 변경해 주어야 한다. 오른쪽 그림은 오프셋 위쪽을 -20%, 오프셋 아래쪽을 -110% 넣어준 결과이다. 도형과 함께 회전 ❷ 요소를 선택하여 채워진 그림의 회전을 제어할 수 있다. 도형과 함께 회전이 체크되어 있을 경우 도형을 회전시키면 채워진 그림도 함께 회전하게 된다.

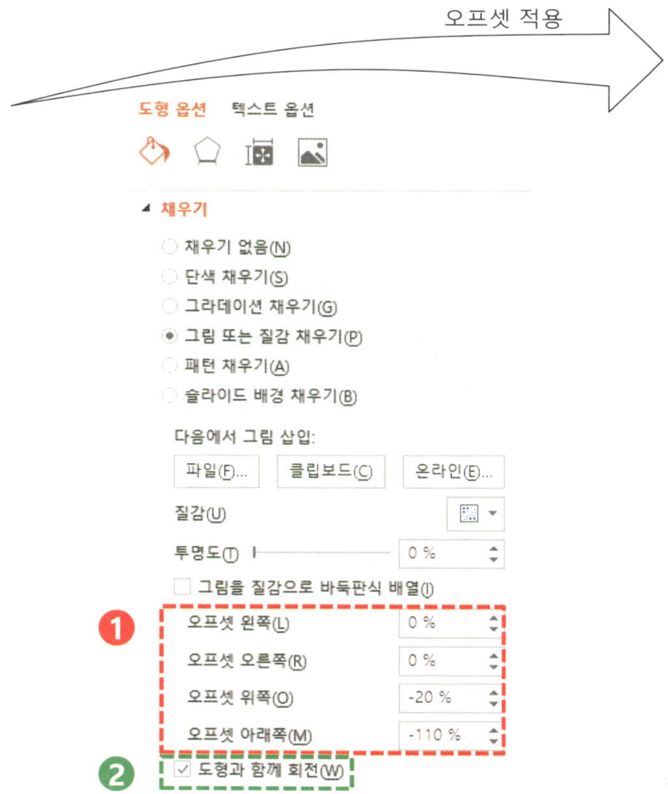

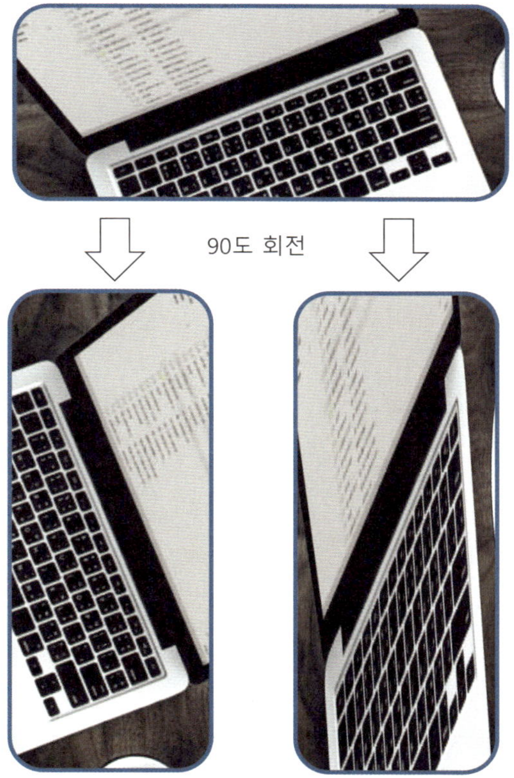

도형과 함께 회전 체크 / 도형과 함께 회전 체크해제

8 도형 채우기: 그라데이션

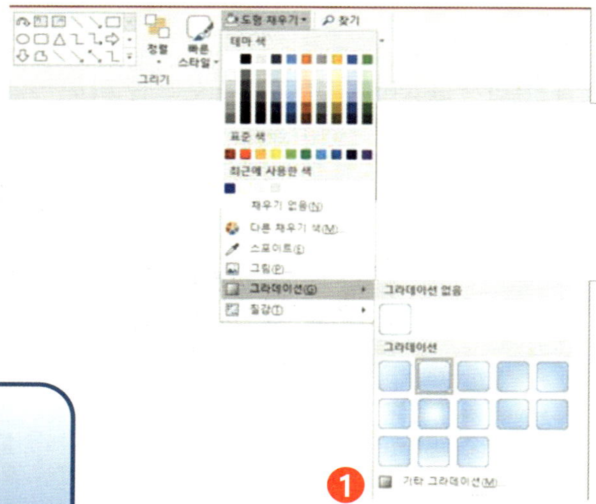

도형 채우기에서 그라데이션을 선택하면 도형의 색상에 그라데이션을 줄 수 있다. 기타 그라데이션 1을 선택하면 서식 창이 열리며 서식 창에서 보다 자세한 그라데이션의 제어가 가능하다.

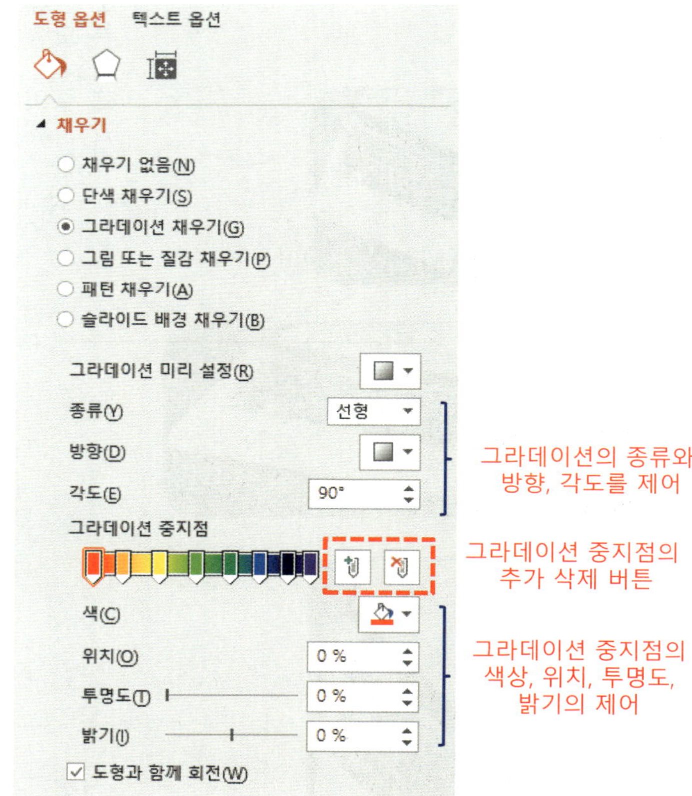

서식 창을 이용하여 다단계 그라데이션이 적용된 모습이다. 그라데이션의 종류, 방향, 각도의 조절이 가능하며 그라데이션에 적용될 색상과 위치, 투명도, 밝기의 제어가 가능하다. 도형과 함께 회전의 체크를 해제하면 도형을 회전시켜도 그라데이션의 방향이 회전되지는 않는다.

종류　　방향

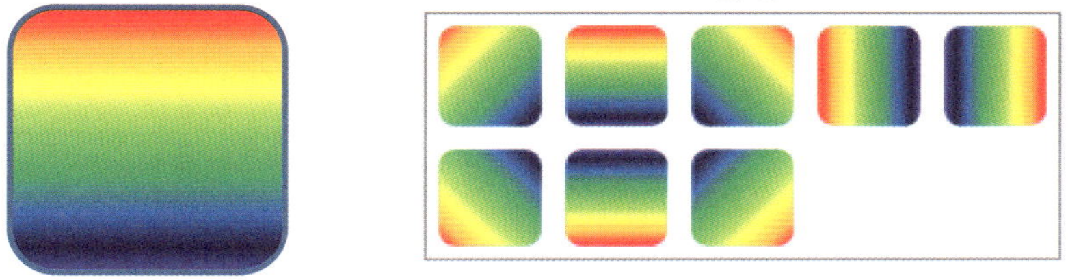

선형

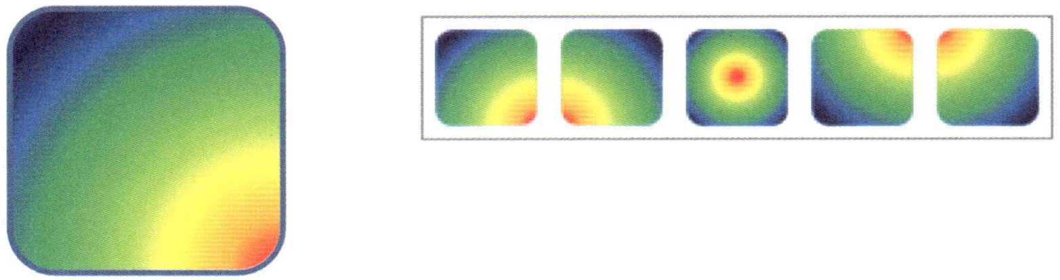

방사형

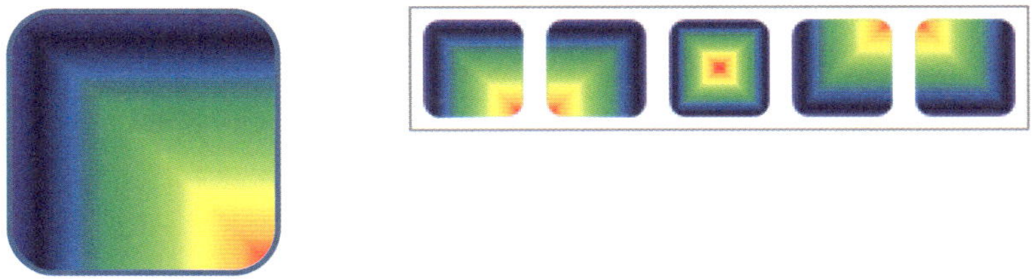

사각형

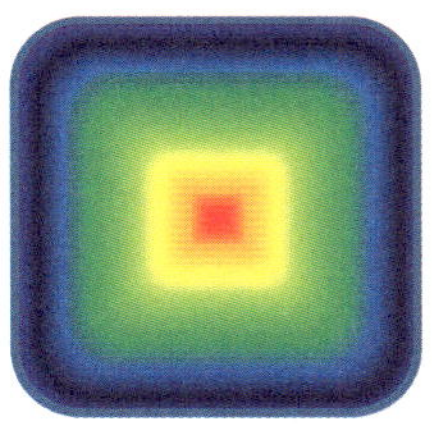

경로형

경로형 그라데이션은 도형의 모양을 따라 그라데이션이 만들어지기 때문에 방향과 각도 옵션이 활성화되지 않는다.

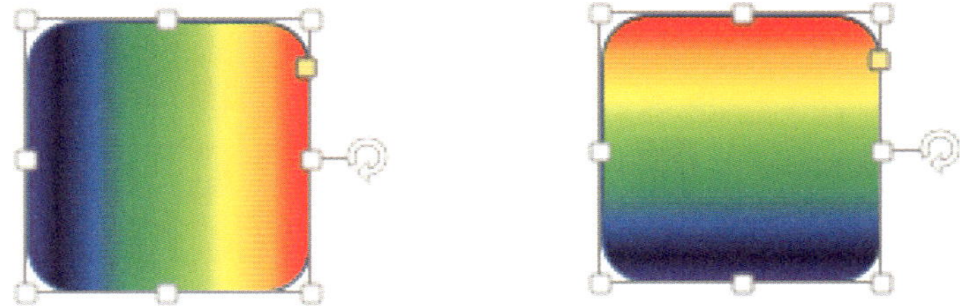

도형과 함께 회전 옵션을 체크한 상태와 체크하지 않은 상태에서 왼쪽 선형 그라데이션의 결과를 90도 회전시킨 결과

선형 그라데이션의 각도를 180도로 변환한 결과

도형을 회전시킨 경우와 그라데이션의 각도를 변화시킨 경우에 동일한 결과를 얻을 수 있지만 3차원 회전 요소가 추가될 경우 그 결과는 확연히 달라지게 된다. 3차원 회전 요소를 이용한 도형의 편집이 필요한 경우 도형을 회전시키는 작업을 사용하는 것보다는 각도를 변환하는 것이 바람직하다.

9 도형의 조합

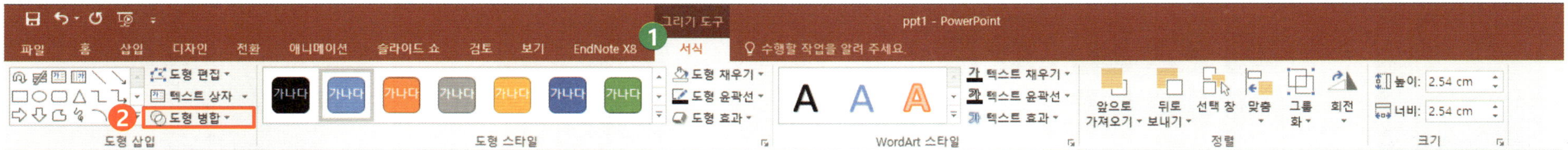

두 가지 이상의 도형을 조합하여 새로운 형태의 도형을 만들 수 있다. 도형을 선택하여 마우스 왼쪽 버튼을 더블클릭하면 그리기 도구의 서식 탭 ❶이 나타난다. 서식 탭의 도형 삽입 / 도형 병합 ❷을 선택하면 병합, 결합, 조각, 교차, 빼기의 5가지 조작이 가능하다.

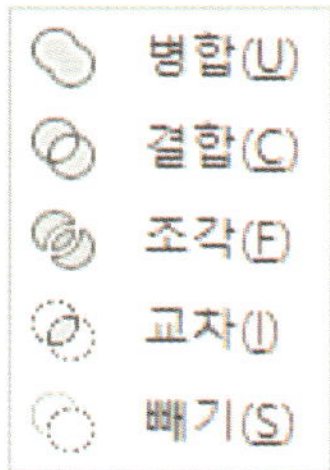

원본

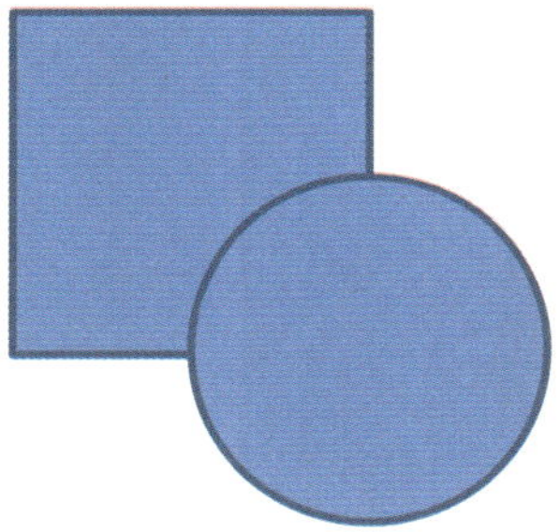

병합

두 개의 도형이 하나로 병합된다.

결합

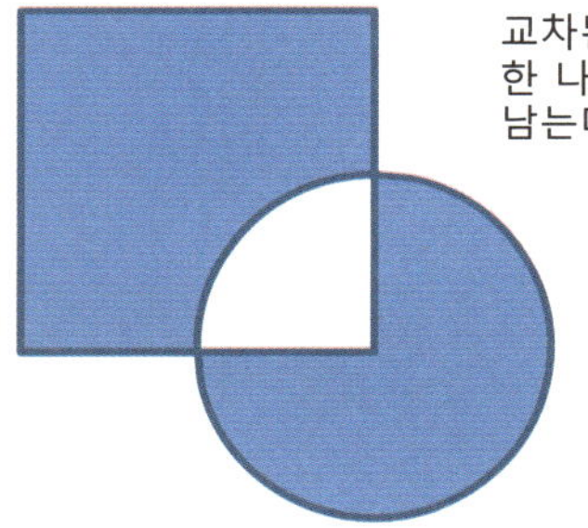

교차된 부분을 제외한 나머지 부분이 남는다.

조각

교차된 각 부분들이 조각으로 분리되어 얻어진다.

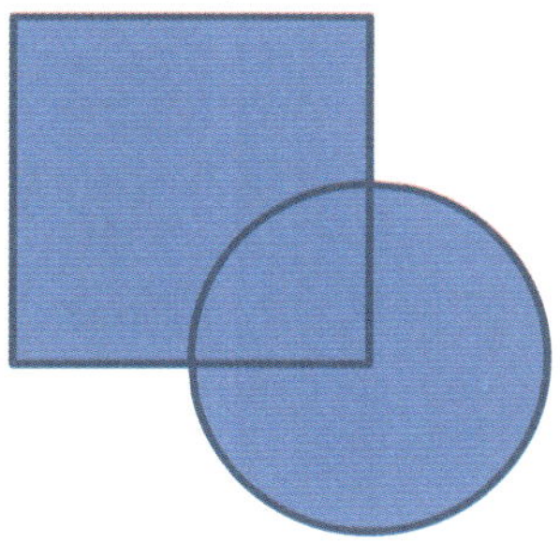

교차

교차된 부분만 남게 된다.

빼기

먼저 선택된 도형에서 나중에 선택된 도형을 빼게 된다.

10 도형의 편집

점 편집을 이용하여 도형을 변형할 수 있다. 도형을 선택하여 마우스 오른쪽 클릭으로 대화상자를 불러오면 점 편집❶이 나타난다. 점 편집을 선택하면 점 편집 모드로 넘어가게 되며 편집 가능한 점들이 나타나게 된다. 각 점들의 선택하여 위치를 옮길 수 있으며 오른쪽 클릭을 이용하여 점 편집 대화상자❷를 추가로 열 수 있다. 대화상자를 통해서 점을 추가 또는 제거할 수 있으며 점의 특성을 부드러운 곡선형태 또는 직선 또는 꼭짓점 위에 있는 점으로 지정할 수 있다. 점을 선택하면 선택된 점의 양 옆으로 조절자❸가 나타난다. 조절자를 움직이면 점의 특성에 따라서 직선, 곡선, 또는 꼭짓점의 형태로 변형이 가능하다.

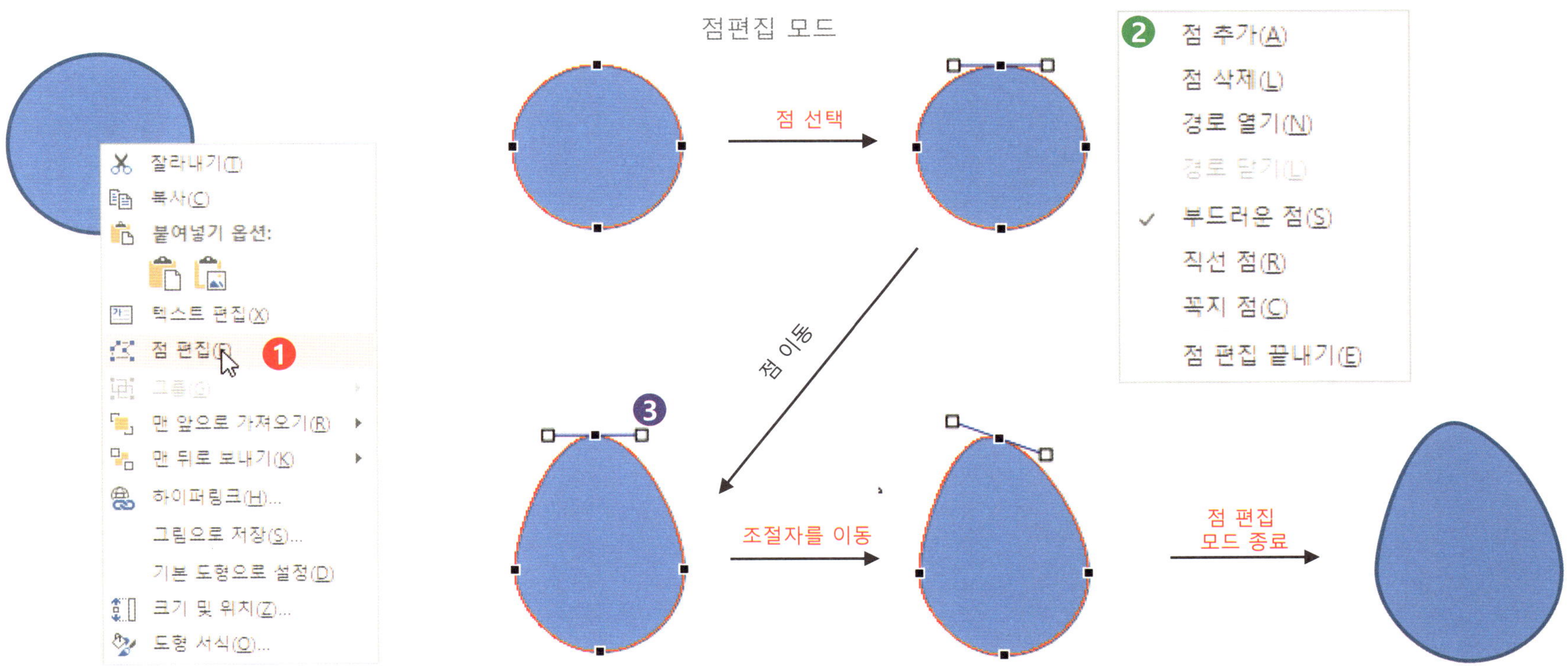

11 도형 효과

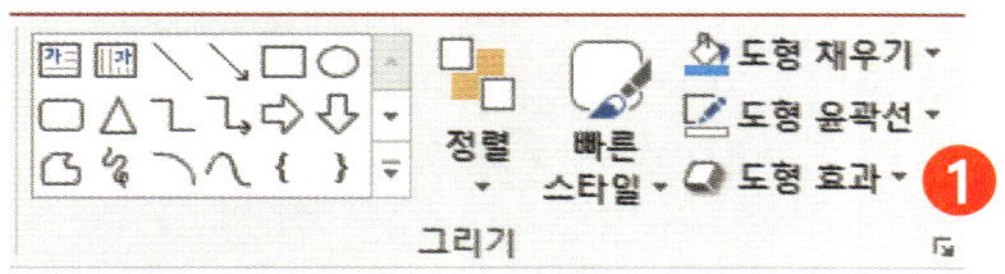

홈 탭의 그리기 영역에서 도형 효과 1 를 선택하면 그림자, 반사, 네온, 부드러운가장자리, 입체 효과, 3차원 회전에 대한 설정이 가능하다. 그리기 영역에서는 기본적인 설정 값들을 볼 수 있으며 추가적인 옵션에 대해서는 도형 서식 창에서 제어가 가능하다.

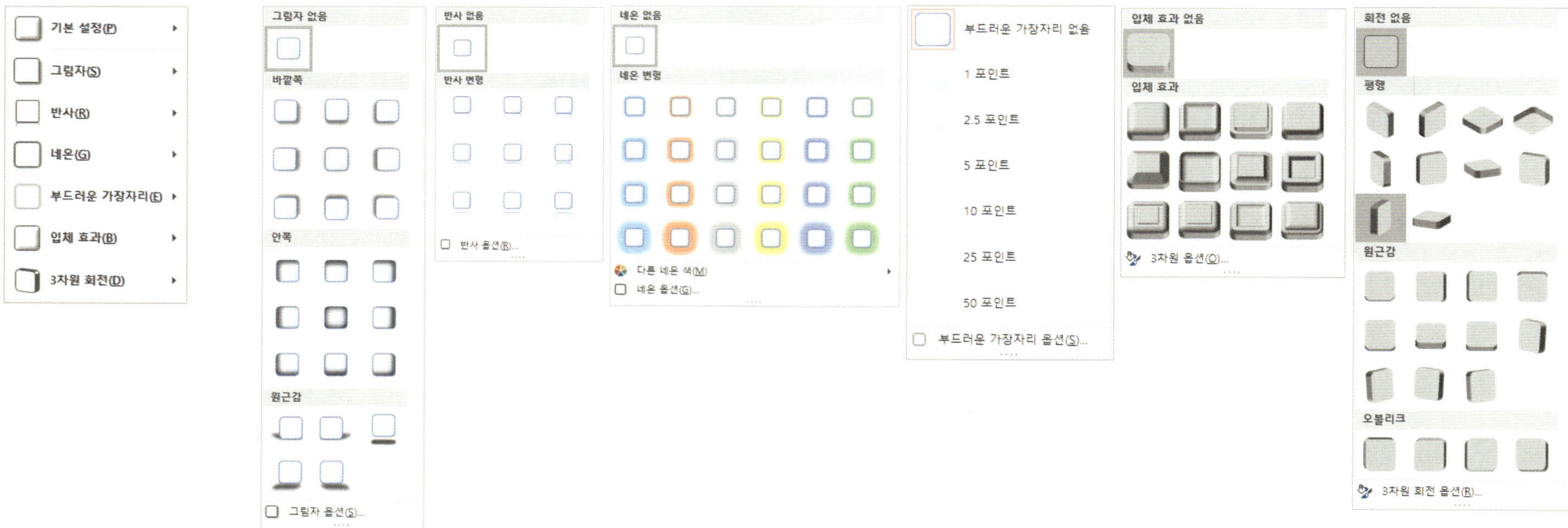

12 도형 효과: 그림자 효과

그림자 효과에는 외부 그림자, 내부 그림자, 및 입체 그림자 효과의 적용이 가능하다. 기본적인 설정 값들은 왼쪽의 그림과 같이 주어진다. 그림자 효과는 글자 및 그림을 강조하기 위해 자주 사용된다.

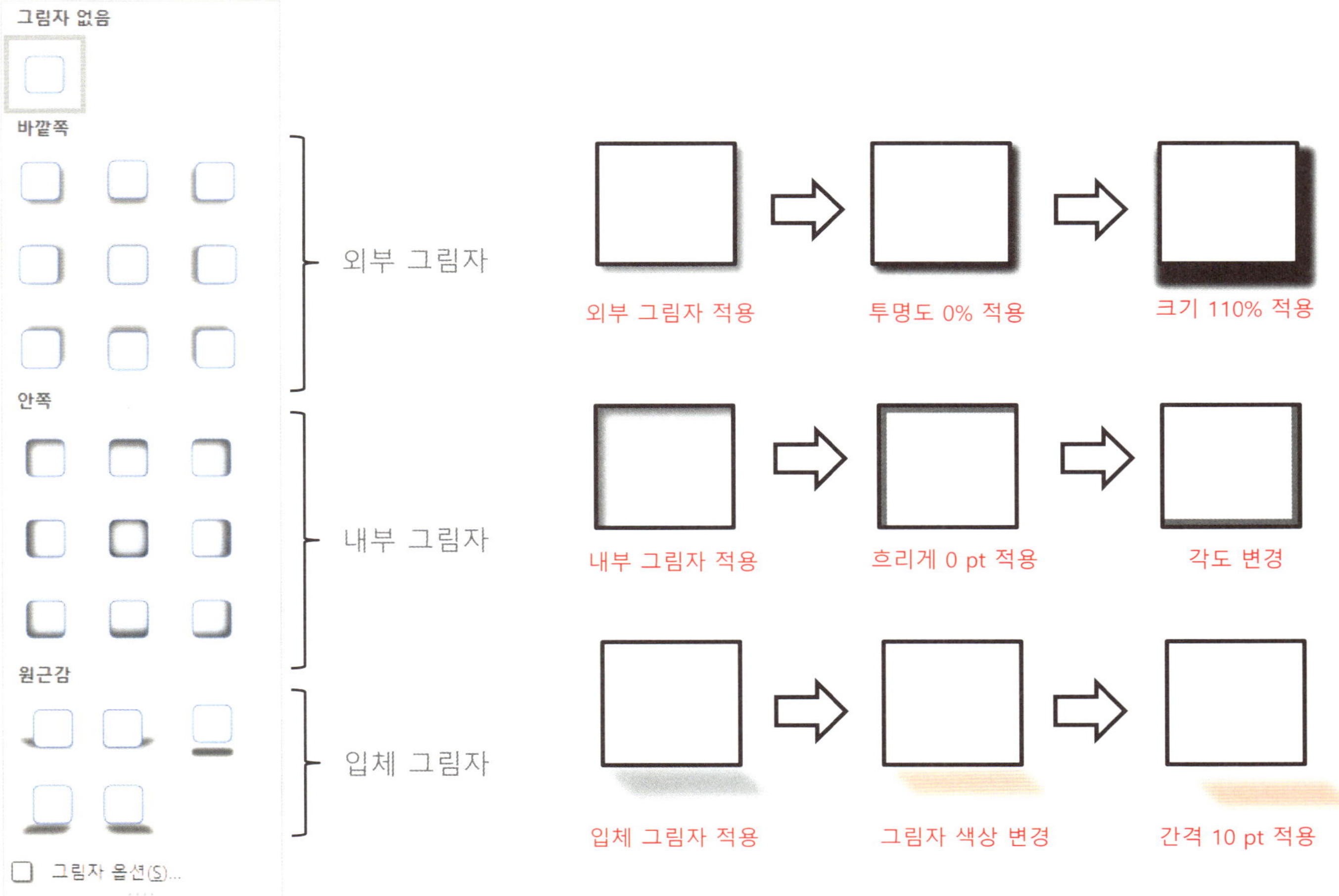

서식 창

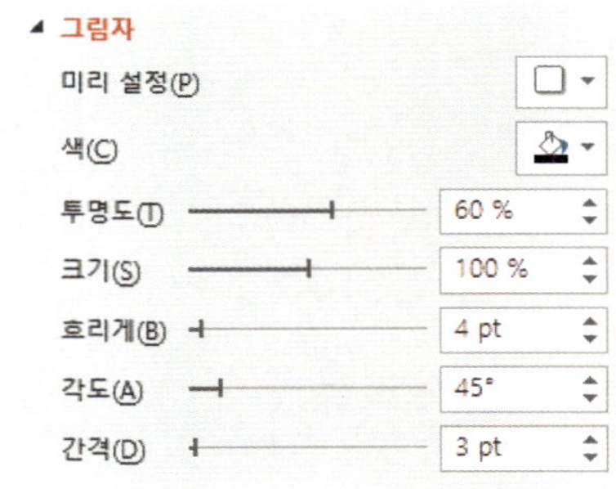

서식 창을 이용하여 그림자의 투명도, 크기, 선명도, 각도, 간격 등을 제어할 수 있다.

13 도형 효과: 반사 효과, 네온 효과, 가장자리 효과

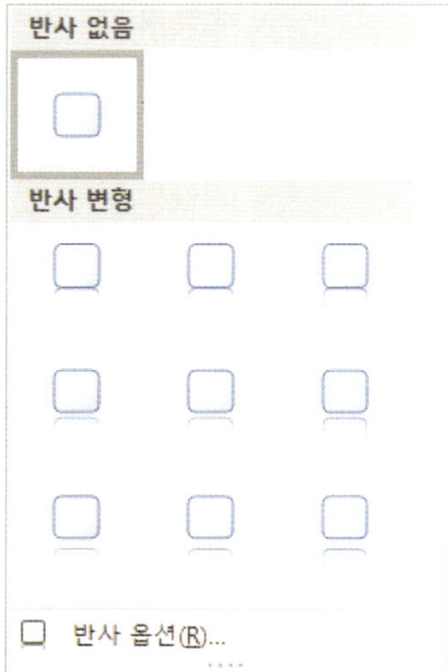

반사 효과는 도형의 투영된 이미지를 아래쪽에 생성한다. 서식 창에서 투명도와 거리를 조절할 수 있다. 비교적 사용빈도가 낮은 효과이다.

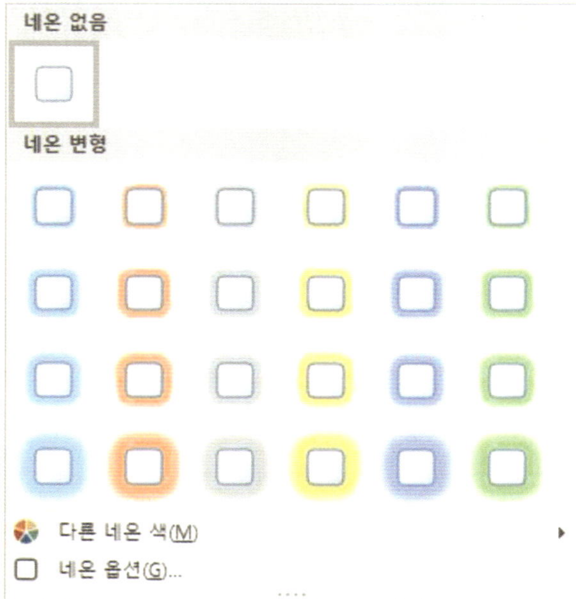

네온 효과는 도형 주변에 특정 색상이 번지는 효과를 제공한다. 서식 창에서 색상과 크기, 선명도, 간격의 조절이 가능하다.

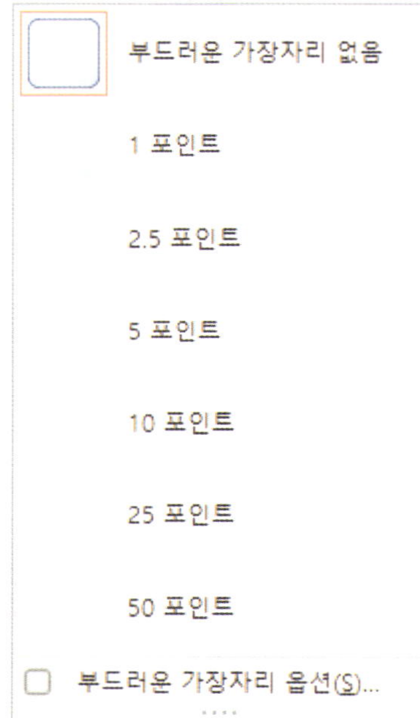

부드러운 가장자리 효과는 도형의 윤곽선 부분을 투명하게 처리할 수 있다. 비교적 사용빈도가 낮은 효과이다.

14 도형 효과: 입체 효과

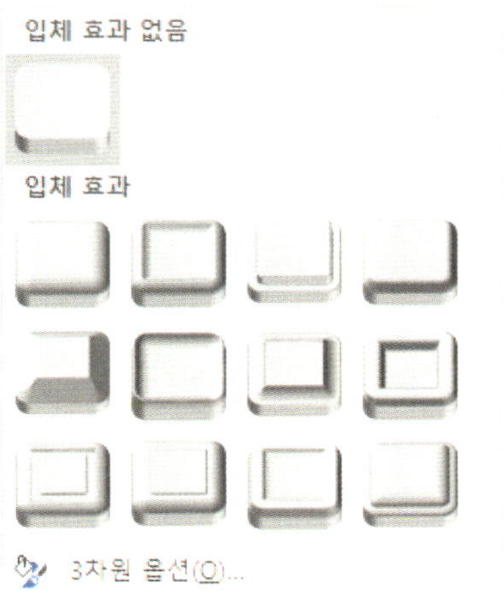

입체 효과는 도형의 위쪽과 아래쪽에 입체감을 부여할 수 있는 효과이다. 3차원 회전과 함께 적용하여 다양한 효과를 얻어 낼 수 있다. 서식 창에서 위쪽과 아래쪽에 입체 효과를 적용할 수 있으며 외형선과 재질, 조명효과를 줄 수 있다. 위쪽의 입체 효과는 회전요소가 적용되지 않은 상태에서 확인이 가능하지만 아래쪽 입체 효과는 회전요소와 함께 사용될 때 확인이 가능하다.

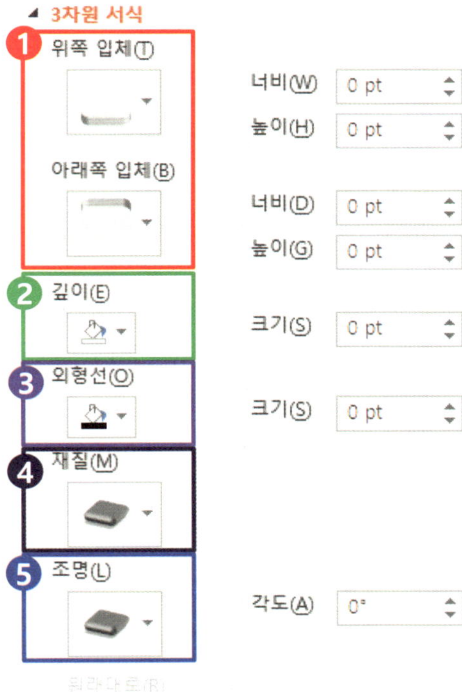

1. 위쪽과 아래쪽의 입체 형태를 선택할 수 있다. 변형이 가해지는 너비 및 높이의 제어가 가능하다.
2. 깊이 요소는 도형의 입체적인 변형이 없이 3차원 두께를 설정하는 값이다.
3. 도형의 외형선 색상과 두께를 조절할 수 있다. 적용된 입체의 측면 색상을 결정하게 된다.
4. 도형의 질감을 결정하게 된다. 금속이나 유리와 같은 속성을 부여할 수 있다.
5. 입체에 가해진 조명의 특성을 조절할 수 있으며 조명이 가해지는 각도의 조절이 가능하다.

입체 효과 및 3차원 회전을 이용한 각종 도형 편집에 대해서는 구체적인 예를 활용하여 다루고자 한다.

15 도형 효과: 3차원 회전 효과

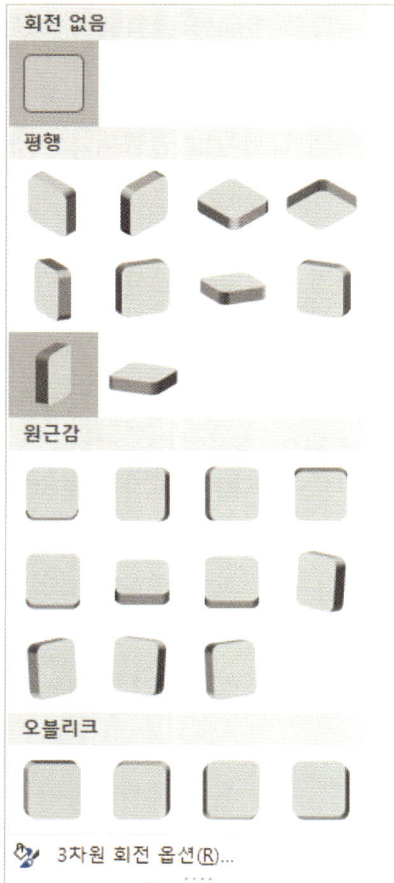

3차원 회전 효과는 평면상의 도형을 입체적으로 회전하는 효과를 제공한다. 미리 설정된 값을 선택할 수 있으며 서식 창에서 임의의 회전각도를 지정할 수 있다. 또한 원근감을 부여할 수 있는 기능이 제공된다. 앞서 설명한 입체 효과와 동시에 활용할 경우 매우 효과적인 도형의 편집이 가능하다.

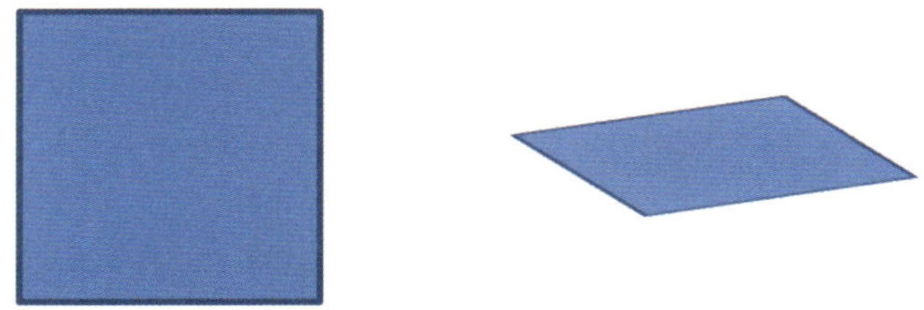

정사각형을 미리 설정된 값으로 회전시킨 결과

16 도형의 복사

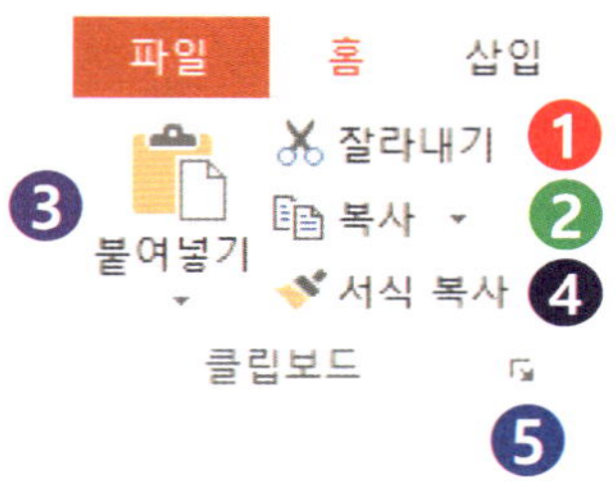

복사 및 복제는 가장 흔하게 사용되는 메뉴이다. 도형을 선택하여 Ctrl + C를 누르면 클립보드에 복사가 된다. Ctrl + V를 이용하여 화면에 붙여넣기가 가능하다. Ctrl + V를 여러 번 사용하여 동일한 개체를 여러 개 만들 수 있다.

개체를 선택하면 홈 탭의 리본 메뉴 클립보드 영역에 잘라내기❶와 복사❷가 활성화된다. 잘라내기는 Ctrl + C 명령과 동일하다. 복사 메뉴 아래에 복사와 복제가 있으며 복사는 선택된 개체를 클립보드에 복사하는 기능이다. 복제는 클립보드에 복사된 개체를 복제하여 화면에 붙여 넣게 되며 Ctrl + V 명령과 동일하다. 다른 방법으로 앞서 설명하였지만 Ctrl 키를 누른 상태에서 개체를 드래그함으로써 복제가 가능하다.

클립보드에 복사된 오브젝트를 붙여넣기❸를 이용하여 화면에 넣어 줄 수 있다. 붙여넣기에는 몇 가지 옵션이 존재하며 활성화되는 옵션은 개체의 성격에 따라 결정된다. 복사할 때 원본 서식을 유지하거나 그림으로 변환이 가능하다. 특히, 그림으로 변환하는 과정은 각종 이미지 디자인에 유용하게 활용될 수 있다.

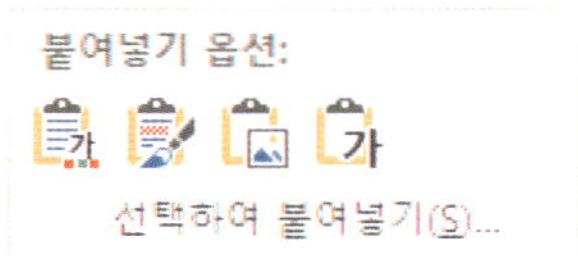

텍스트를 붙여넣기 하는 경우

도형, 이미지를 붙여넣기 하는 경우

리본 메뉴 우측 하단의 ↘ 마크❺를 클릭하면 클립보드 창이 열리게 되며 클립보드에 저장되어 있는 요소들을 선택적으로 붙여 넣을 수 있다.

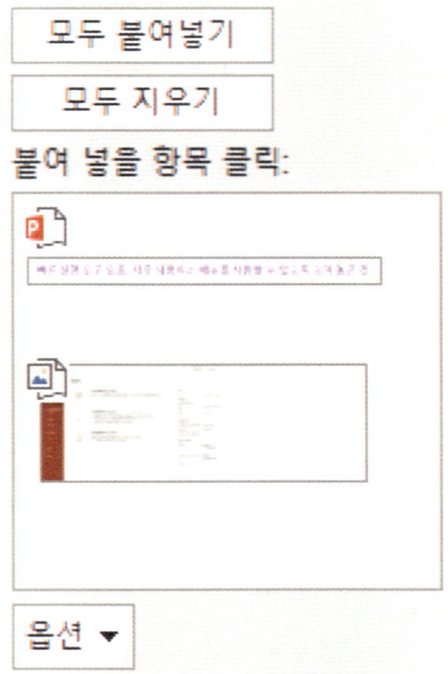

서식 복사❹는 개체에 적용된 각종 서식과 효과들을 복사하는 기능이며 다른 개체에도 동일한 서식과 효과를 적용하기 위해서 활용된다.

1. 원하는 서식이 있는 개체를 선택
2. 서식 복사를 클릭 (다수의 개체에 적용하고자 하는 경우에는 서식 복사를 두 번 클릭)
3. 서식을 적용하고자 하는 개체를 선택

서식 복사를 이용하여 사각형의 서식을 화살표에 복사한 예

17 도형의 정렬: 개체 순서

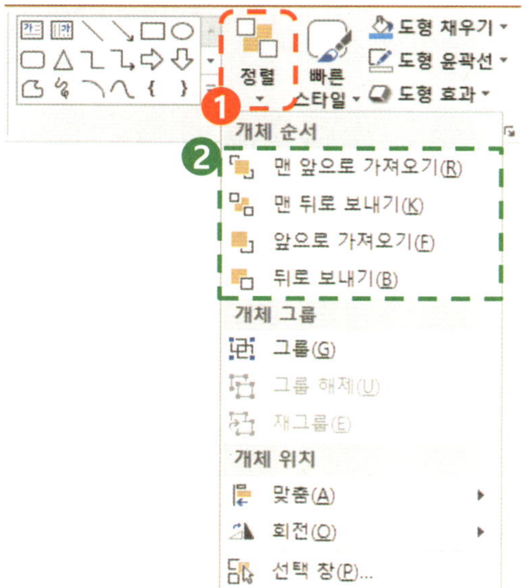

홈 탭의 그리기 영역에서 정렬❶을 선택하여 개체의 순서❷를 조절할 수 있다. 이 과정은 개체 선택 후 마우스 오른쪽 클릭을 통해서 생성되는 대화상자❸를 통해서도 진행할 수 있다.

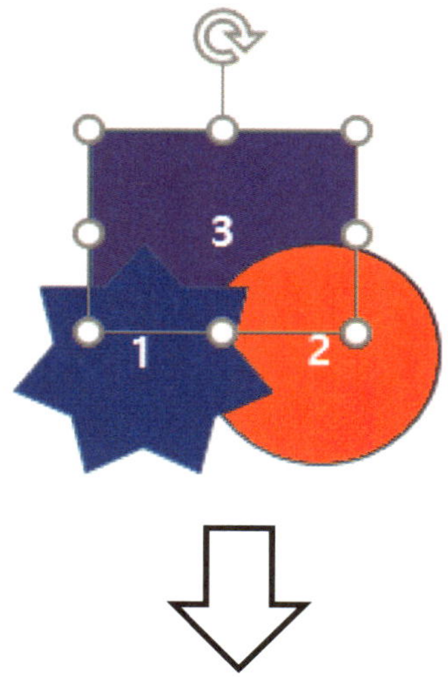

3번 개체의 맨 앞으로 가져오기 결과

현재 슬라이드의 모든 개체 중 맨 앞으로 가져온다.

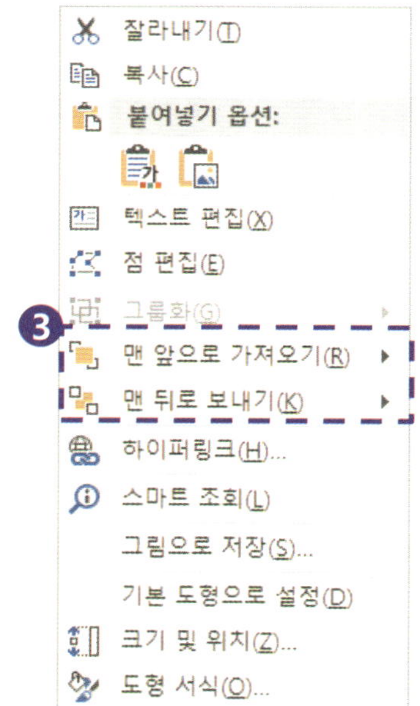

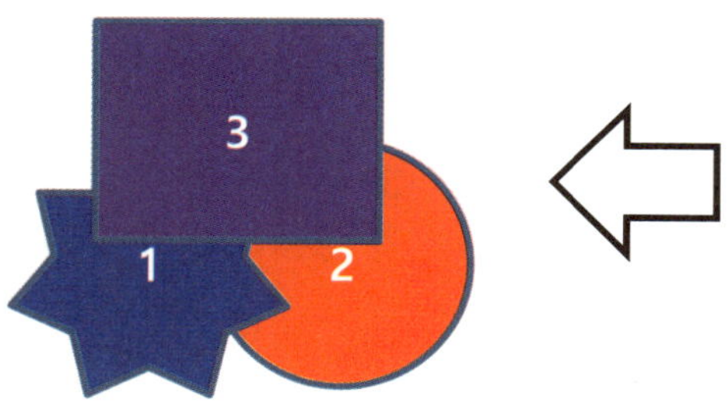

1번 개체의 뒤로 보내기 결과

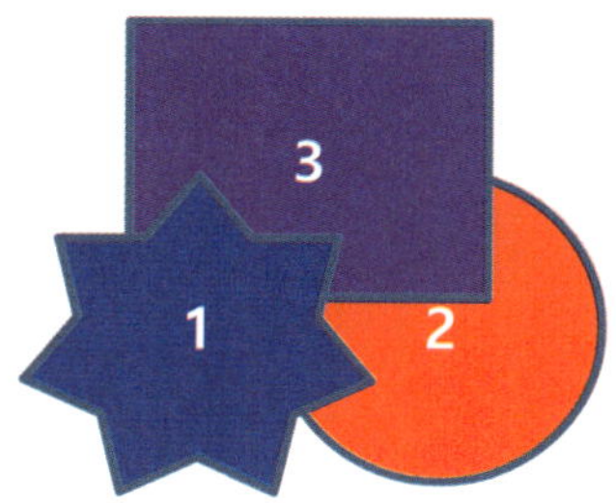

3번 개체의 앞으로 가져오기 결과

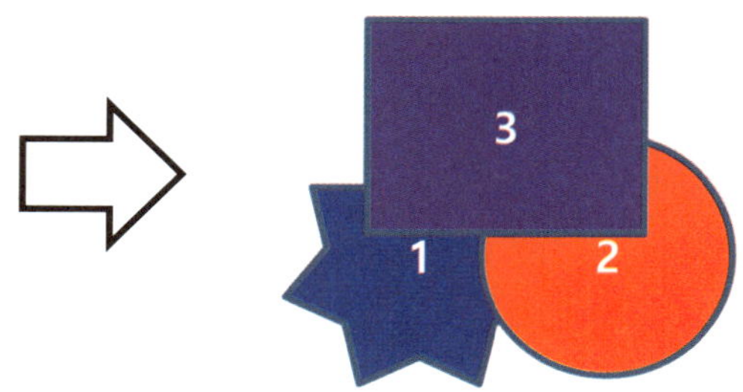

1번 개체의 맨 뒤로 보내기 결과

현재 슬라이드의 모든 개체보다 뒤로 보낸다.

18 도형의 정렬: 그룹화

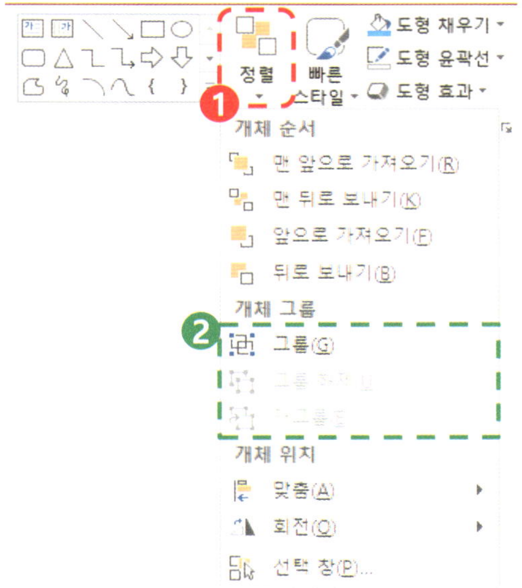

홈 탭의 그리기 영역에서 정렬❶을 선택하여 여러 개의 개체를 그룹화❷ 할 수 있다. 그룹화된 개체는 하나의 개체로 취급할 수 있으며 그룹을 선택한 후에 개별 개체들을 선택하여 수정하는 것이 가능하다. 이 과정은 개체 선택 후 마우스 오른쪽 클릭을 통해서 생성되는 대화상자❸를 통해서도 진행할 수 있다.

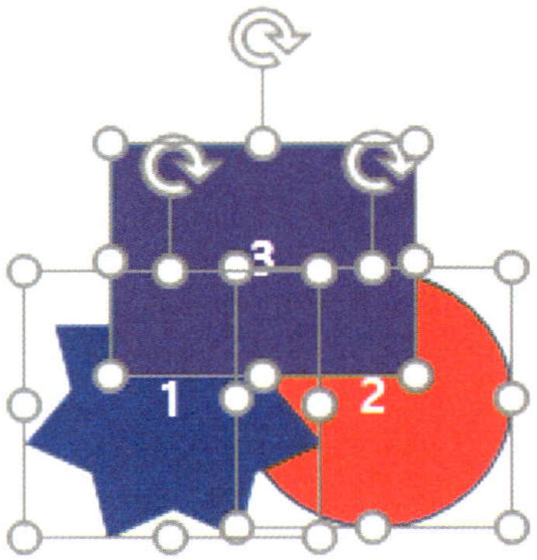
개별 개체들을 선택한 결과

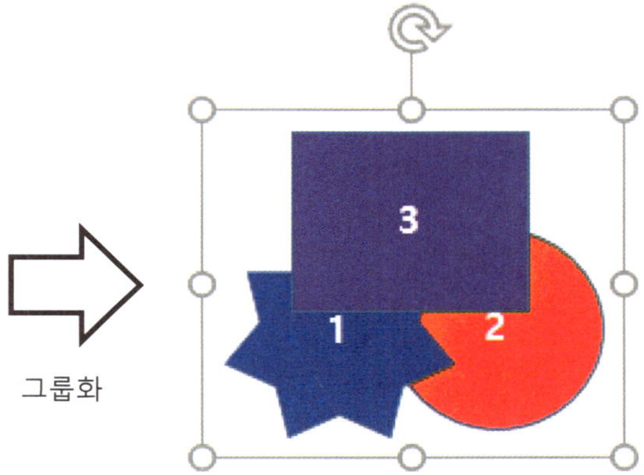

그룹을 선택한 결과

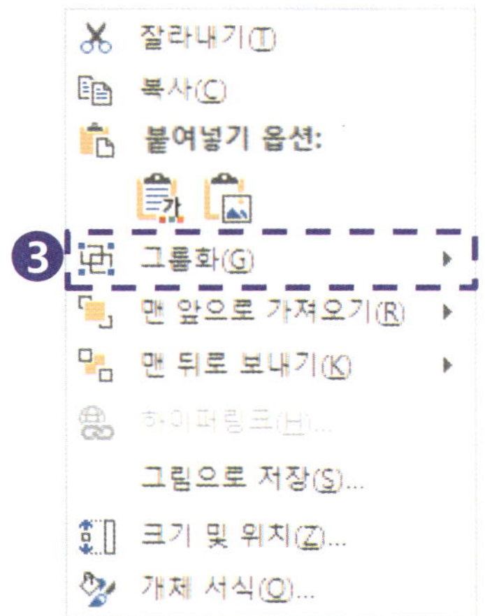

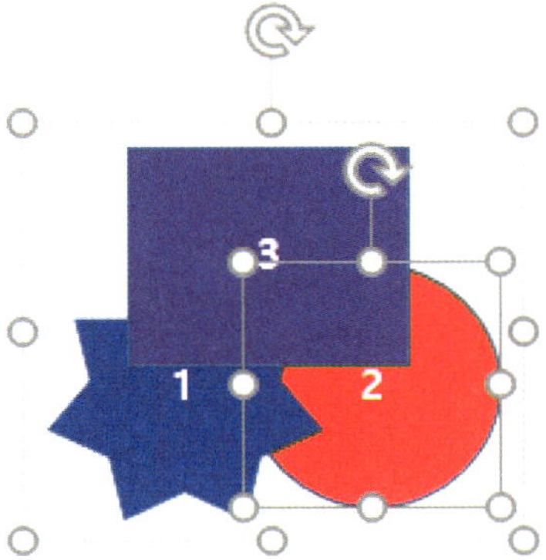
그룹 내의 개별 개체를 선택한 결과

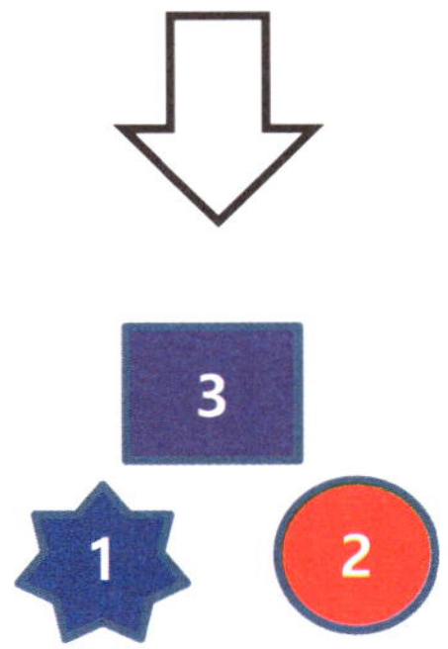
개별 개체들을 선택하여 한꺼번에 축소한 결과

그룹을 선택하여 축소한 결과

그룹화된 개체를 선택하여 확대/축소하게 되면 상대적인 위치를 유지한 상태로 변형이 가능하지만 개별 개체들을 선택하여 확대/축소를 진행하면 상대적인 위치를 무시한 결과가 얻어진다.

19 도형의 정렬: 맞춤

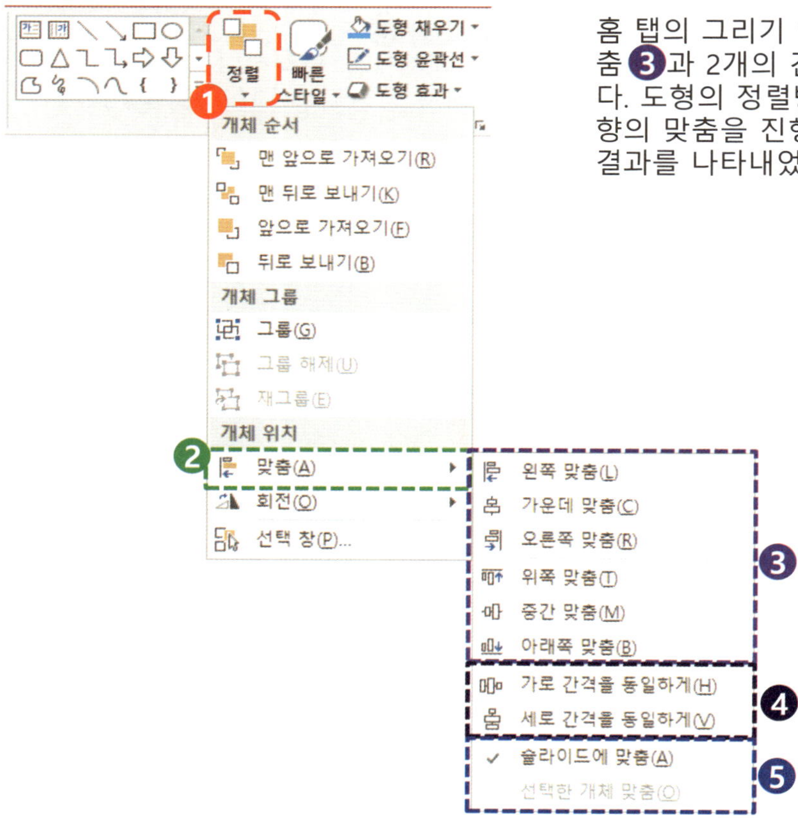

홈 탭의 그리기 영역에서 정렬 ①을 선택하면 맞춤 ② 메뉴가 나타난다. 맞춤 메뉴 아래에는 6개의 맞춤 ③과 2개의 간격조절 ④ 메뉴가 있으며 아래에 슬라이드에 맞춤과 개체에 맞춤 ⑤ 메뉴가 나타난다. 도형의 정렬방식을 결정하는 중요한 메뉴로 자주 활용된다. 아래에 3개의 개체를 선택하여 수직방향의 맞춤을 진행한 결과를 나타내었으며 다음 페이지에는 수평방향의 맞춤 결과와 동일간격 정렬의 결과를 나타내었다.

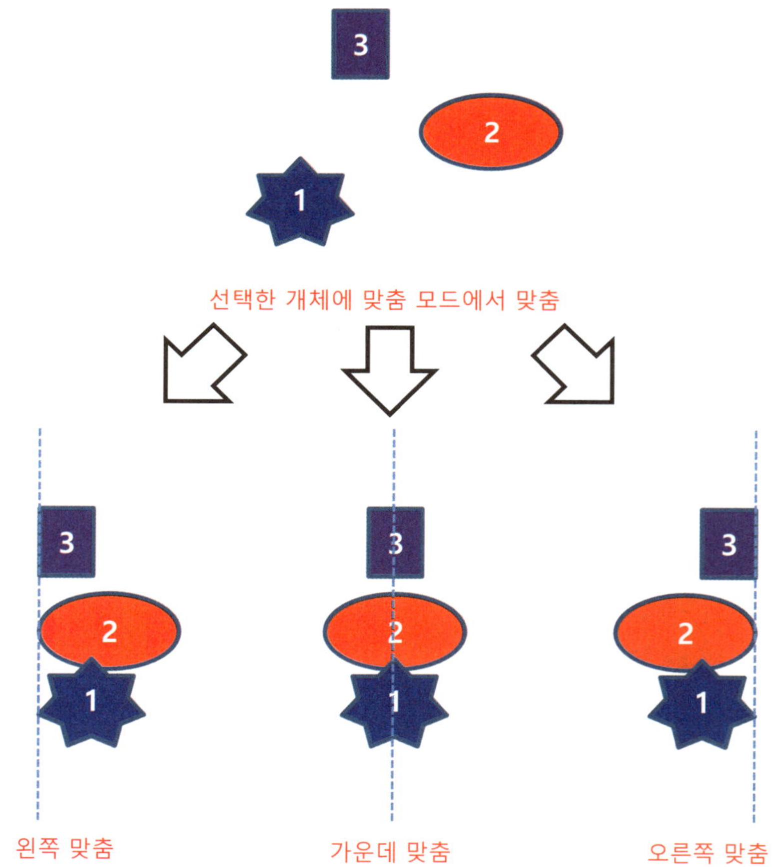

슬라이드에 맞춤이 선택되어 있을 경우 선택된 개체들은 슬라이드의 가장 오른쪽, 왼쪽, 또는 중앙에 맞추어 정렬된다. 선택한 개체에 맞춤이 선택되어 있을 경우, 선택된 개체들의 가장 오른쪽, 왼쪽, 중앙에 맞추어 정렬된다.

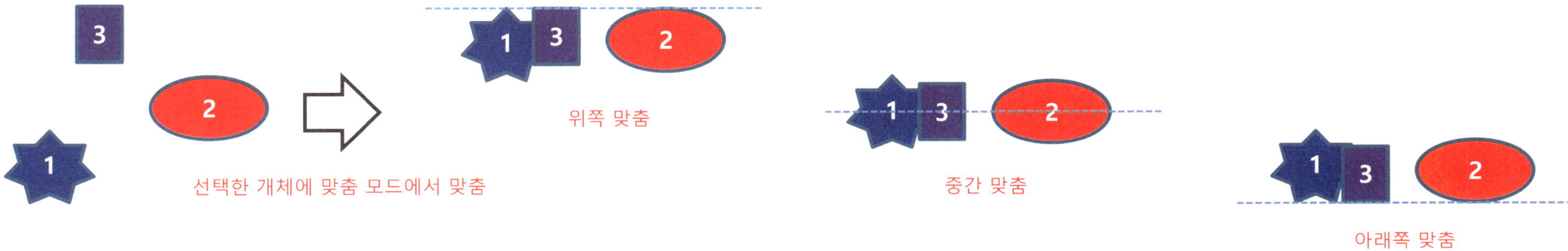

선택한 개체에 맞춤 모드에서 간격을 동일하게 조정할 결과이며 슬라이드에 맞춤이 선택되어 있는 경우에는 선택된 개체들이 슬라이드에 맞추어 분산된다.

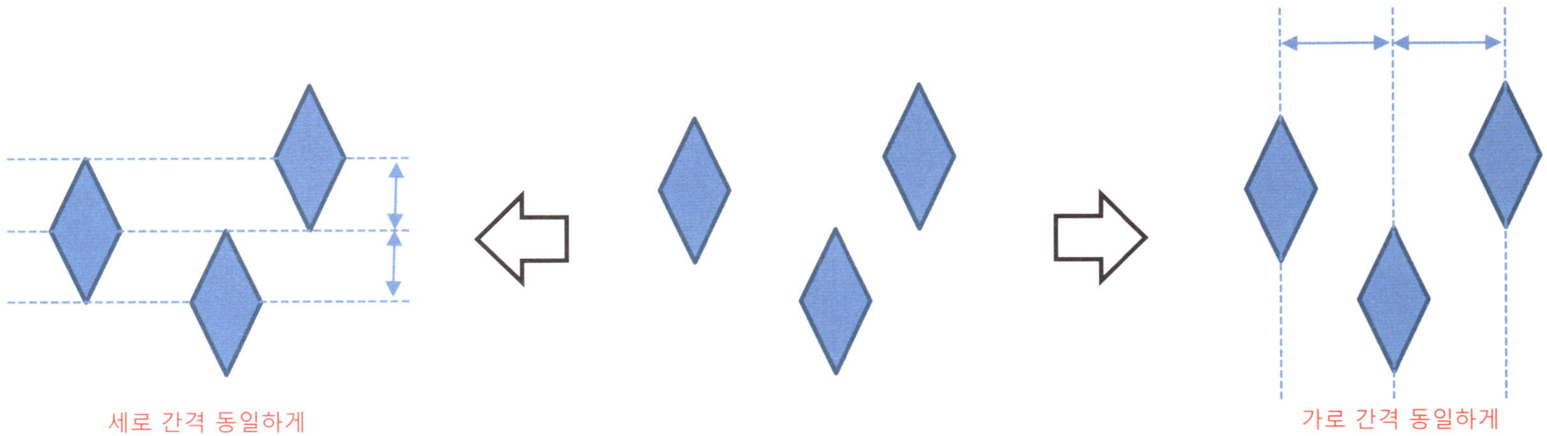

20 도형의 정렬: 회전

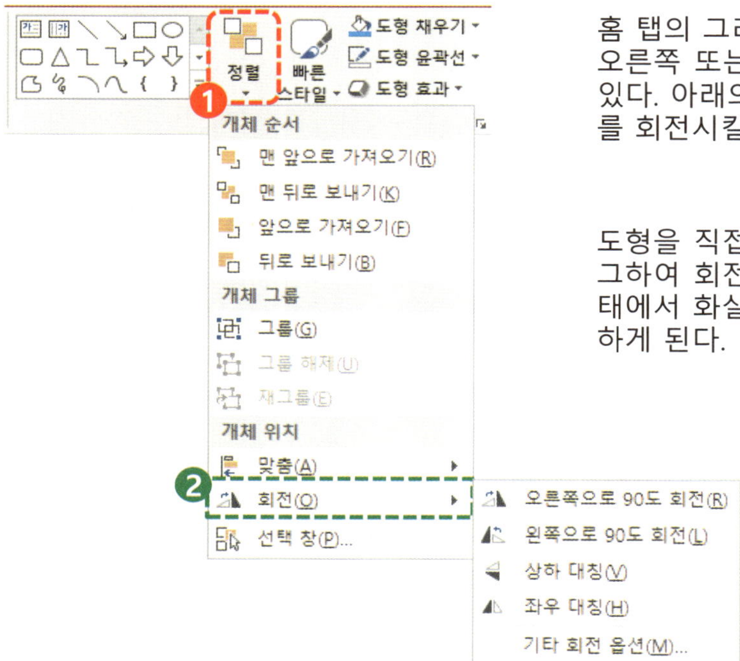

홈 탭의 그리기 영역에서 정렬 ❶을 선택하면 회전 ❷ 메뉴가 나타난다. 회전 메뉴에서 선택된 개체를 오른쪽 또는 왼쪽으로 90도 회전시킬 수 있으며 상하방향 또는 좌우방향으로 대칭구조를 얻을 수도 있다. 아래의 기타 회전 옵션을 선택하면 서식 창이 나타나며 지정된 값을 입력하여 특정 각도로 개체를 회전시킬 수 있다.

도형을 직접 회전시키는 방법은 34쪽에서 이미 설명한 바 있다. 개체 위에 나타나는 모양을 드래그하여 회전시키는 것이 가능하다. 또 다른 방법으로 개체를 선택한 후에 키보드의 Alt 키를 누른 상태에서 화살표키 오른쪽 또는 왼쪽을 클릭하면 각 개체는 오른쪽 또는 왼쪽으로 15도 각도의 회전을 하게 된다.

21 개체 이름 지정하기

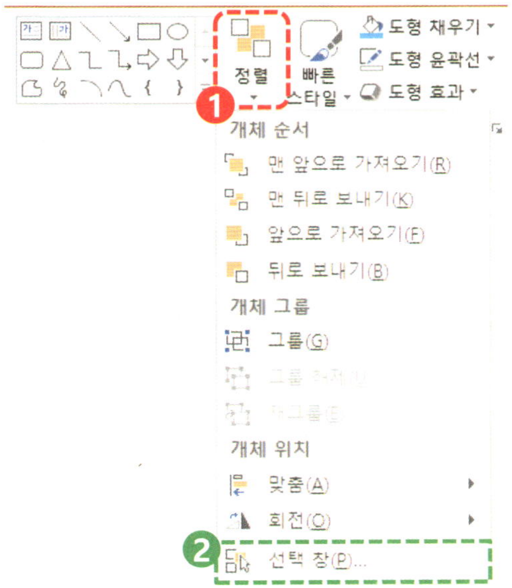

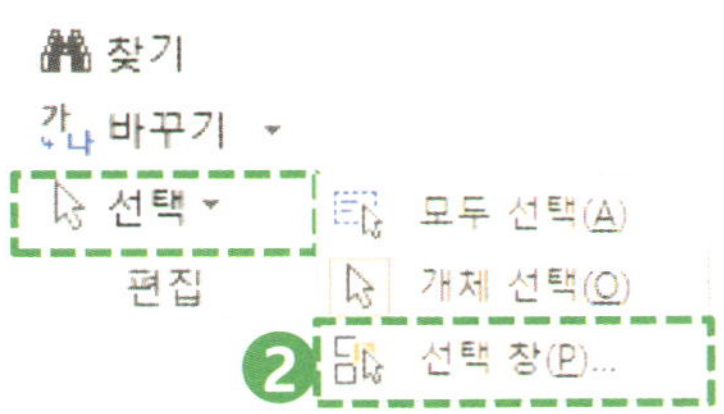

홈 탭의 그리기 영역 정렬 메뉴의 맨 아래에 선택 창이 있다. 홈 탭의 편집 영역의 선택에서도 마찬가지로 선택 창을 열 수 있는 메뉴가 있다. 선택 창을 열면 슬라이드 내에 존재하는 모든 개체들이 표시된다. 오른쪽의 눈 모양 아이콘❸을 클릭하면 선택된 개체는 슬라이드에서 보이지 않게 된다. 각 개체의 이름은 특별히 지정하지 않았을 경우에 그림, 도형, TextBox와 같은 기본적인 이름에 순서대로 번호가 붙어 있다. 선택 창에서 각각의 개체들의 이름의 변경이 가능하다.

이름의 변경은 일반적인 슬라이드 구성에서는 거의 사용되지 않지만 애니메이션의 구성에서 유용하게 사용될 수 있다. 다수의 개체가 한꺼번에 존재하는 화면에서 개체의 이름을 알기 쉽도록 지정해 두면 애니메이션 구성 시 편리하게 활용할 수 있다.

22 그림 자르기

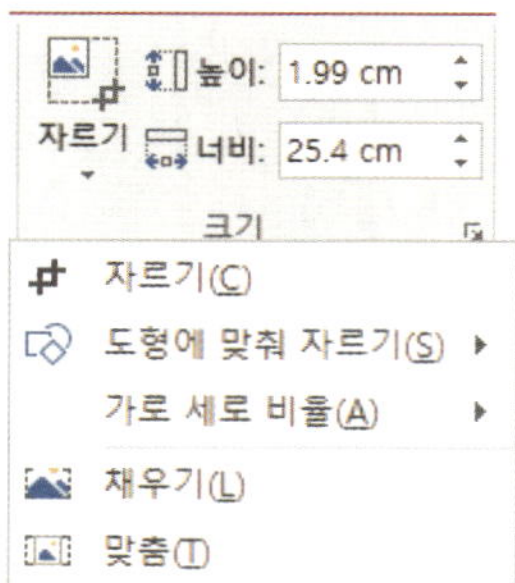

그림 도구의 서식 메뉴에 자르기 옵션이 있다. 자르기를 선택하면 아래 그림과 가이드 선이 나타나며 움직이게 되면 자르기 영역이 표시된다. 특정 이미지의 불필요한 부분을 제거하거나 크기를 맞추기 위해 유용하게 활용된다.

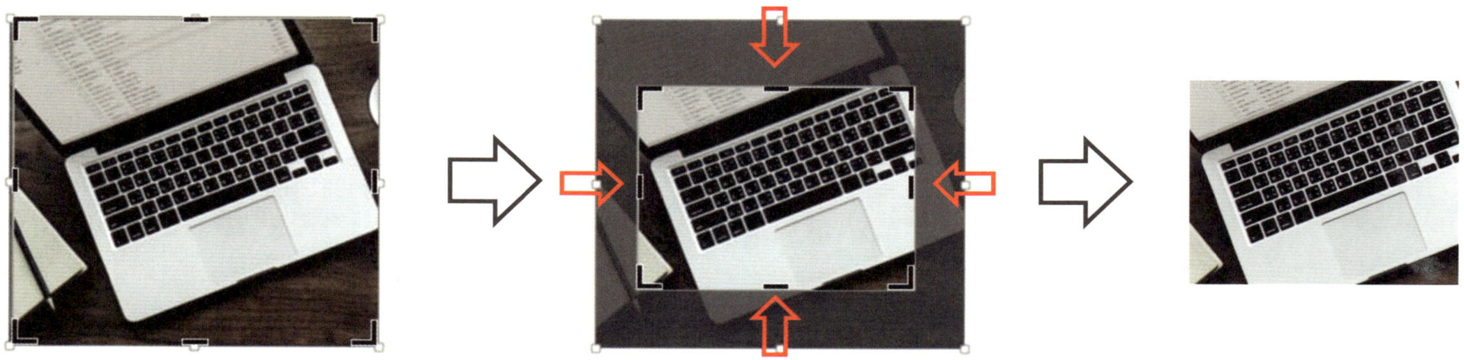

원본 이미지　　자르기 영역지정　　최종 이미지

도형에 맞춰 자르기를 선택하면 다양한 도형들이 제공되며 이미지를 도형에 맞추어 자를 수 있게 된다. 단, 도형에 그림 채우기 효과를 적용하여도 마찬가지 결과를 얻을 수 있다. 가로 세로 비율을 조절해 자를 수 있으며 채우기와 맞춤 메뉴를 이용하여 이미지를 도형에 완전히 채우는 크기로 활용할지, 도형 내에 맞추어지는 크기로 할지를 결정할 수 있다.

도형에 맞춰 자르기

23 투명한 색 설정

그림 도구의 서식 메뉴에 조정 영역이 있다. 조정 영역에서는 그림의 색상, 밝기 등의 보정이 가능하며 그림의 크기를 조절할 수 있는 기능을 제공한다. 수정에서는 선명도, 밝기/대비의 조절이 가능하며 색에서는 채도, 색상 등의 조절이 가능하다. 다시 칠하기 옵션을 이용하여 전체적인 그림의 색상을 변경하는 것도 가능하다.

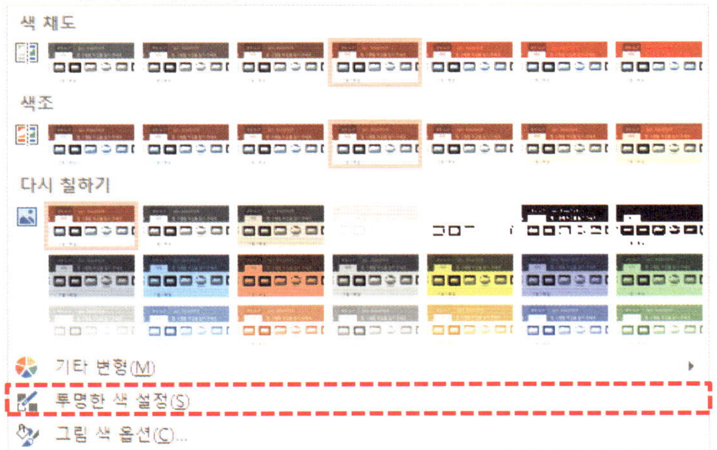

색 메뉴에서 투명한 색 설정이 있다. 투명한 색 설정을 클릭하면 아래 그림과 같이 마우스 커서가 나타나며 원하는 색상을 클릭하면 선택된 색상은 투명하게 변화된다.

꾸밈효과 메뉴에서는 그림에 다양한 효과를 적용할 수 있게 해주며, 그림 압축 메뉴는 해상도가 높아서 사이즈가 큰 그림을 화면의 해상도와 동일하게 낮추어 파일의 용량을 줄여주는 기능을 한다.

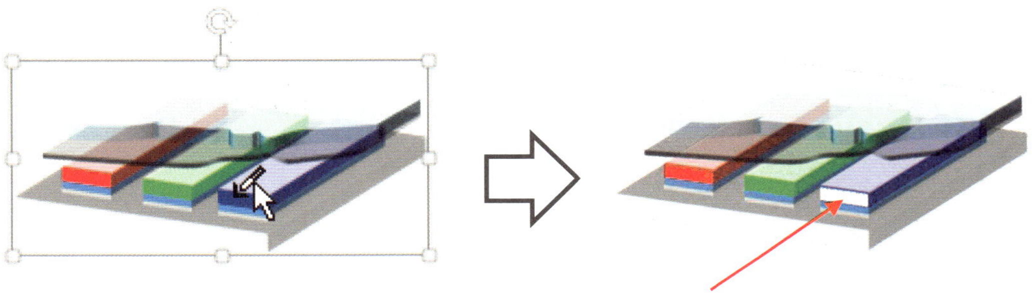

투명하게 변화된 영역

투명한 색 설정은 이미지 편집에서 유용하게 활용될 수 있다.

24 그림 배경 제거하기

외부에서 가져온 이미지에 불필요한 배경이 있을 경우, 이를 제거하는 기능이 그림 도구의 서식 메뉴 조정 영역이 포함되어 있다. 주로 인물사진의 배경을 제거하기 위해서 활용되지만 다양한 용도로 응용이 가능하다. 배경 제거를 선택하면 배경 제거 탭 메뉴가 추가로 나타나게 된다.

배경 제거 클릭 시, 제거될 영역은 보라색으로 표현되며 남게 되는 영역은 원본 색상을 유지하게 된다. 배경 제거 탭 메뉴에서는 보관할 영역 또는 제거할 영역을 직접 제어할 수 있다. 배경이 아님에도 불구하고 제거될 영역에 포함되어 있는 경우 보관할 영역으로 변경해야 하며 배경임에도 불구하고 남아 있는 영역이 있을 경우 제거할 영역으로 표시를 하면 된다.

배경 제거 탭 메뉴

원본 그림 / 배경 제거 선택 시 화면 / 배경이 제거된 그림

이공계 학생을 위한
파워포인트로
이미지 만들기

04

도형 편집을 이용한 이미지 제작

이 장에서는 각종 도형의 편집 기술을 활용하여 다양한 이미지를 생성하는 방법에 대해서 비교적 단순한 이미지부터 복잡한 이미지까지 예를 활용하여 설명하고자 한다. 참고로 각각의 이미지 제작에는 짧게는 5분 길게는 30분 정도의 시간이 소요되었다.

1 도형 병합의 활용: DNA 모식도

왼쪽 그림은 2중 나선구조를 가진 DNA의 모식도이다. 나선구조를 표현하기 위한 가장 단순한 유닛 ①이 반복되는 구조를 가진다. 비교적 단순한 그림임에도 불구하고 이를 표현하기 위해서는 각 개체의 순서에 신경을 써야 한다. 유닛 ①은 구부러진 화살표와 원을 이용하여 간단하게 만들 수 있다. 그리기 도구의 서식에서 도형 병합 메뉴를 이용하면 된다.

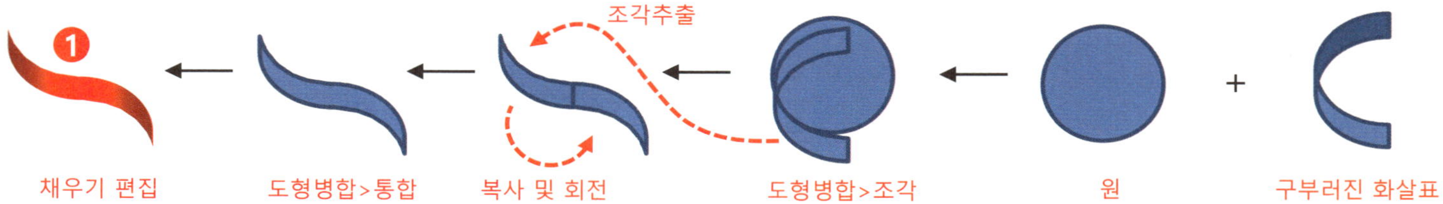

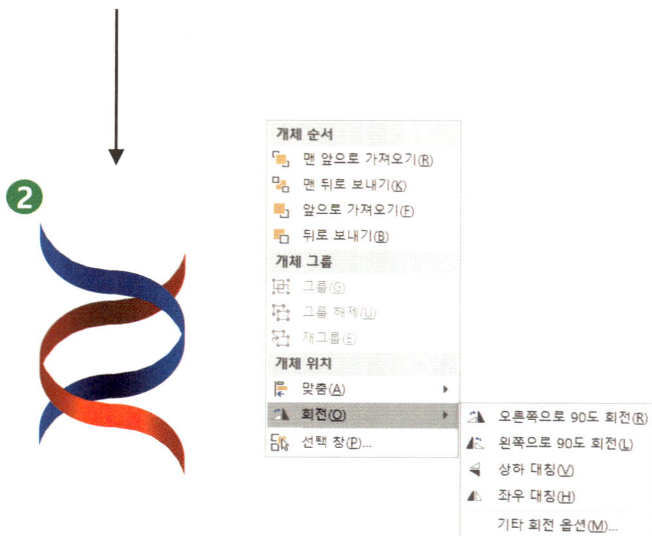

반복단위 ②를 복사하여 서로 연결한다.

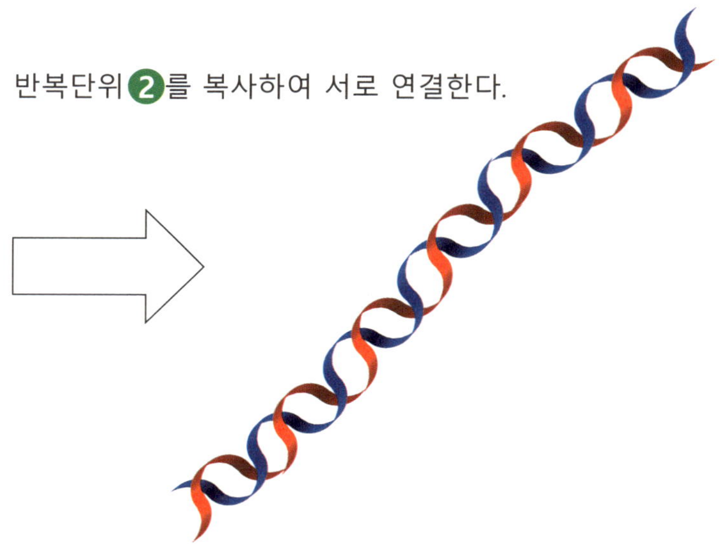

복사, 회전, 대칭을 이용하여 기본 구조의 반복 단위 ②를 만들고 그룹화한다.

2 단순한 도형들의 조합을 통한 그림 그리기: 근육 모식도

왼쪽 그림은 근육의 모식도이다. 복잡해 보일 수 있지만 기본적인 도형을 이용하여 간단하게 그릴 수 있다. 왼쪽 그림을 분해하면 전체 6개의 도형으로 구성되어 있다. 4개의 타원과 끝부분의 2개의 변형된 사각형이다. 4개의 타원은 기본 도형을 이용하여 쉽게 만들 수 있지만 변형된 사각형은 점 편집을 통해서 모양을 적절히 만들어주고 그라데이션을 이용하여 색상을 만들어야 한다.

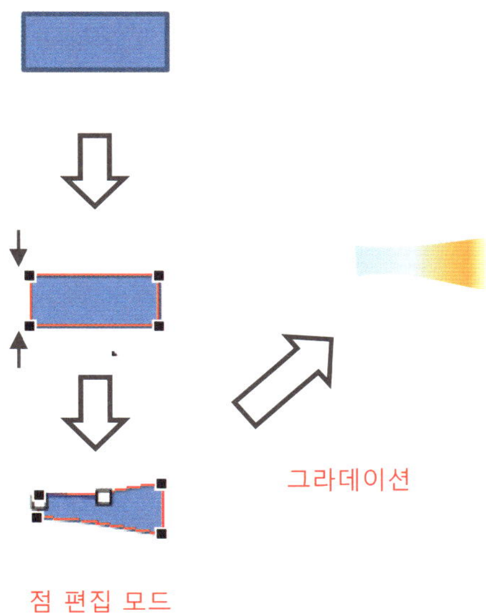

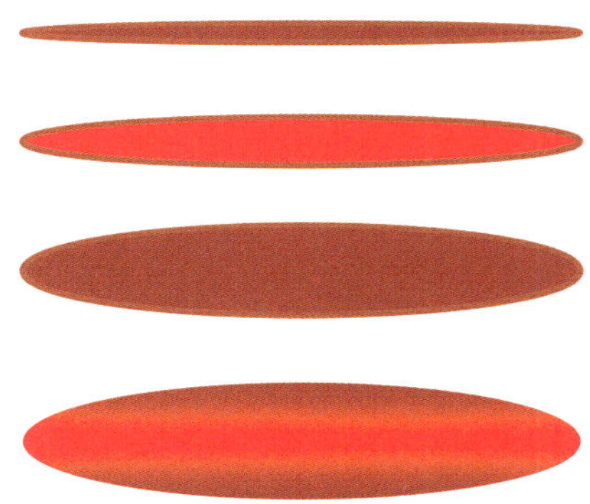

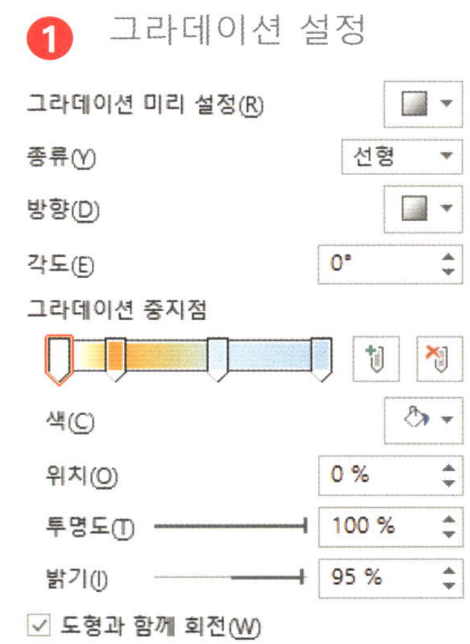

왼쪽 끝은 투명도 100%이며 그 외의 위치는 투명도가 0%이다. 종류는 선형이며 각도는 0도이다.
도형과 함께 회전을 선택하여 반대쪽은 180도 회전시킨 도형이다.

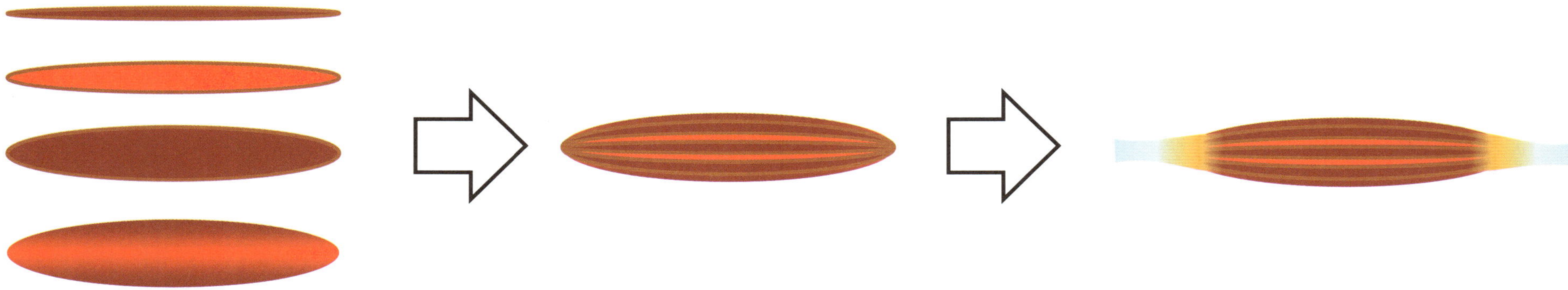

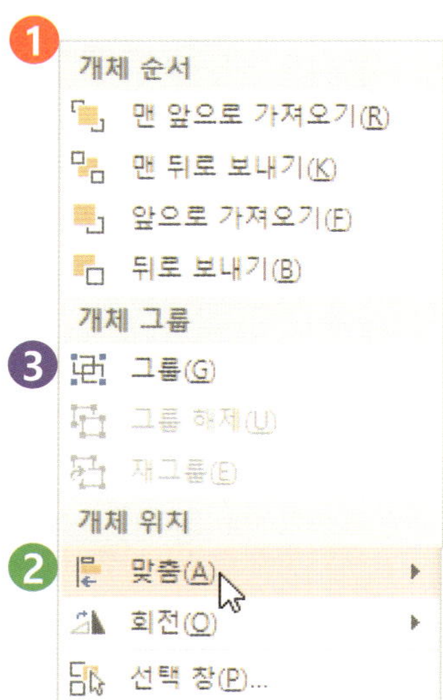

홈 탭의 리본 메뉴 그리기 영역에서 정렬을 선택하면 대화상자 ①가 열리며 그리기 개체의 순서를 이동시킬 수 있으며 그룹화 및 맞춤 회전 등의 설정이 가능하다.

4개의 타원을 동시에 선택하여 정렬의 맞춤 ②을 선택하면 새로운 대화상자가 열리며 개체를 정렬시킬 수 있다.

마지막으로 변형된 사각형을 양 옆에 위치시키고 그룹화 ③ 한다.

3 3차원 도형 효과를 이용한 이미지 만들기: 물방울

왼쪽 그림은 3차원 도형 효과를 이용하여 입체감을 가진 물방울을 그린 것이다. 3차원 서식과 반투명 재질을 활용한다. 물방울 모양을 만들기 위해서는 도형의 점편집이 요구된다.

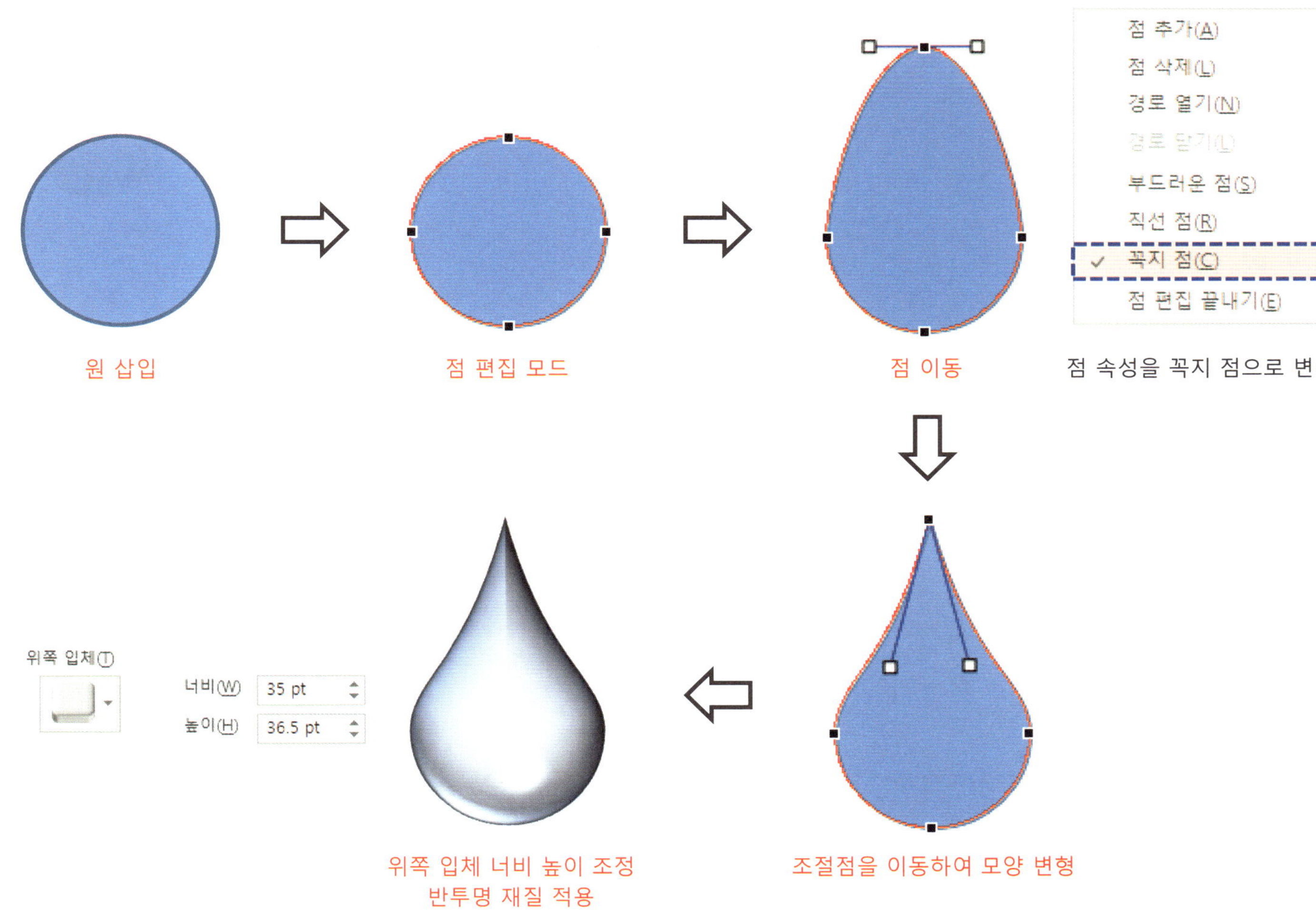

4 3차원 도형 효과를 이용한 이미지 만들기: 나노 입자 모형

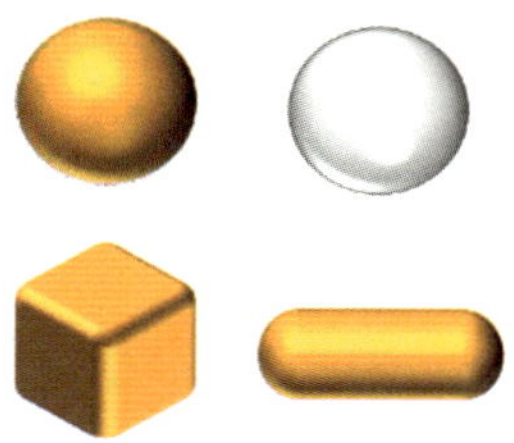

왼쪽 그림은 3차원 도형 효과를 이용하여 입체감을 가진 간단한 도형들이다. 3차원 서식과 3차원 회전 효과를 이용해서 구현이 가능하다.

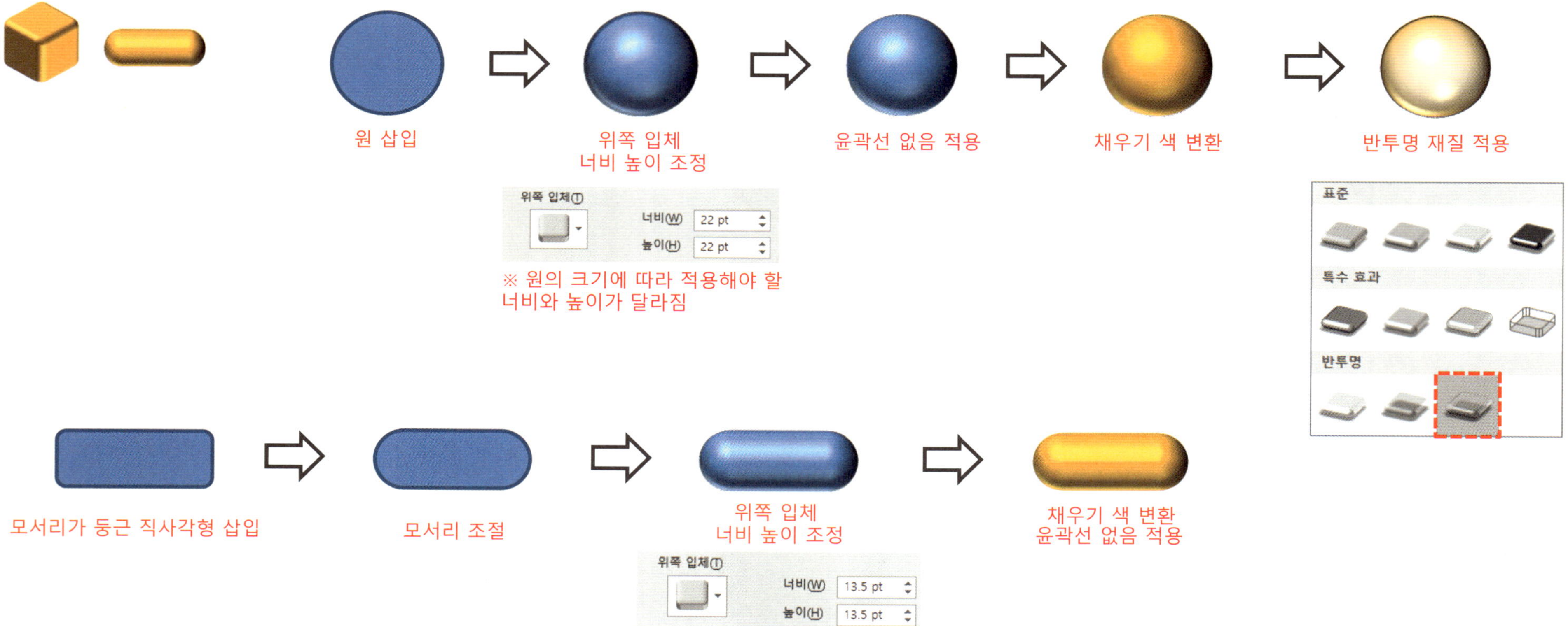

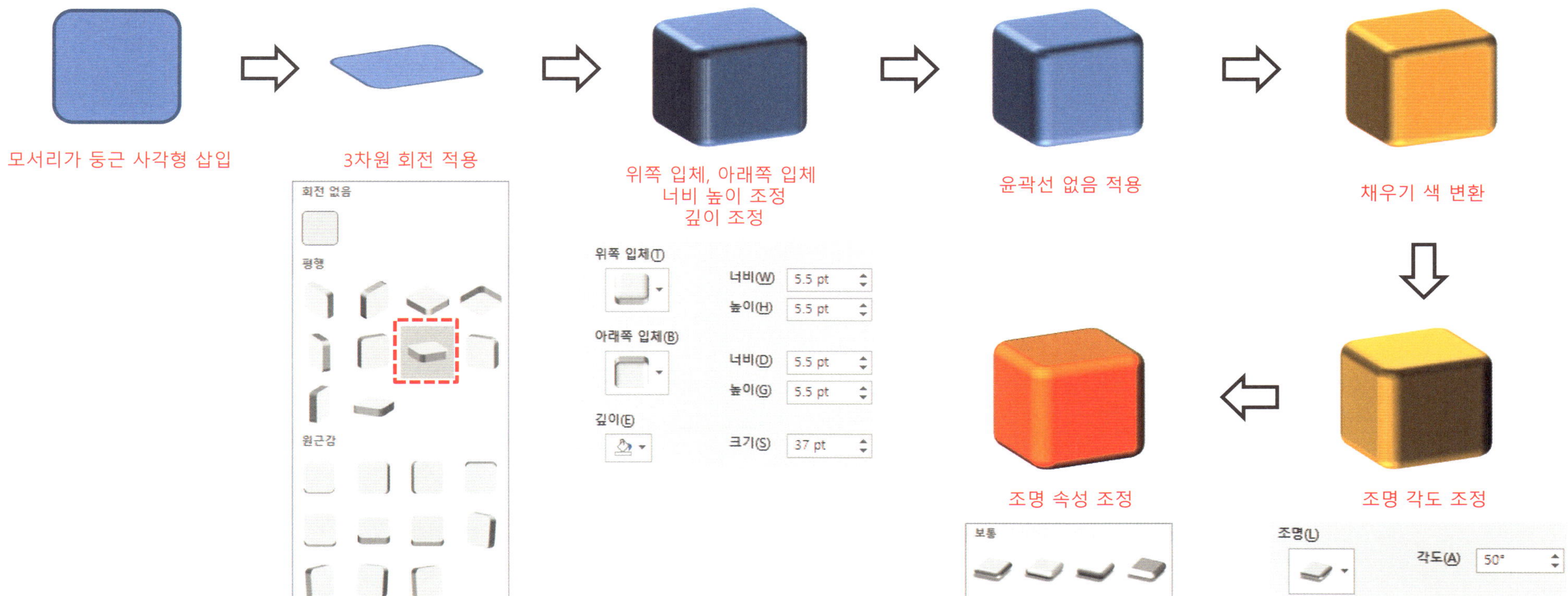

조명의 각도나 속성의 조절을 통해서 다른 느낌의 개체를 얻을 수 있다.

5 3차원 효과가 적용된 단순한 도형들의 조합을 통한 그림 그리기: 캐릭터 인형 따라 그리기

왼쪽 그림은 3차원 도형 효과를 이용하여 캐릭터 인형을 그린 그림이다. 파워포인트를 이용한 이미지 제작에 익숙해지는 방법으로 기존의 이미지를 따라서 그리는 것은 좋은 연습이 된다. 아래의 사진이 원본 이미지이며 원본 이미지 위의 윤곽선을 따라 적절하게 도형들을 그려 넣는다. 예를 들어 얼굴 윤곽선에는 원을 사용하였으며 귀나 팔의 모양에는 타원을 배치하였다. 흰색으로 그려진 입과 가슴의 모양은 원과 사각형을 이용하여 윤곽선을 따라 도형을 배치하였으며 도형 병합을 통해서 완성된 모양을 갖추게 된다. 다음으로 그려진 도형들을 추출하여 3차원 입체 효과를 부여하게 된다. 도형의 위치관계를 고려하여 순서대로 배치하여 그림을 완성하게 된다.

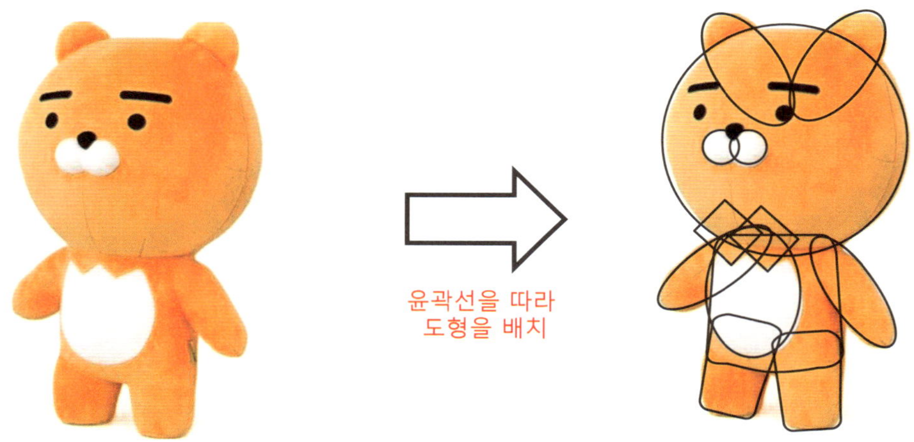

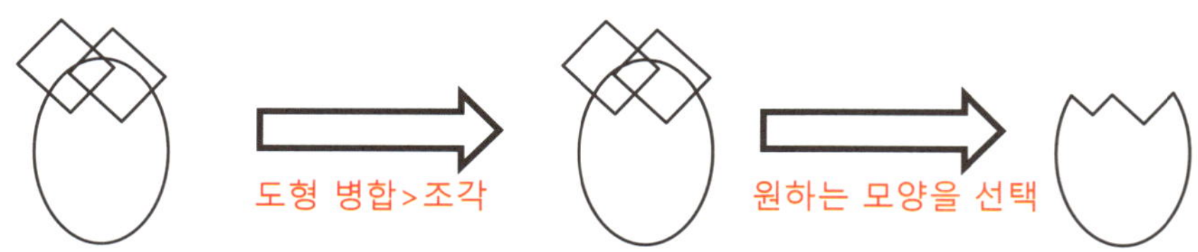

각 부위별로 위쪽 입체의 너비와 높이 값을 적절히 조절하여 설정한다.

얼굴

위쪽 입체(T)

너비(W) 39.5 pt

높이(H) 20 pt

입 부위

위쪽 입체(T)

너비(W) 3.5 pt

높이(H) 1.5 pt

귀

위쪽 입체(T)

너비(W) 9.5 pt

높이(H) 3 pt

다리

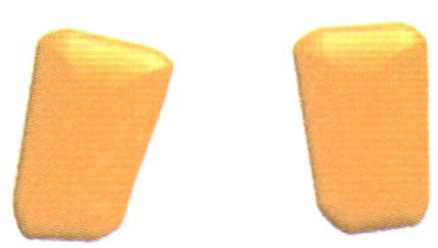

위쪽 입체(T)

너비(W) 9.5 pt

높이(H) 3 pt

가슴 부위

위쪽 입체(T)

너비(W) 2 pt

높이(H) 1 pt

팔

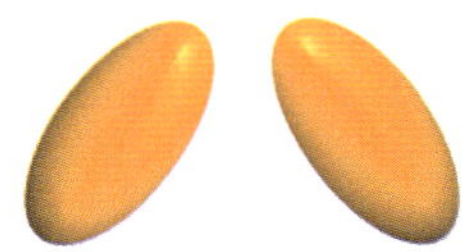

위쪽 입체(T)

너비(W) 9.5 pt

높이(H) 8.5 pt

몸통

위쪽 입체(T)

너비(W) 18.5 pt

높이(H) 1 pt

비슷한 형태로 윤곽선 그리기를 거쳐서 캐릭터를 완성하였다. 다만, 앞선 그림에 비해 윤곽선이 복잡하기 때문에 점 편집 기능을 활용한 윤곽선의 조정이 많이 요구된다.

6 3차원 회전의 활용: 루빅스 큐브

3차원 도형 효과와 회전 효과를 이용하여 루빅스 큐브의 구현이 가능하다. 앞서 나노 입자 모형의 구현과 동일하게 큐브 형태의 구조체를 쌓아서 기본적인 골격을 형성한 후에 색상을 가진 타일들을 위치시키는 방법을 이용하였다.

3가지 직교하는 회전요소들을 선택하여 색상의 타일들을 만들 수 있으며 큐브 구조체 위에 위치시키면 루빅스 큐브가 완성된다.

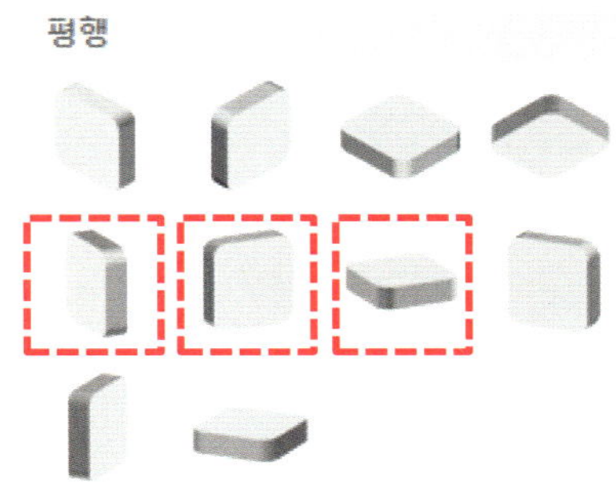

7 도형 병합과 3차원 도형 효과의 활용: UV램프

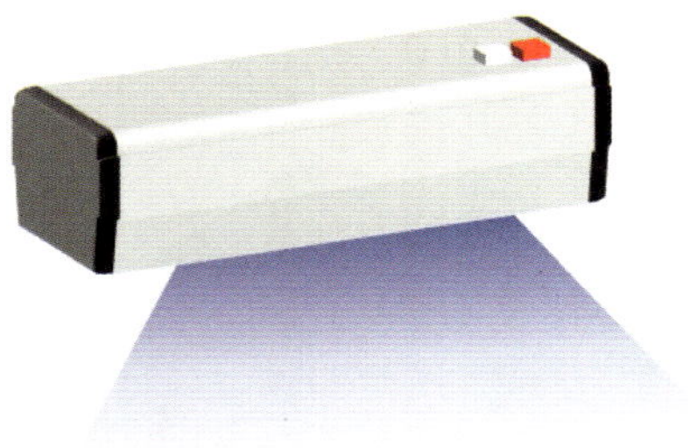

도형 병합을 이용하여 조금 더 복잡한 형태의 그림을 3차원 도형으로 변환할 수 있다. 왼쪽 그림은 UV램프를 표현한 것이다. UV램프는 아래와 같이 전체 6개의 개체로 구성되어 있다.

1번 개체는 그라데이션을 이용하여 간단하게 얻을 수 있으며 5, 6번 개체는 단순한 4각형에 입체 효과를 부여한 것이다. 2-4번 개체는 동일한 도형에 서로 다른 입체 효과와 채우기 색을 적용한 것이다.

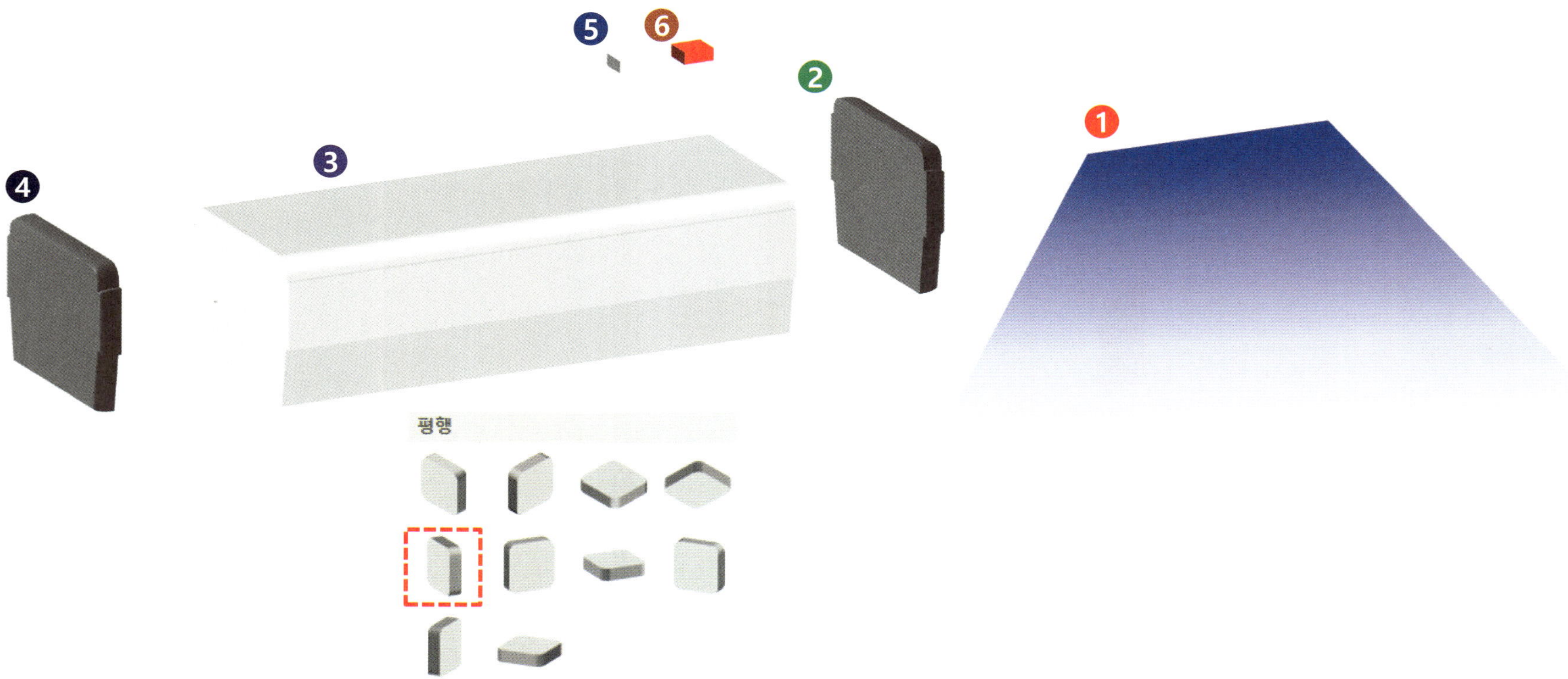

2-4번 개체는 다소 복잡한 단면의 모양을 하고 있지만 도형의 병합을 통해서 쉽게 만들 수 있다.

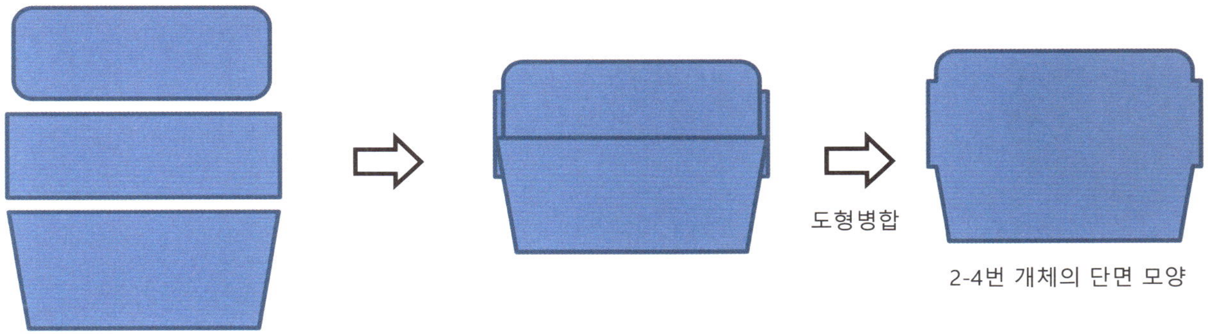

2-4번 개체의 단면 모양

동일한 단면에 각각 위쪽 입체, 깊이, 아래쪽 입체를 적용하여 UV램프의 본체를 표현하였다.

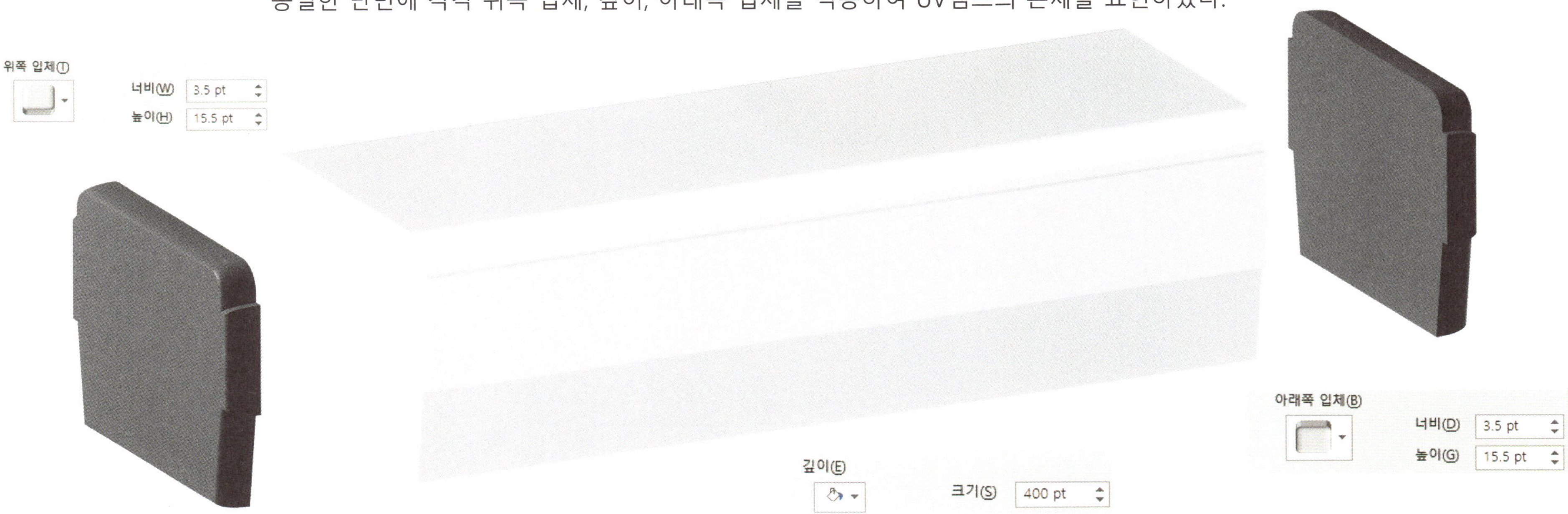

8 3차원 도형의 조합: 지방세포 모식도

왼쪽 그림은 지방세포에 대한 모식도이다. 그림을 분해하면 아래와 같이 3개의 도형으로 구성되어 있으며 비교적 단순한 구조의 그림이다. 각 세부 요소들은 모식도에 비해 크게 그려져 있다. 그림의 편집을 용이하게 하기 위해서 크게 그린 그림을 최종적으로 복사하여 축소하는 방법을 활용한다.

타원을 회전

3차원 서식 적용

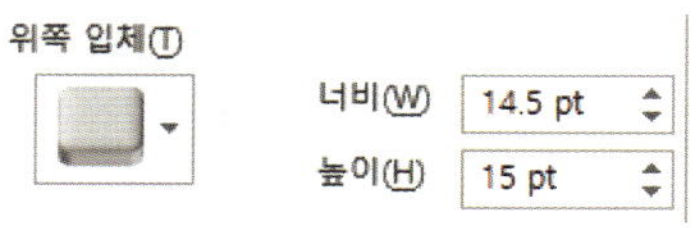

반투명 재질 적용

타원의 점 편집을 이용하여 모양 완성

3차원 서식 적용

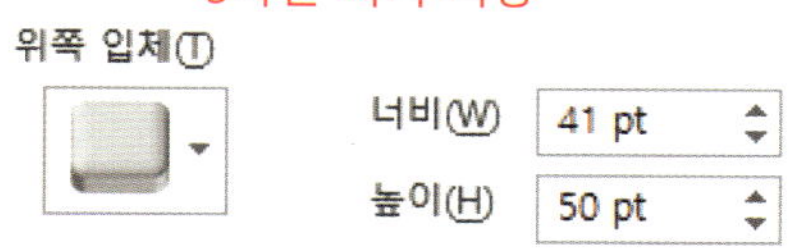

타원

3차원 서식 적용

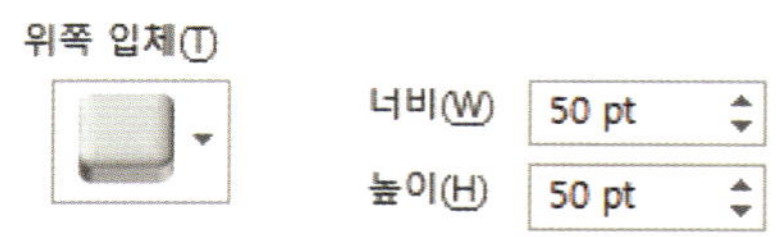

반투명 재질 적용

번호 순서대로 개체를 쌓으면 지방세포의 그림이 완성된다.

9 3차원 도형의 조합: 머그컵과 와인잔

3차원 도형 효과를 이용하여 머그컵과 와인잔을 표현한 그림이다. 머그컵은 4개의 개체로 와인잔은 6개의 개체로 구성되어 있다.

COFFEE
COFFEE
단순히 이탤릭 폰트적용
원호
선색변경
색(C)
3차원 회전
미리 설정(P)
위쪽을 향하도록 설정
깊이(E)
크기(S)
90 pt

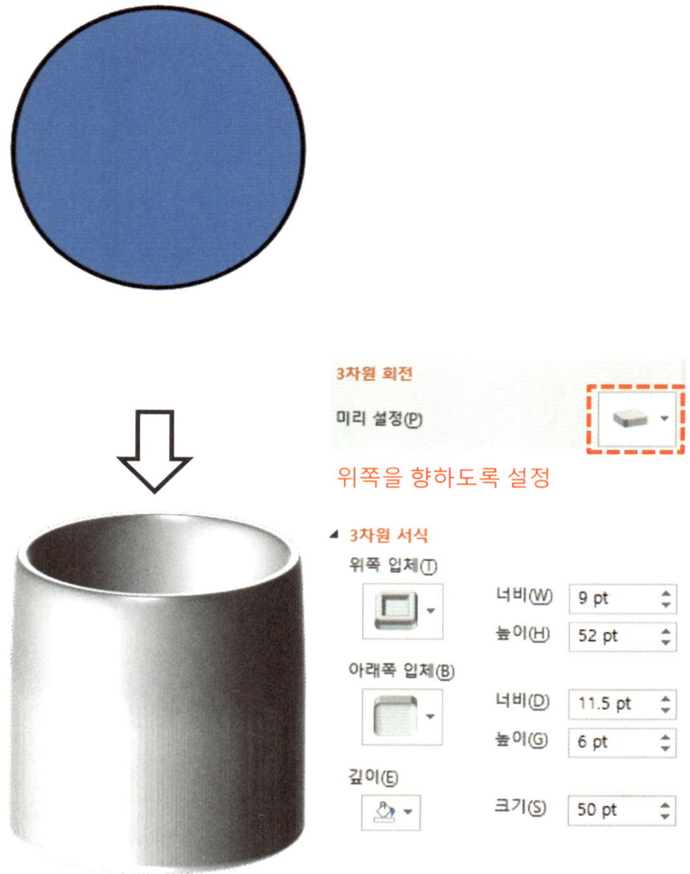
3차원 회전
미리 설정(P)
위쪽을 향하도록 설정
3차원 서식
위쪽 입체(T)
너비(W)
9 pt
높이(H)
52 pt
아래쪽 입체(B)
너비(D)
11.5 pt
높이(G)
6 pt
깊이(E)
크기(S)
50 pt

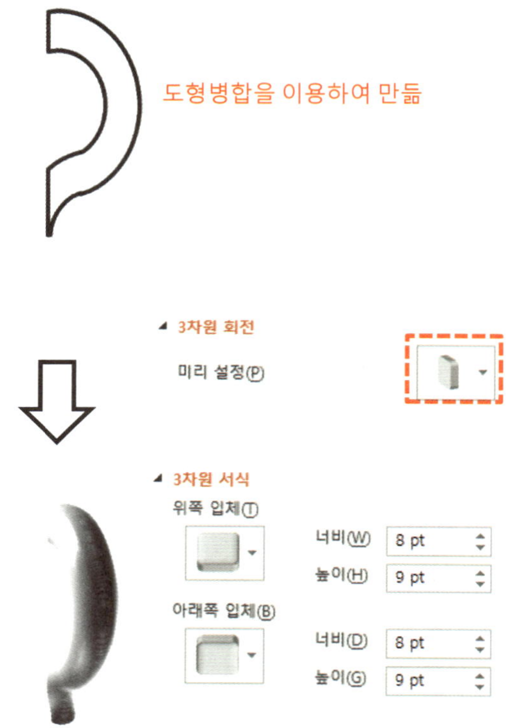
도형병합을 이용하여 만듦
3차원 회전
미리 설정(P)
3차원 서식
위쪽 입체(T)
너비(W)
8 pt
높이(H)
9 pt
아래쪽 입체(B)
너비(D)
8 pt
높이(G)
9 pt

와인잔은 반투명 재질이 적용되며 전체 6개의 개체로 구성되어 있다. 와인잔의 윗부분은 머그컵과 같이 3차원 서식만으로 표현하는 것이 불가능하기 때문에 반투명 재질을 2중으로 배치하고 윗부분을 덮어주는 반투명 재질의 도넛을 하나 올려 놓는 형태로 구성하였다. 가장 위의 도넛을 제외한 모든 개체는 원에 3차원 도형 효과를 적용하였다.

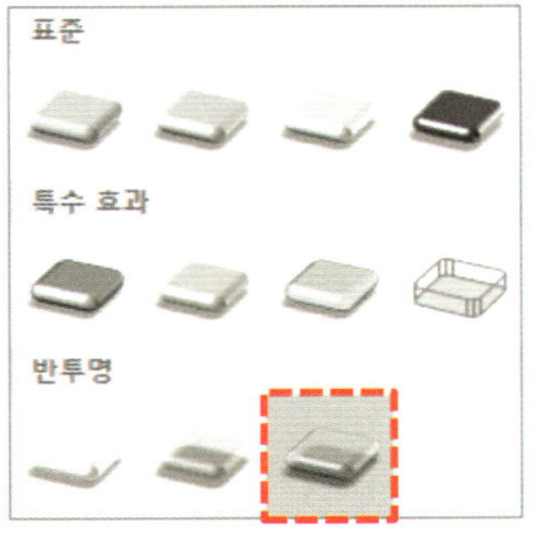

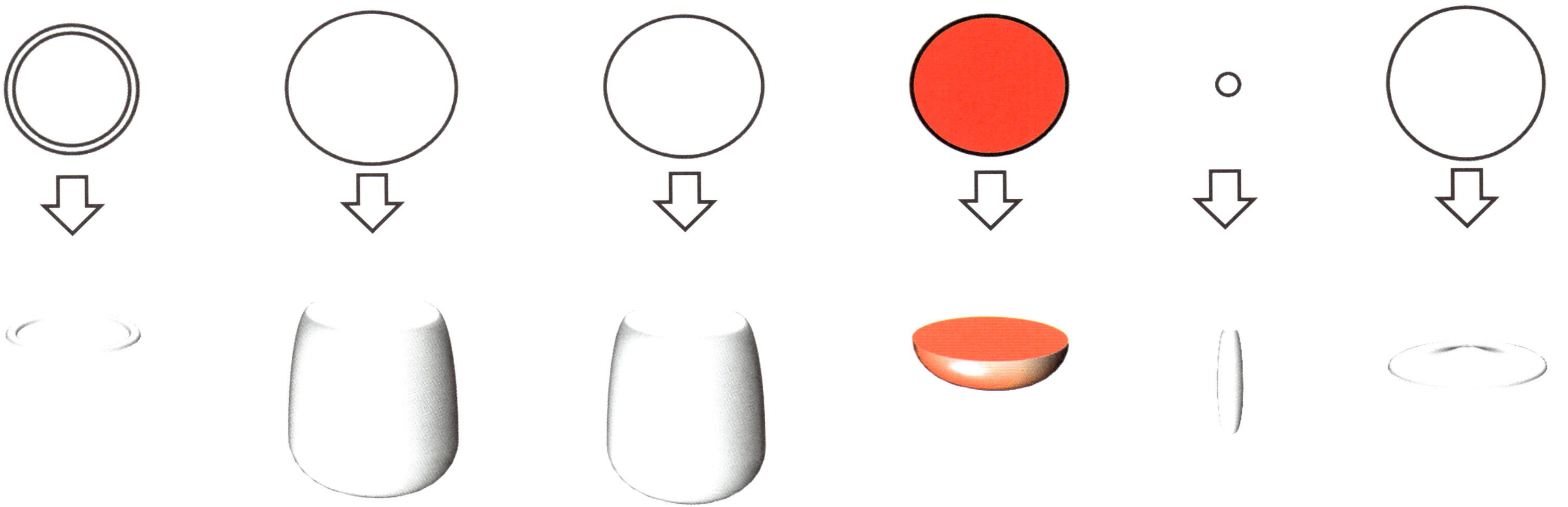

3차원 서식

위쪽 입체(T) — 너비(W) 2 pt / 높이(H) 2 pt

3차원 서식

위쪽 입체(T) — 너비(W) 9 pt / 높이(H) 57.5 pt

아래쪽 입체(B) — 너비(D) 30.5 pt / 높이(G) 24.5 pt

동일한 입체 값을 가지며 크기만 축소함

3차원 서식

위쪽 입체(T) — 너비(W) 9 pt / 높이(H) 57.5 pt

아래쪽 입체(B) — 너비(D) 30.5 pt / 높이(G) 24.5 pt

3차원 서식

위쪽 입체(T) — 너비(W) 0 pt / 높이(H) 0 pt

아래쪽 입체(B) — 너비(D) 27.5 pt / 높이(G) 20.5 pt

3차원 서식

위쪽 입체(T) — 너비(W) 3 pt / 높이(H) 26.5 pt

아래쪽 입체(B) — 너비(D) 3.5 pt / 높이(G) 20.5 pt

3차원 서식

위쪽 입체(T) — 너비(W) 47 pt / 높이(H) 21 pt

10 3차원 도형의 위치 관계: 원통을 관통하는 기둥

파워포인트에서 제공하는 3차원 서식은 단순히 평면상의 그림에 입체적인 효과를 적용하는 방식이다. 3D MAX, Strata 3D 등과 같은 3차원 그래픽 프로그램에서 제공되는 상대적인 위치 관계를 적용하는 것은 불가능하다. 따라서, 3차원적인 그림의 구성을 위해서는 경우에 따라서 3차원 서식이 적용된 이미지들을 분할하고 이들의 배치 순서를 적절히 조절하는 기법이 요구된다. 예를 들어, 원통을 관통하는 원기둥을 표현하고자 할 때 원통과 원기둥을 이용해서 단순히 표현하고자 한다면 ❶ 또는 ❷ 와 같이 한 가지 개체가 다른 개체를 가리는 형태의 이미지만이 얻어진다. 따라서, ❸의 이미지를 얻기 위해서는 원통의 앞에 위치하는 기둥과 뒤쪽에 위치하는 기둥으로 분리하여 표현해야만 한다.

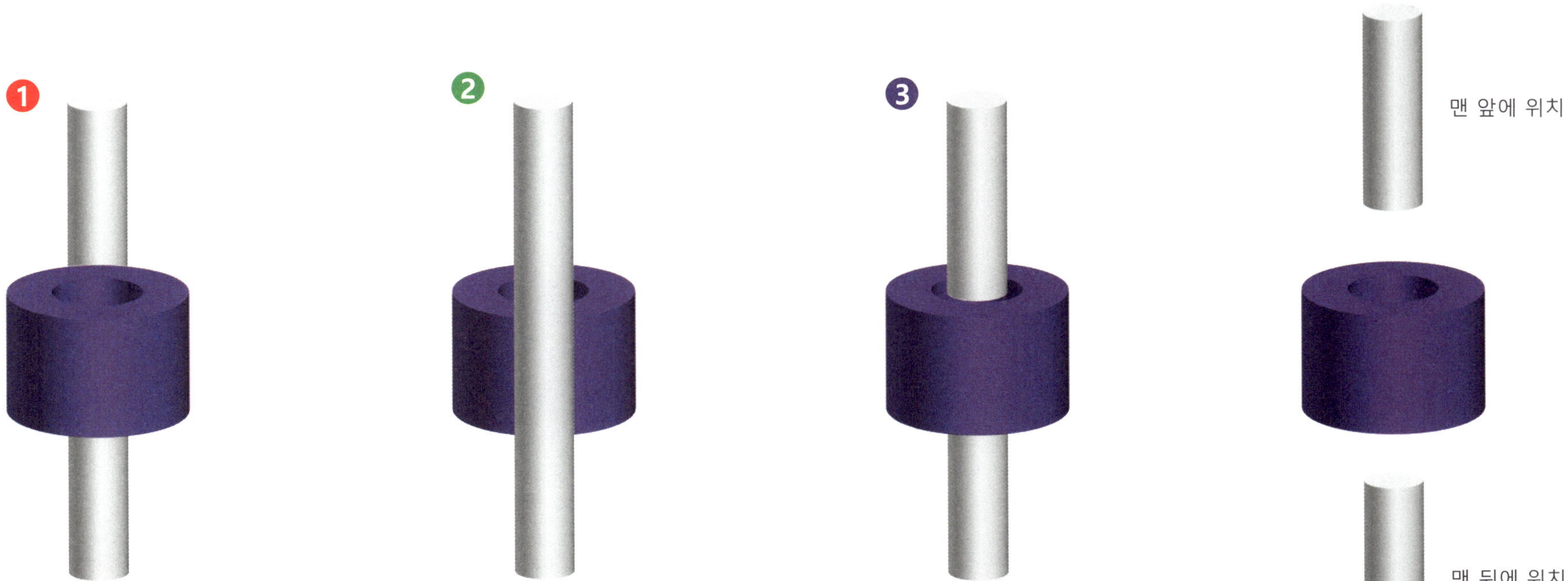

모든 개체가 위쪽을 향하도록 설정

11 3차원 도형의 위치 관계: 주사기

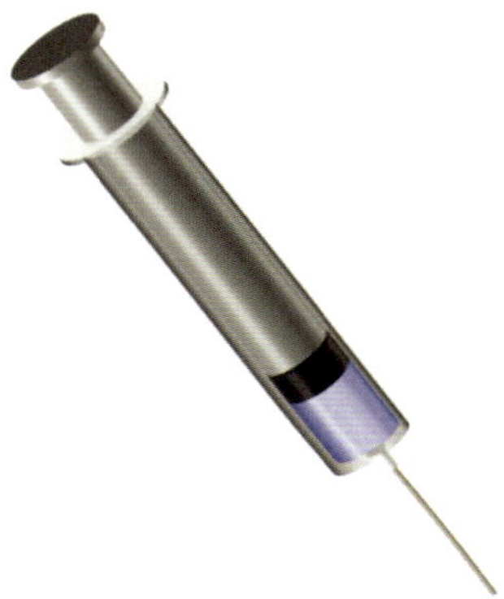

왼쪽 주사기는 입체 효과를 이용해서 얻어지는 단순한 원기둥들의 조합으로 표현이 가능하다. 다만 입체적인 표현을 위해서는 원기둥들의 위치 관계를 잘 표현해야 한다. 전체 9개의 원기둥으로 구성되어 있으며 오른쪽의 원기둥부터 순서대로 쌓으면 주사기의 모양이 완성된다. 유리와 주사기 내의 액체를 표현하기 위해서 반투명 재질을 적용하게 된다.

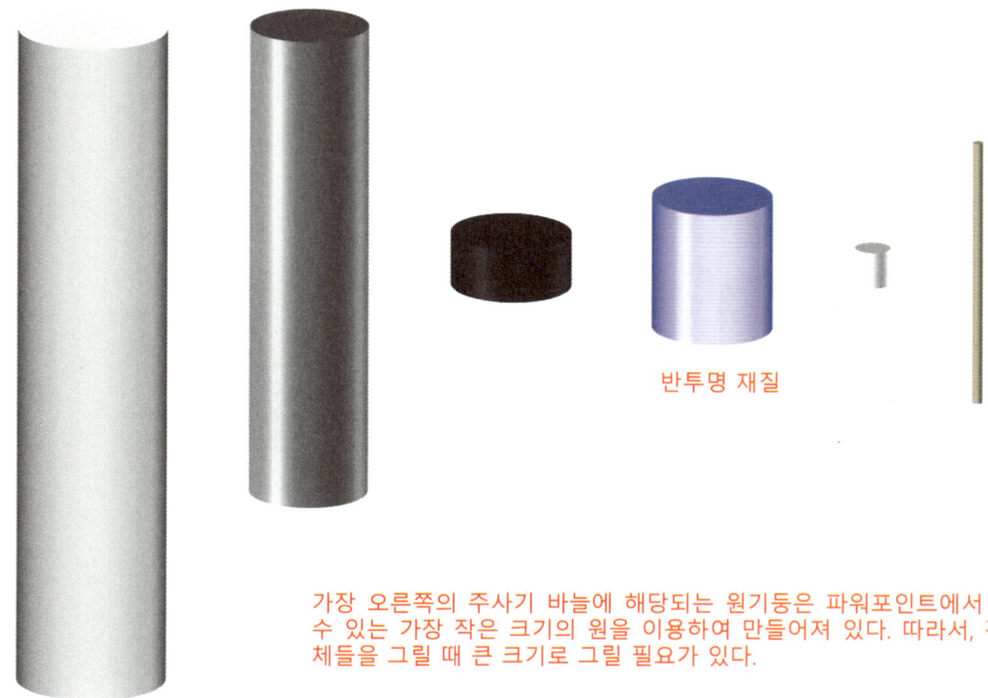

모든 개체가 위쪽을 향하도록 설정

가장 오른쪽의 주사기 바늘에 해당되는 원기둥은 파워포인트에서 그릴 수 있는 가장 작은 크기의 원을 이용하여 만들어져 있다. 따라서, 각 개체들을 그릴 때 큰 크기로 그릴 필요가 있다.

12 그림으로 변환 옵션의 활용 I: 직물

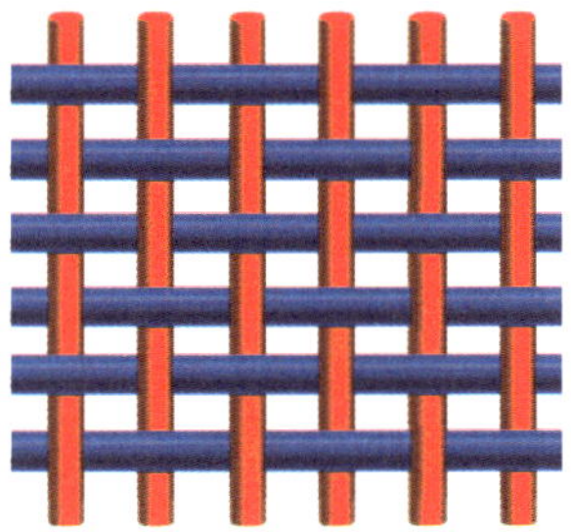

왼쪽 그림은 파란색 선과 빨간색 선이 서로 교차하면서 직물처럼 얽힌 구조이다. 단순히 파워포인트의 개체를 활용하여 표현하는 것은 불가능하다. 하지만, 개체들의 조합을 그림으로 변환하여 겹쳐 놓음으로써 표현하는 것이 가능하다.

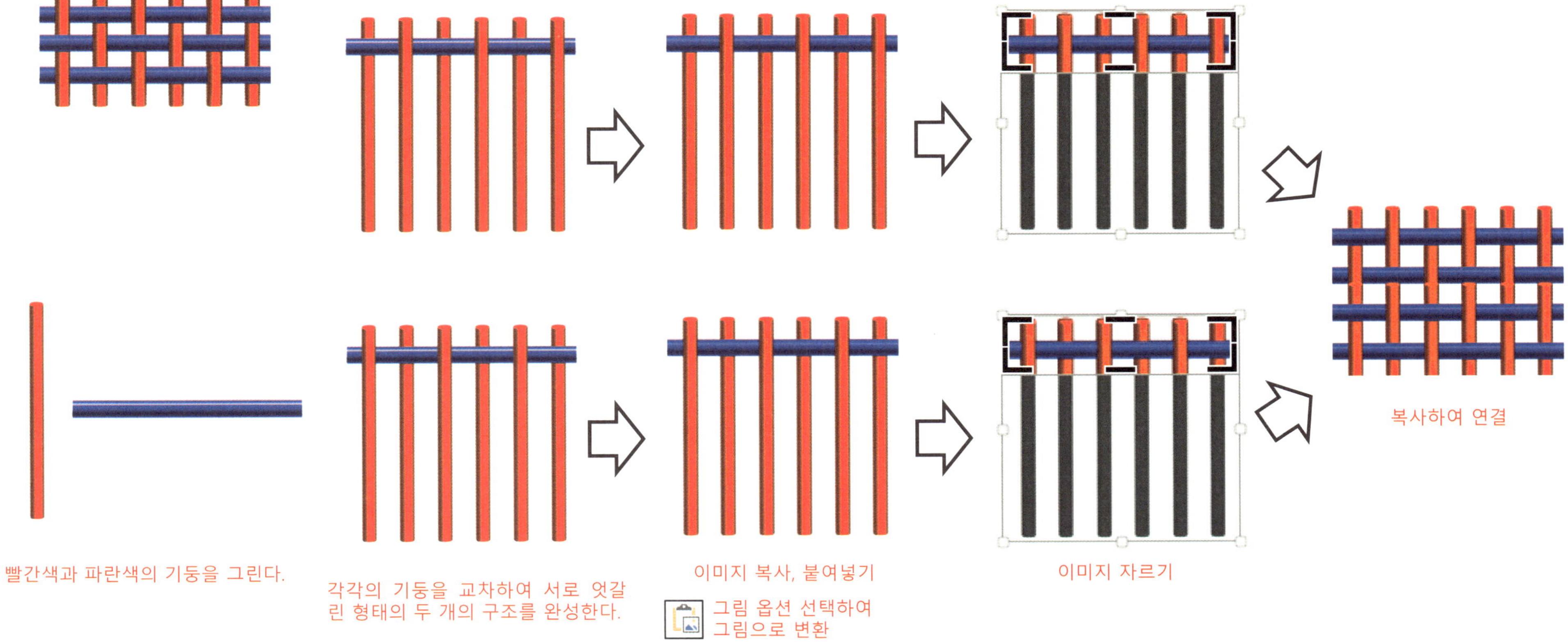

그림으로 변환 옵션의 활용 II: 연결된 고리

그림으로 변환 옵션과 자르기를 활용하는 것은 입체적 이미지를 얻기 위해 매우 유용한 수단이 된다. 왼쪽 그림과 같이 서로 연결된 고리 구조의 경우 단순한 3차원 개체를 이용해서 표현하는 것이 불가능하다. 앞서 직물 형태의 구조와 동일하게 그림으로 변환하고 자르기 기능을 활용하면 쉽게 표현이 가능하다.

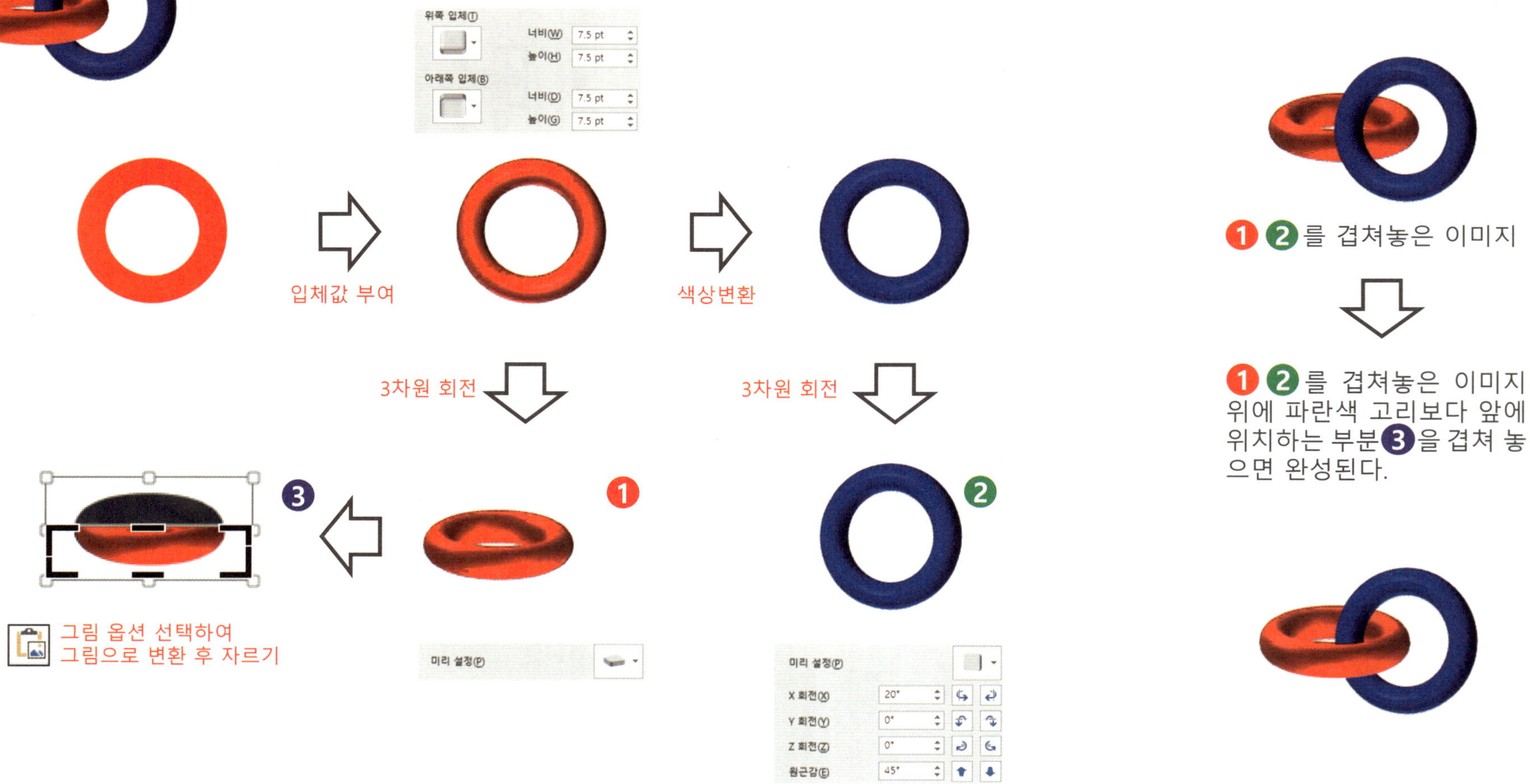

14 그림으로 변환 옵션의 응용: 반투명 캡슐에 싸여져 있는 나노 입자의 모식도

반투명 캡슐에 싸여져 있는 나노 입자를 그리는 것은 비교적 쉬운 일이다. 반투명 캡슐의 일부가 깨어진 형태의 나노 입자를 그리기 위해서는 몇 가지 이미지를 조합하는 특별한 조작이 요구된다.

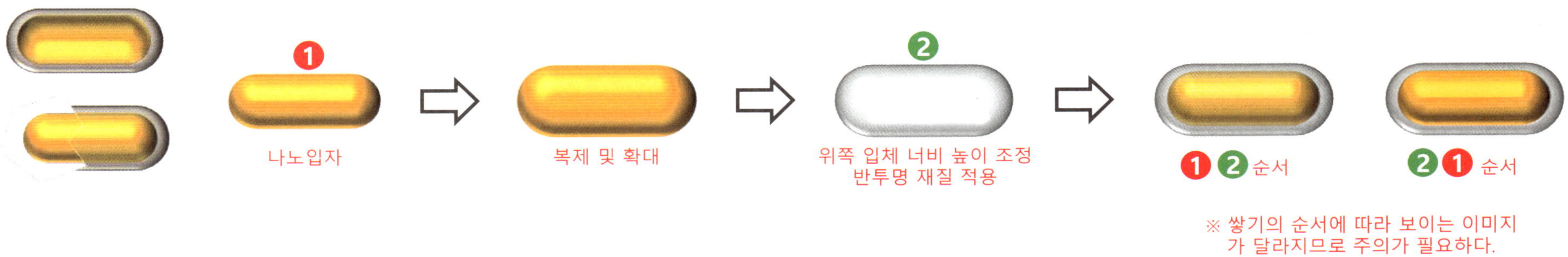

※ 흰색바탕에서는 변화를 확인하기 어렵기 때문에 임시로 배경색 표시

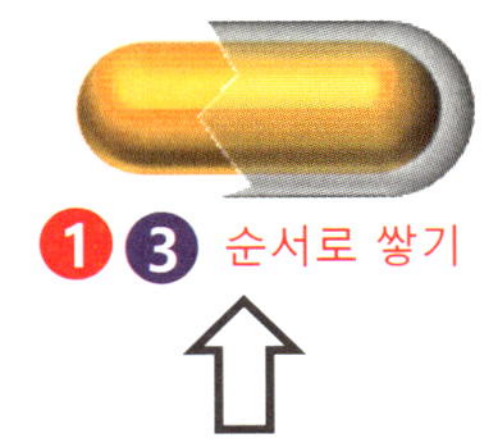

반투명 캡슐의 일부가 깨어진 형태를 나타내기 위해서 캡슐 위에 표현하고자 하는 형태의 그림을 그리고 덮어서 지워진 형태의 이미지를 얻어야 한다.

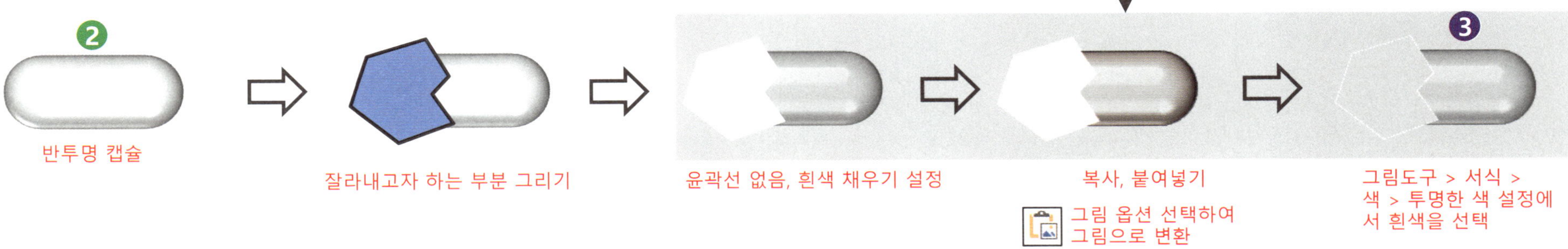

15 그림으로 변환 옵션의 응용: Vial

앞서 반투명 캡슐에 싸여져 있는 나노 입자를 그리기 위해서 이미지로 변환하는 과정과 투명한 색 설정을 활용하였다. 3차원 도형을 조합하여 액체가 들어있는 용기를 표현할 수 있지만 기울어진 Vial을 표현하기 위해서는 반투명 캡슐에 싸여져 있는 나노 입자의 경우와 마찬가지로 이미지 변환 과정과 투명한 색 설정을 활용하게 된다.

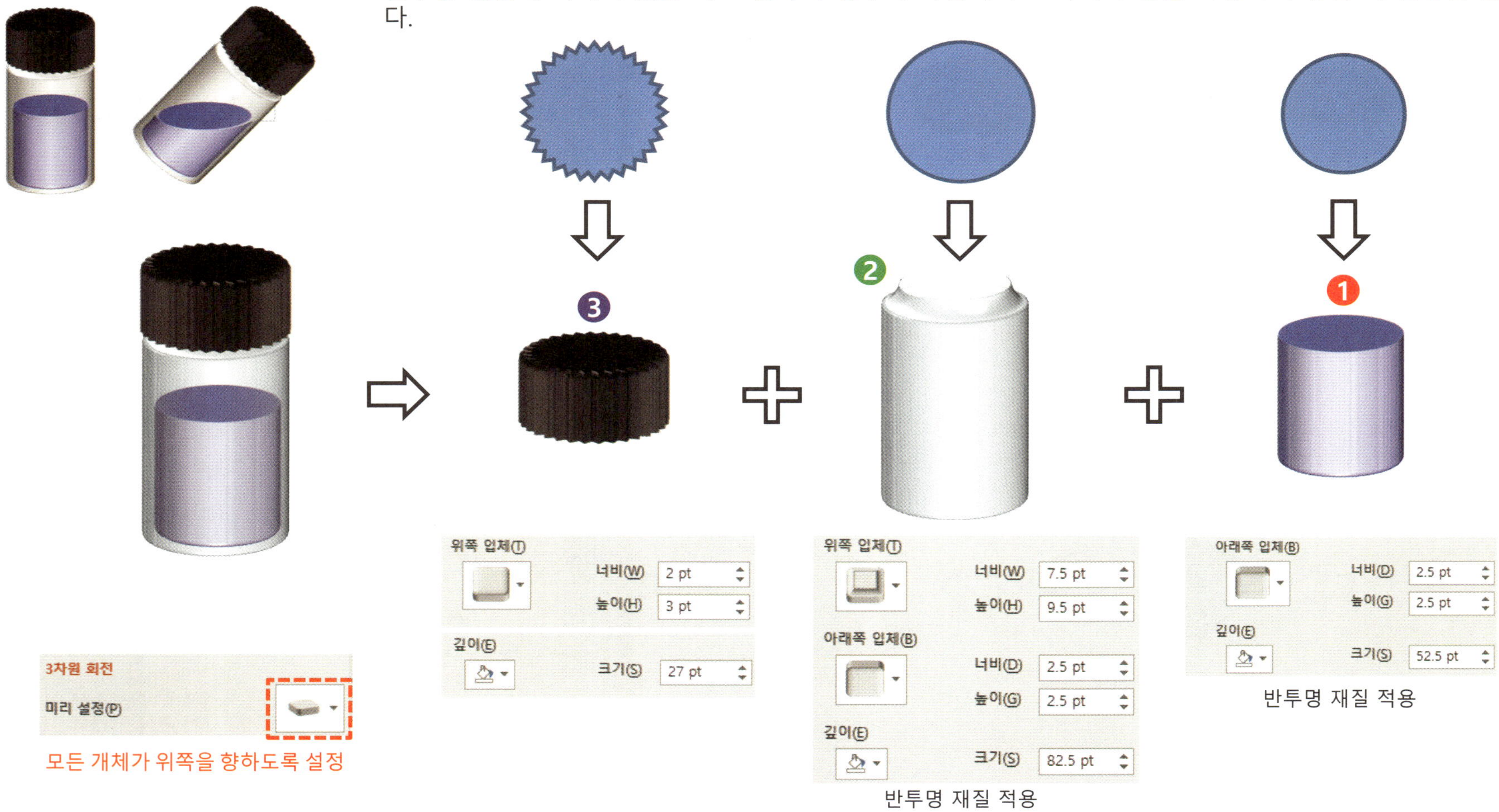

채우기 색상을 적절하게 조절한 후에 번호 순서로 쌓으면 완성된다.

16 3차원 도형의 조합: Vial

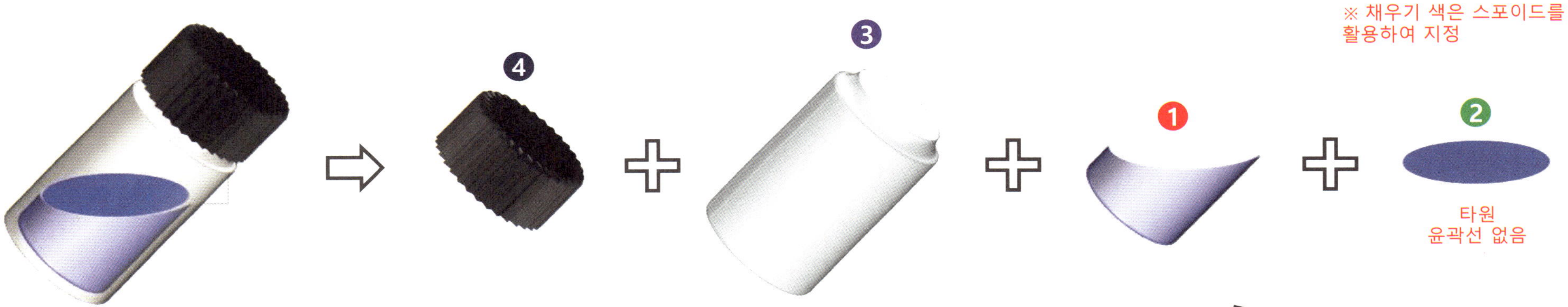

③④ 는 앞 페이지의 이미지를 회전시켜 얻을 수 있다.

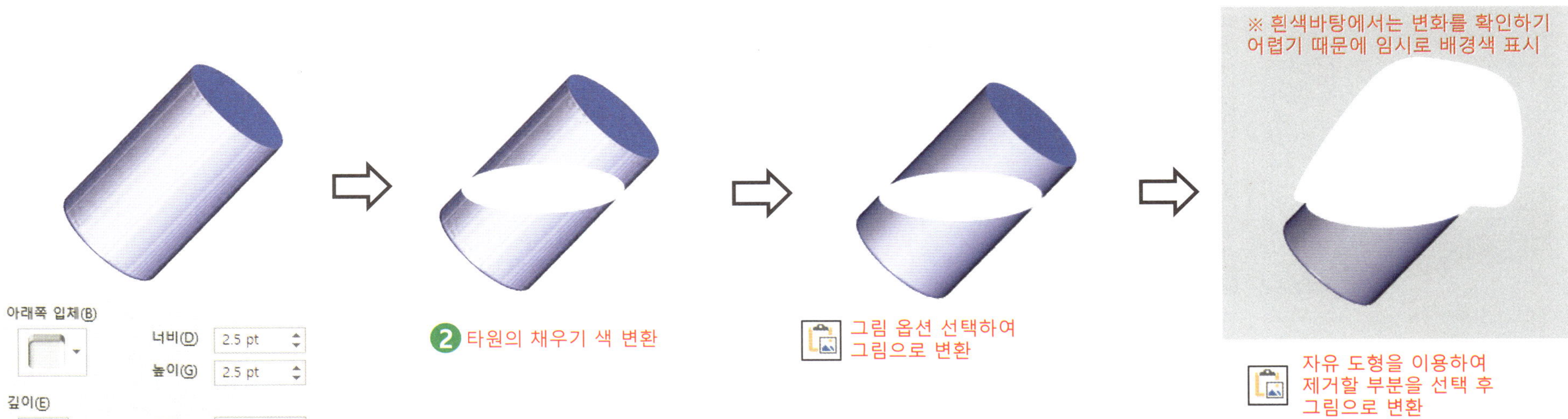

번호 순서로 쌓으면 완성된다.

17 외부 이미지의 활용: 휴대전화

도형 채우기에 각종 그림을 적용하여 이미지의 완성도를 향상시킬 수 있다. 왼쪽 그림들은 휴대전화를 표현한 그림이다. 휴대전화의 화면에 도형 채우기를 이용하여 외부 이미지를 삽입하였다.

온라인이나 논문에 포함되어 있는 이미지를 활용할 경우, 저작권에 주의를 기울여야 한다. 논문의 경우, 출판사의 저작권 정책에 따라 저자가 보유하거나 출판사에 위임이 되어 있기 때문에 사용 전에 반드시 저작권을 확인하여야 한다. 비상업적 용도와 교육용으로 활용하는 경우에 상대적으로 쉽게 저작권 사용허가를 얻을 수 있지만 사용하기 전에 반드시 확인이 필요하다.

온라인 상의 이미지의 경우 저작권에 구애 받지 않는 이미지를 다양한 방법으로 얻을 수 있다. Google 이미지 검색이나, Naver, Bing 등의 서치엔진에서 옵션으로 저작권 프리의 이미지를 지정하여 검색할 수 있다.

픽사베이와 같은 사이트처럼 저작권 프리의 이미지를 제공하는 사이트들이 있으며 Wikimedia Commons와 같이 비교적 활용이 자유로운 이미지를 제공하는 사이트들이 있다. 이들 사이트에서 제공하는 이미지들의 경우, 저작권에 대한 규정이 이미지마다 표시되어 있기 때문에 규정을 확인하여 적법한 절차에 따라서 활용해야 한다.

일부 국가에서는 공정이용에 대한 규정을 적용하기도 한다. 예를 들어 미국의 정부기관에서 발행되는 모든 출판물의 경우 저작권에 대한 특별한 명시가 없을 경우 자유롭게 사용이 가능하다. 하지만 이 경우에도 상업적인 이용에는 제약이 따르기 때문에 주의를 기울여야 할 것이다.

스마트폰을 분해하면 전체 7개의 개체들로 구성되어 있다. 본 페이지에는 이미지 제작 당시의 크기로 표현되어 있으며 세부적인 설정을 표시하기에는 공간적인 제약이 따르기 때문에 별도의 페이지를 이용하고자 한다.

완성된 스마트폰은 번호순서대로 개체가 쌓이게 된다.

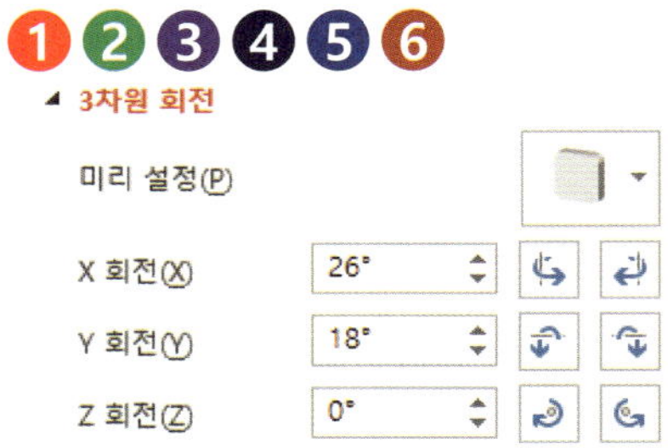

2, 7번 개체는 각각 카메라와 이어폰잭을 표현한 것으로 단순히 검정색 원을 3차원 회전시킨 것이다.

6번 개체는 텍스트를 3차원 회전시킨 것이다.

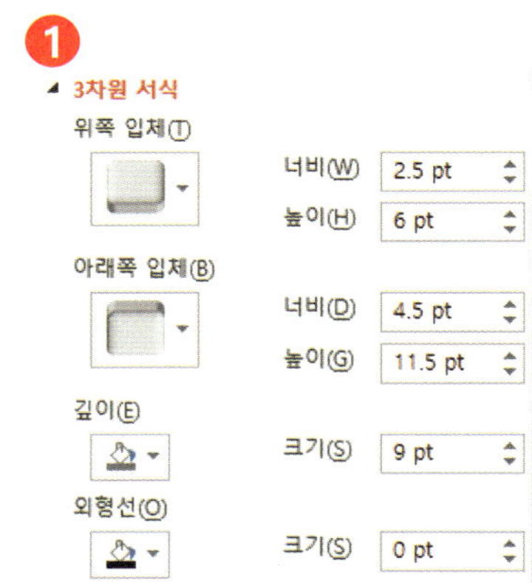

3차원 회전 요소의 미리 설정된 값을 이용하여 서로 직교하는 평면으로 도형을 배향시킬 수 있다. 1-6번 개체와 7번 개체는 서로 90도 각도로 직교하는 방향성을 가진다.

1번 개체는 스마트폰의 본체에 해당되며 두께를 표현하기 위해 3차원 서식을 적용하였으며 회색으로 표현된 깊이를 적용하였다.

5번 개체의 모양은 모서리가 둥근 직사각형과 직사각형의 도형 병합을 통해서 완성하며 색상 및 입체 설정은 아래와 같다. 입체 효과에서 반투명 재질을 적용한다.

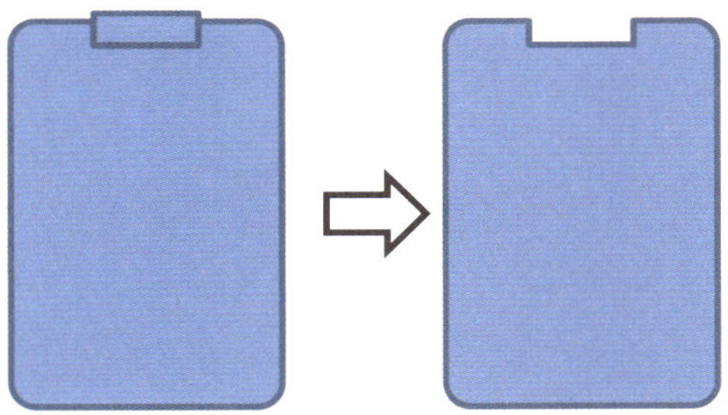

도형 병합 > 빼기

채우기색

색(C)

선색 두께 1 pt

색(C)

위쪽입체

너비(W) 0 pt

높이(H) 1 pt

3번 개체는 스피커를 표현하기 위해 모서리가 둥근 직사각형에 패턴채우기를 적용한 것이다.

패턴

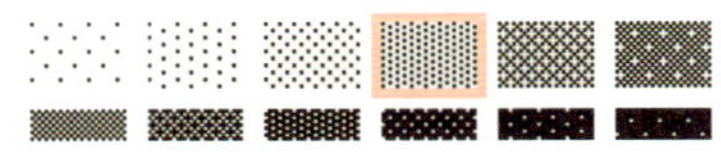

4번 개체는 화면을 표현한 것으로 모서리가 둥근 직사각형에 그림채우기를 적용하여 완성한 것이다.

폴더 폰을 분해하면 5개의 독립적인 개체들과 1개의 그룹화되어 있는 개체로 구성되어 있으며 각 개체들은 번호 순으로 쌓여져 있다. 입체적인 모양을 표현하기 위해 화면과 키패드 부분이 서로 다른 각도를 가지고 있으며 원근감이 부여되어 있다. 각 개체들의 설정을 별도의 페이지에 나타내었다.

키패드 부분은 모서리가 둥근 직사각형들의 조합으로 구성된다. 적절한 크기의 직사각형들을 배치하고 그라데이션 채우기를 활용하여 색상을 부여한다.

각 개체들에 대해서 3차원 회전요소를 적용하기 위해서 그룹화가 필요하다.

그룹화되어 있지 않은 상태에서 3차원 회전을 적용한 결과

그룹화 후 미리 설정된 값의 3차원 회전을 적용한다.

버튼의 입체감을 부여해 준다.

5

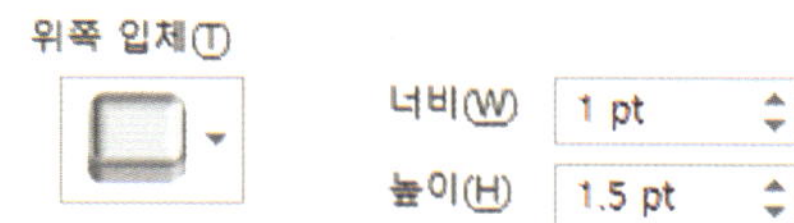

3번 개체는 폴더폰의 본체에 해당되며 키패드와 동일하게 기본 설정의 3차원 회전요소가 적용된다. 입체감을 부여하기 위해 아래쪽 입체의 값을 주었으며 회색계통의 채우기색과 보다 밝은 선색을 적용하였다.

2번 개체는 3번 개체를 복제하여 얻게 된다. 3번 개체의 높이값을 조금 낮추고 회전값을 적절히 조절하여 3번 개체의 위쪽 부분과 복제된 개체의 아랫부분이 평형이 되도록 조절한다.

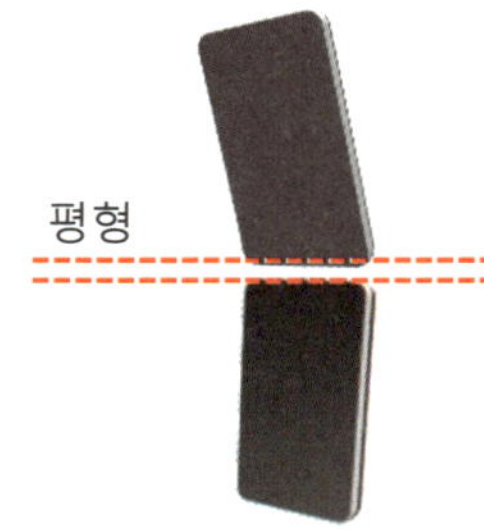

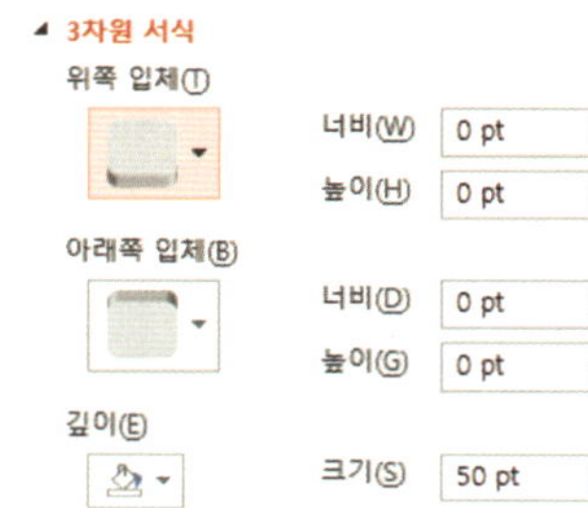

1번 개체는 화면과 키패드의 힌지에 해당한다. 원에 깊이 값을 부여하여 2번, 3번 개체가 만나는 부분과 평형이 되도록 3차원 회전을 조절한다.

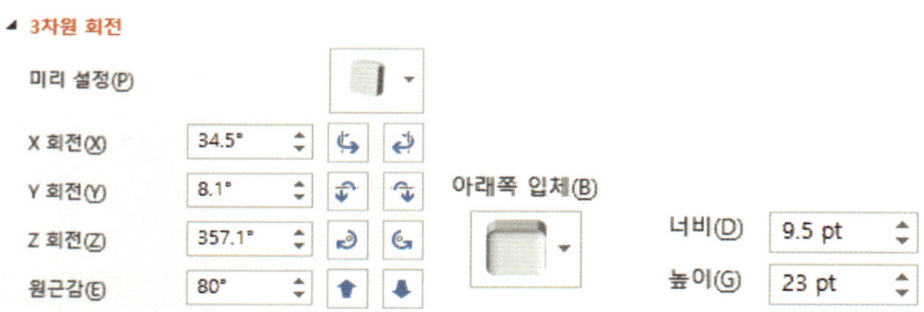

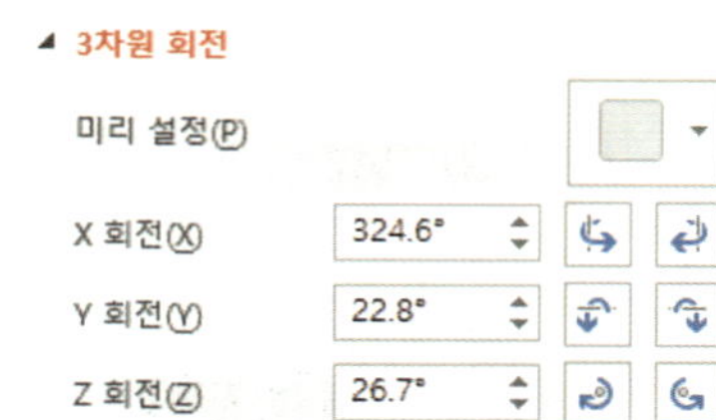

마지막으로 화면에 해당되는 4번 개체와 텍스트인 6번 개체의 회전각도를 2번 개체와 동일하도록 조절한다.

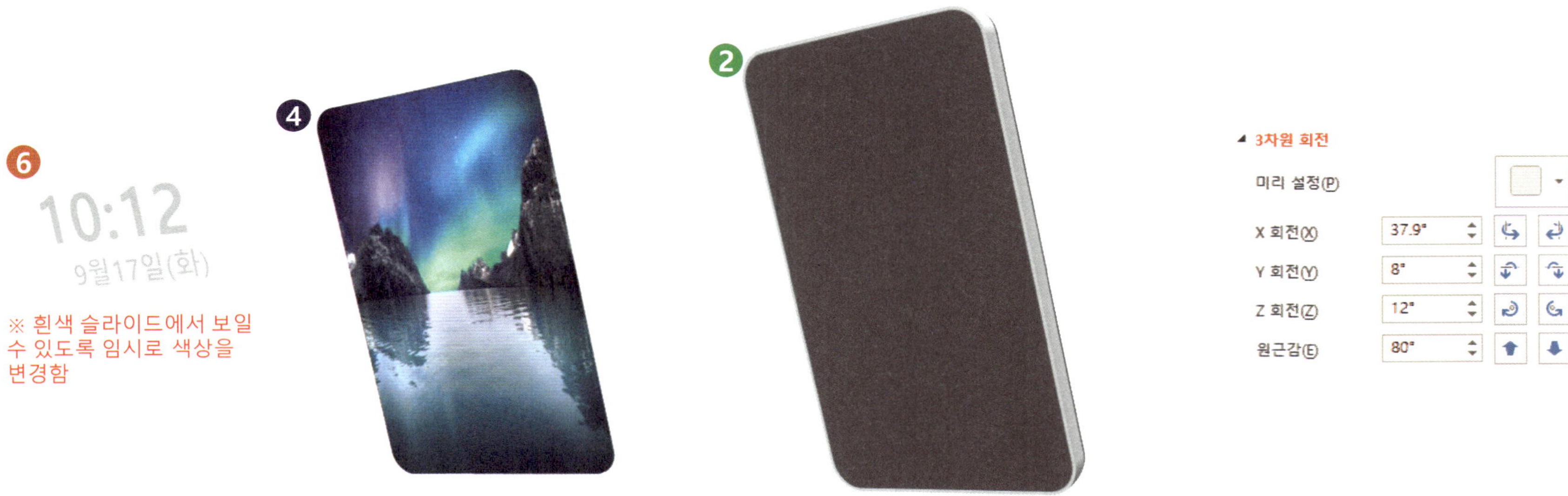

완성된 개체들을 쌓아서 최종적으로 폴더폰을 완성하게 된다.

18 질감 채우기의 활용: 뼈 모식도

왼쪽 그림은 질감 채우기를 활용하여 표현한 뼈의 모식도이다. 비교적 단순한 그림으로 분해하면 4개의 개체로 구성되어 있음을 알 수 있다.

❶

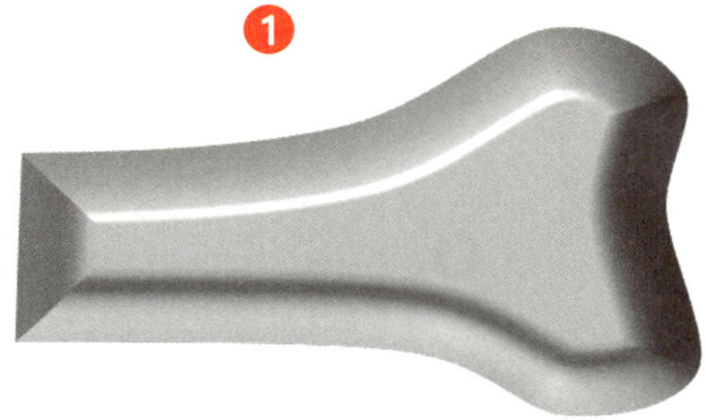

❷

❸

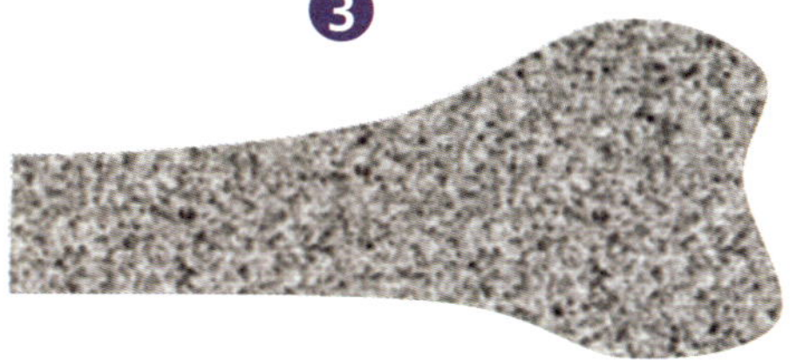

❹

먼저 곡선 그리기와 점 편집을 활용하여 뼈의 모양을 그린다.

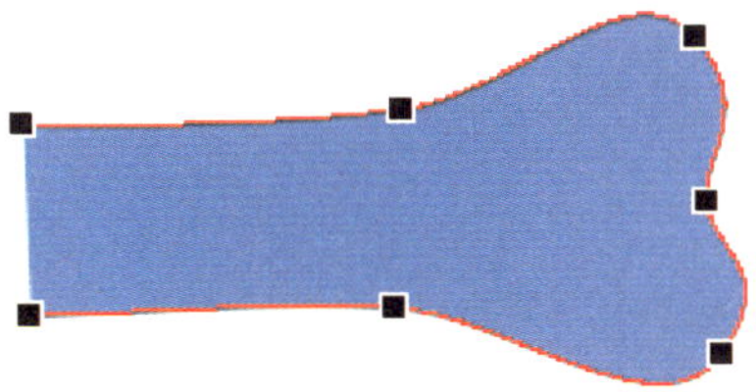

❸

❷

뼈의 다공질 부분을 표현하기 위해서 적절한 질감을 선택한다.
본 예제에서는 화강암 재질을 선택하였다.

3번 개체를 복제하여 확대하고 밝은 회색으로 도형을 채운다.

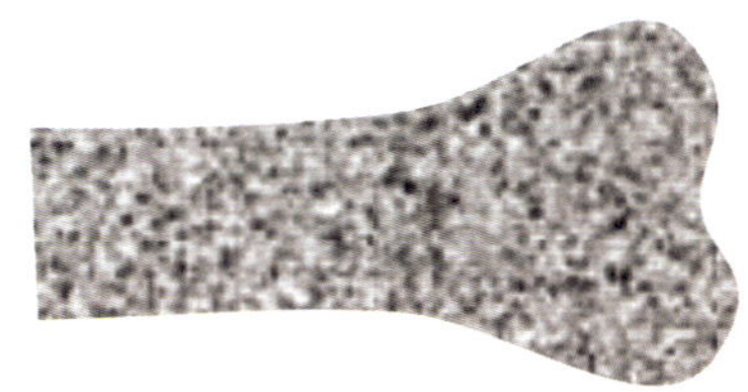

2번과 3번 개체를 쌓은 모습으로 아직까지 완성된 뼈모양으로 보이지 않는다.

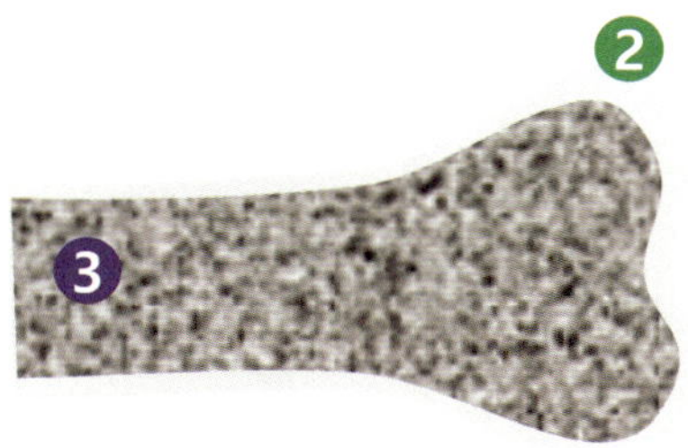

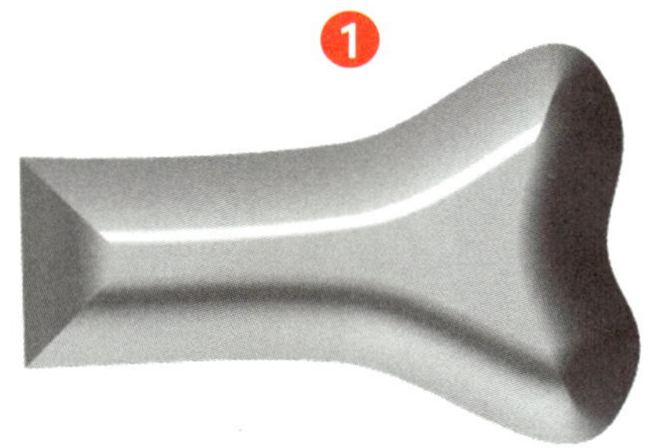

2번 개체를 복제하여 다시 확대하고 3차원서식을 조절하여 입체감을 부여한다. 채우기 색상은 조금 더 진한 회색을 적용하였다.

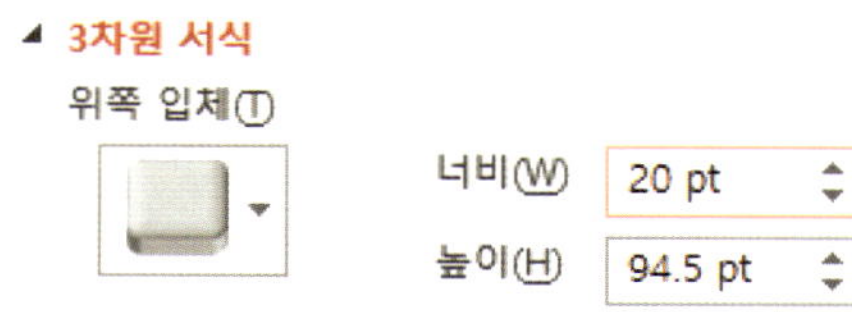

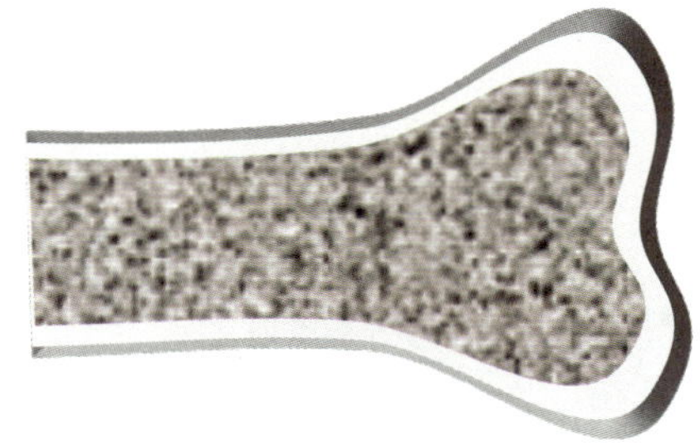

1, 2, 3번 개체를 순서대로 쌓은 모습

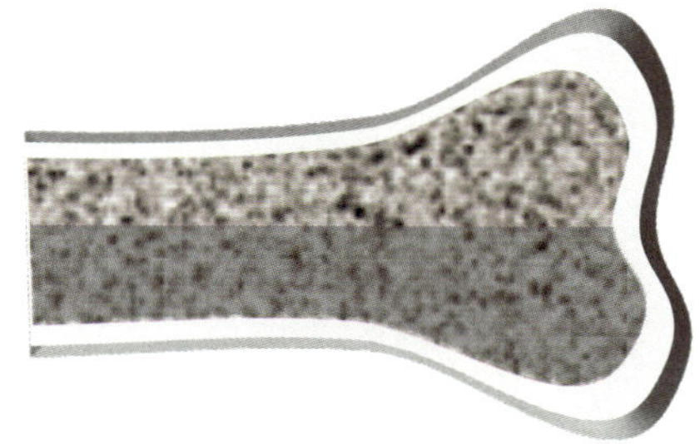

1-4번 개체를 모두 순서대로 쌓아 완성된 모습

3번 개체를 다시 한 번 복제하여 진한 회색으로 채우기를 적용한 뒤에 투명도를 60% 부여하였다.

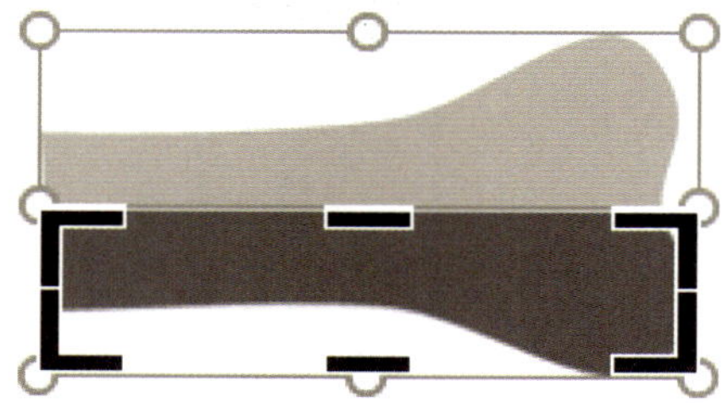

그림 옵션 선택하여 그림으로 변환한 뒤 이미지 자르기를 이용하여 절반을 잘라낸다.

19 그림자의 활용: 벽시계

그림자를 활용하여 원근감의 표현이 가능하다. 왼쪽 그림은 벽시계를 표현한 것으로 시계바늘과 프레임에 그림자가 적용되어 입체감이 나타나고 있음을 확인할 수 있다. 벽시계는 아래의 세개의 개체로 구성되어 있으며 시계바늘과 숫자는 그룹화되어 있는 개체이다.

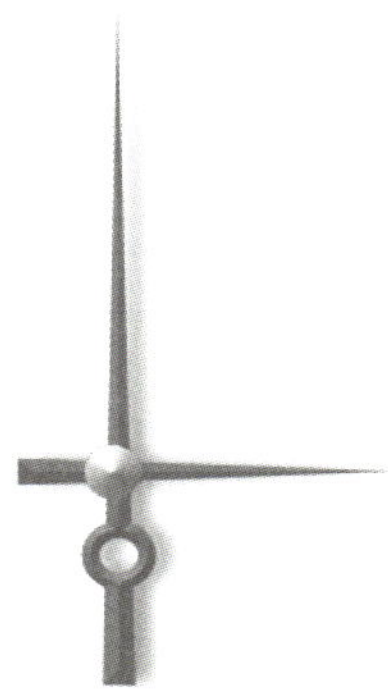

시계바늘

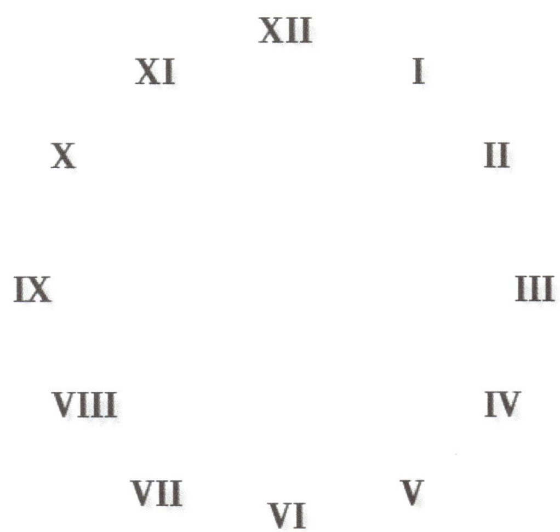

숫자를 원형으로 배열

나무질감의 프레임

벽시계의 시계바늘 부분은 3개의 개체가 그룹화되어 있다. 1번 개체는 2등변삼각형을 이용하여 쉽게 그릴 수 있으며 3번 개체 또한 원을 이용해서 쉽게 그릴 수 있다. 2번 개체는 2등변삼각형과 도넛을 조합하여 완성하였다. 진한 회색의 채우기를 적용한 뒤 3차원 서식을 이용하여 입체감을 부여하였다.

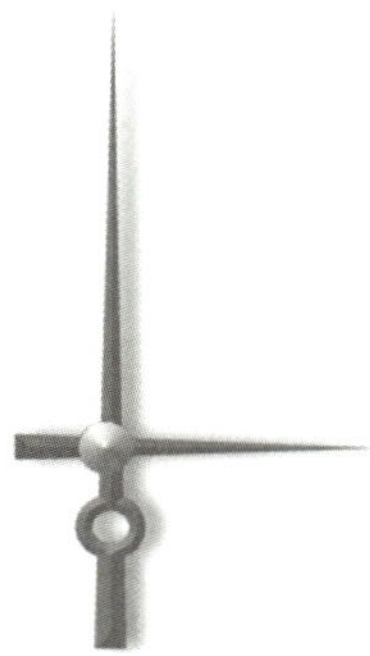

1-3번 개체를 순서대로 쌓은 후 그림자 적용

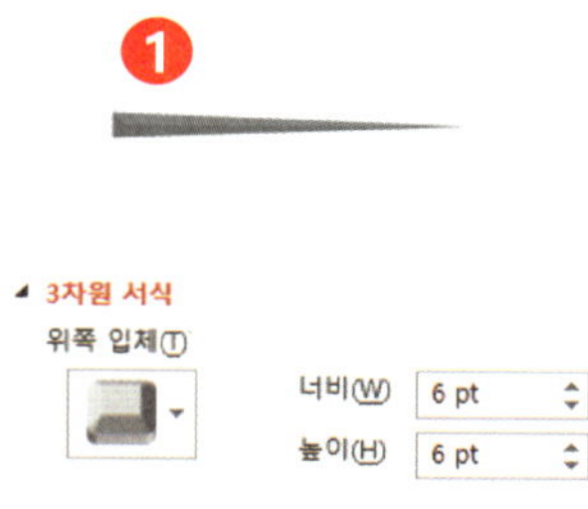

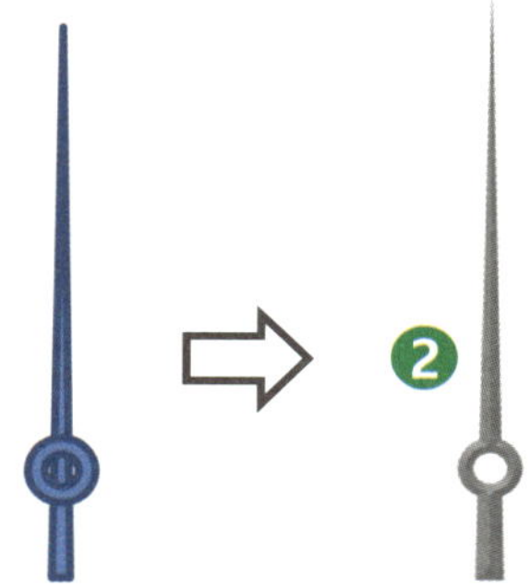

도형병합 > 조각을 진행한 뒤 내부 조각을 제거한 후 다시 도형 병합 > 병합을 선택

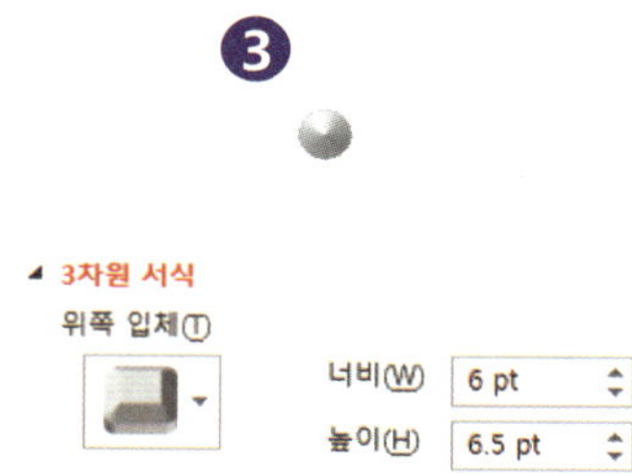

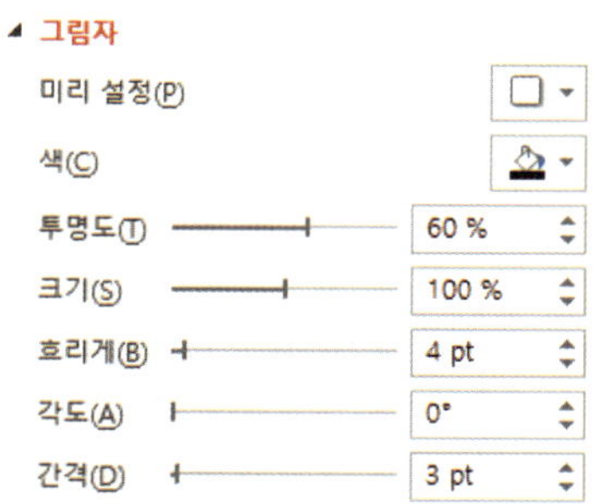

도넛을 이용하여 프레임을 만들고 나무질감을 적용하였으며, 3차원 서식을 이용하여 위쪽 입체를 적용 입체감을 부여하였다. 마지막으로 바늘과 동일하게 그림자를 적용하였다.

20 정렬의 활용: 온도계

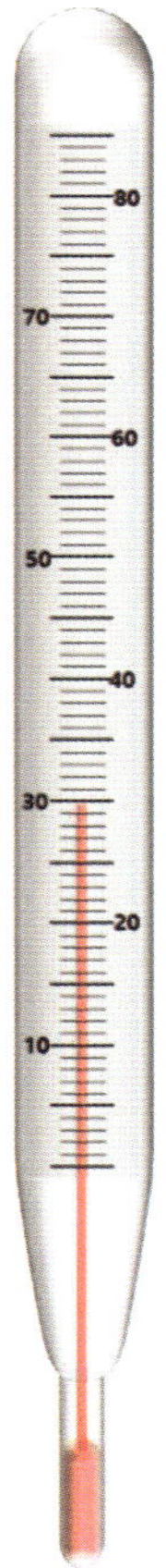

개체들을 정렬하고 일정 간격으로 배열하는 방법은 눈금선이나 규칙적인 반복 구조를 가진 그림의 형성에 유용하게 활용된다. 왼쪽 그림에 온도계를 입체적으로 표현한 그림을 제시하였다. 온도를 표현하기 위해 눈금선이 필요하다.

전체적으로 6개의 개체로 구성되어 있으며 이 중 눈금선의 경우 그룹화된 개체이다. 1-6번까지 순서대로 쌓으면 온도계가 완성된다. 이중 4번 개체는 단순한 직사각형이며 1,2,3,6번 개체는 수직방향으로 배향된 3차원 회전 요소를 가진다. 각각의 세부적인 입체 설정은 다음 페이지에 나타내었으며 본 페이지에 나타낸 그림들은 원래 크기보다 축소된 그림을 제시하였기 때문에 동일한 크기로 작업을 하면 설정 값이 다소 달라질 수 있다.

①

①

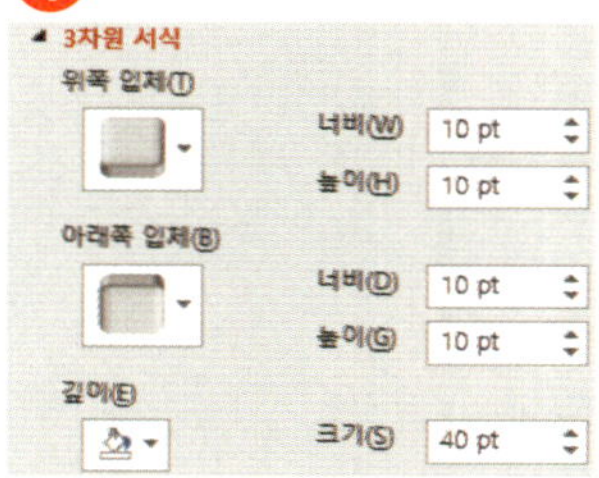

②

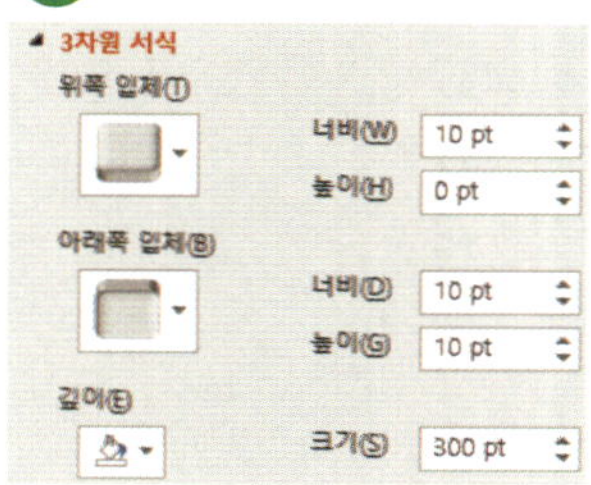

②

① ②

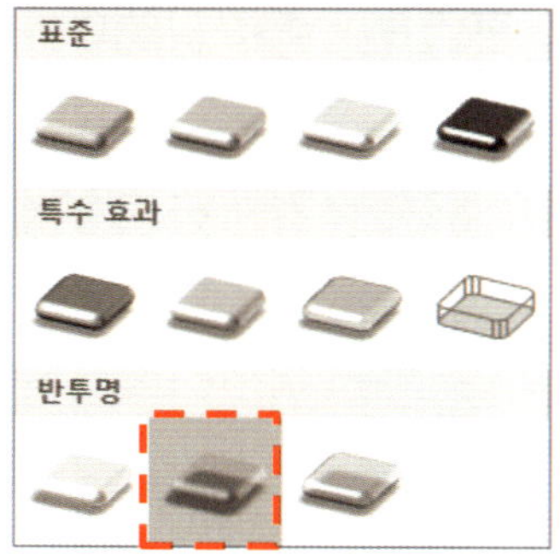

수은주를 표현하기 위해서 1번과 2번 개체는 반투명 재질 중의 바깥쪽으로 갈수록 투명도가 높아지는 재질을 사용하였다.

3차원 서식을 이용하여 위쪽과 아래쪽 입체를 조절하였으며 수은주의 높이는 깊이값을 이용하여 조절하게 된다. 각 개체는 선 색과 채우기 색 모두 빨간색을 이용하였다.

③

③

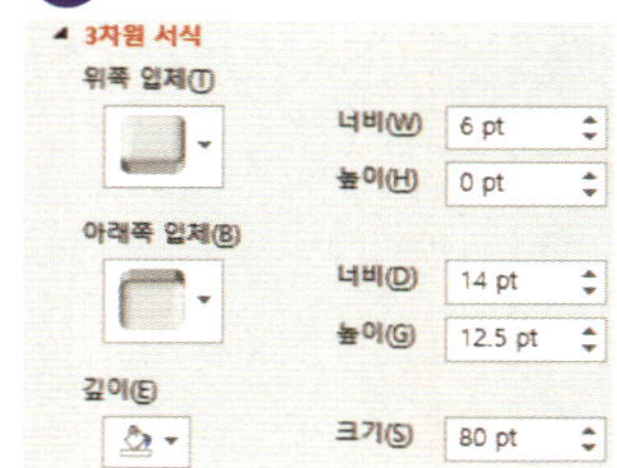

⑥

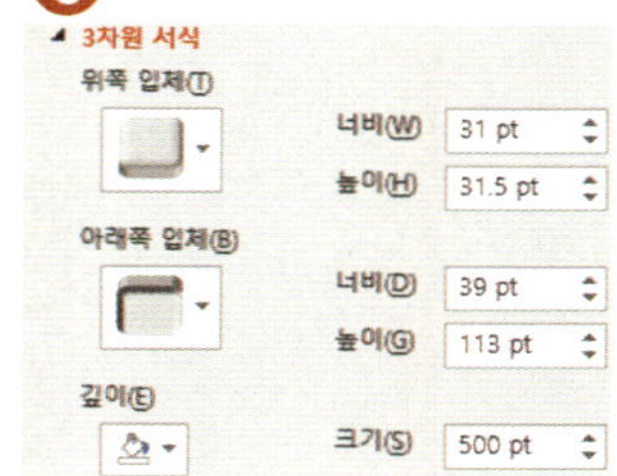

⑥

③ ⑥

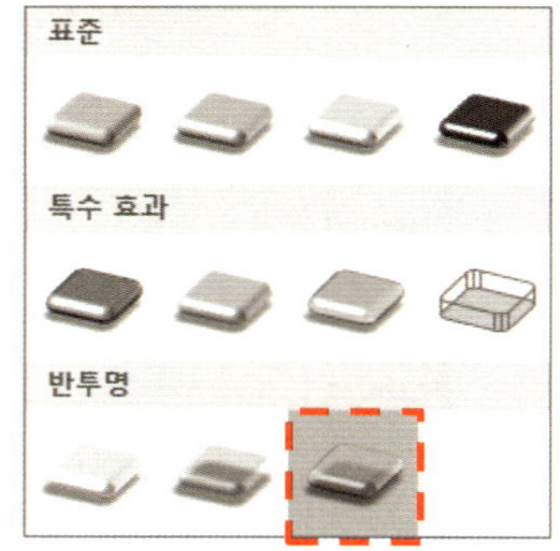

유리 재질을 표현하기 위해서 3번과 6번 개체는 반투명 재질 중 안쪽으로 갈수록 투명도가 높아지는 재질을 사용하였다.

6번 개체의 경우 작업 크기의 절반으로 축소하여 표현되어 있다.

눈금선을 그리기 위해서는 짧은 선을 그려서 복제하고 정렬하는 방법을 활용한다. 아래에 간단한 예시를 나타내었다. 선을 그릴 때 shift 키를 누른 상태에서 마우스를 드래그하면 수평 수직 또는 대각선 방향으로 각도가 고정된 직선을 그릴 수 있다.

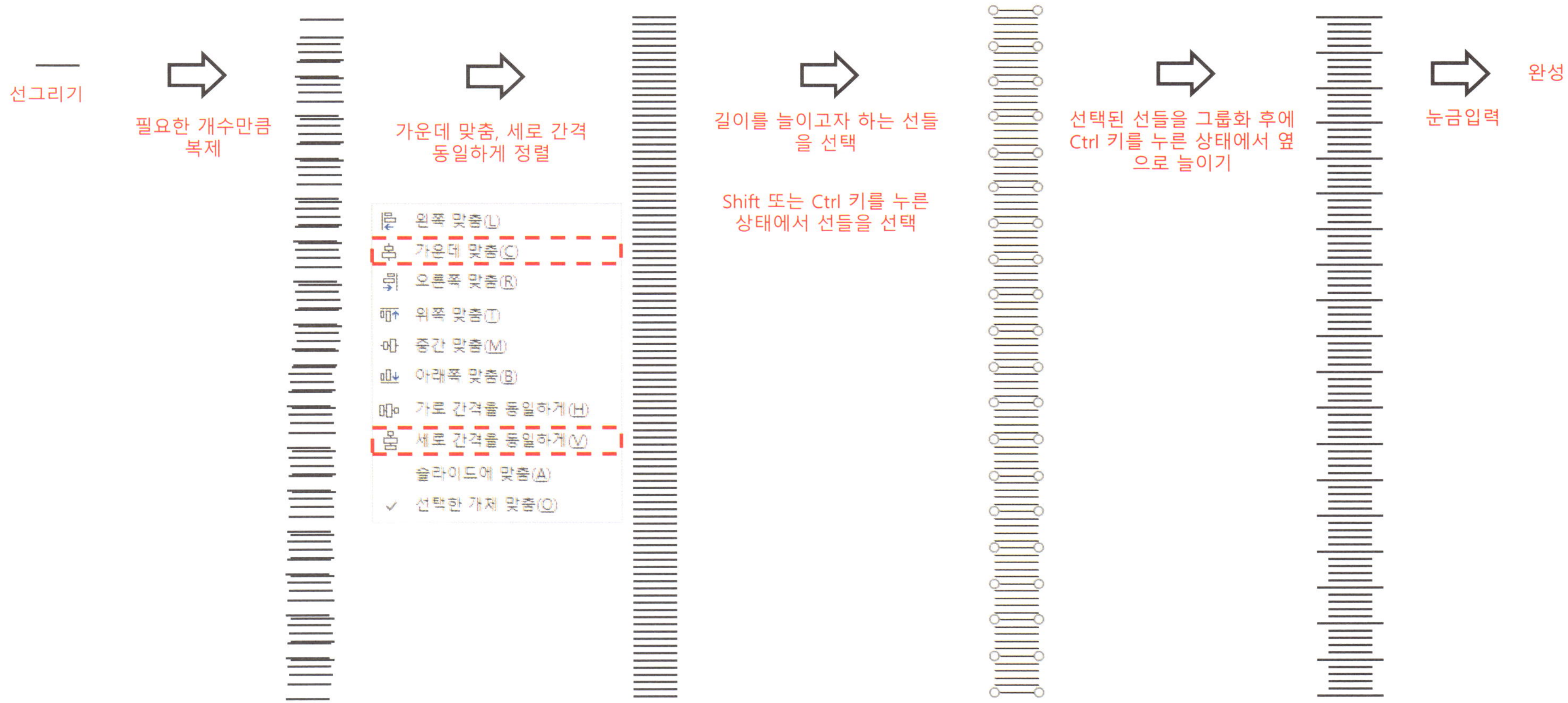

여러 개의 선을 동시에 늘이거나 줄이고자 할 때 그룹화를 이용한다. 그룹화되어 있지 않은 경우 한 개의 선만이 선택되므로 작업이 불가능하다. 다수의 선을 선택할 때 크기가 작은 개체들은 원하는 대로 선택이 되지 않기 때문에 화면을 확대해서 작업을 진행해야 한다.

21 정렬의 활용: 세포막

지질 이중막 구조의 세포막을 모식적으로 표현하기 위해서는 동일한 구조가 반복되기 때문에 한 개의 개체를 복제하여 정렬시킴으로써 쉽게 얻을 수 있다.

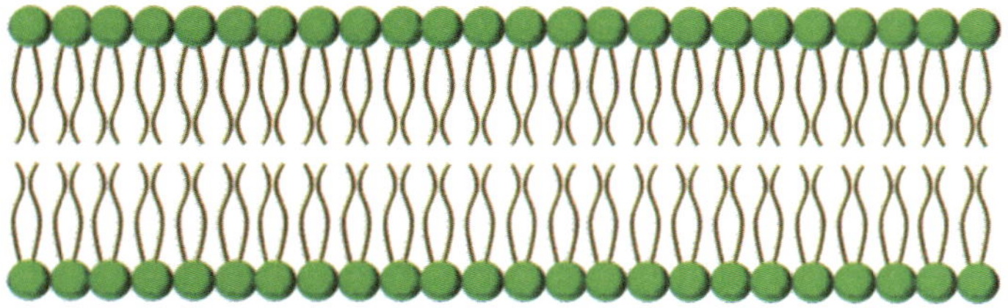

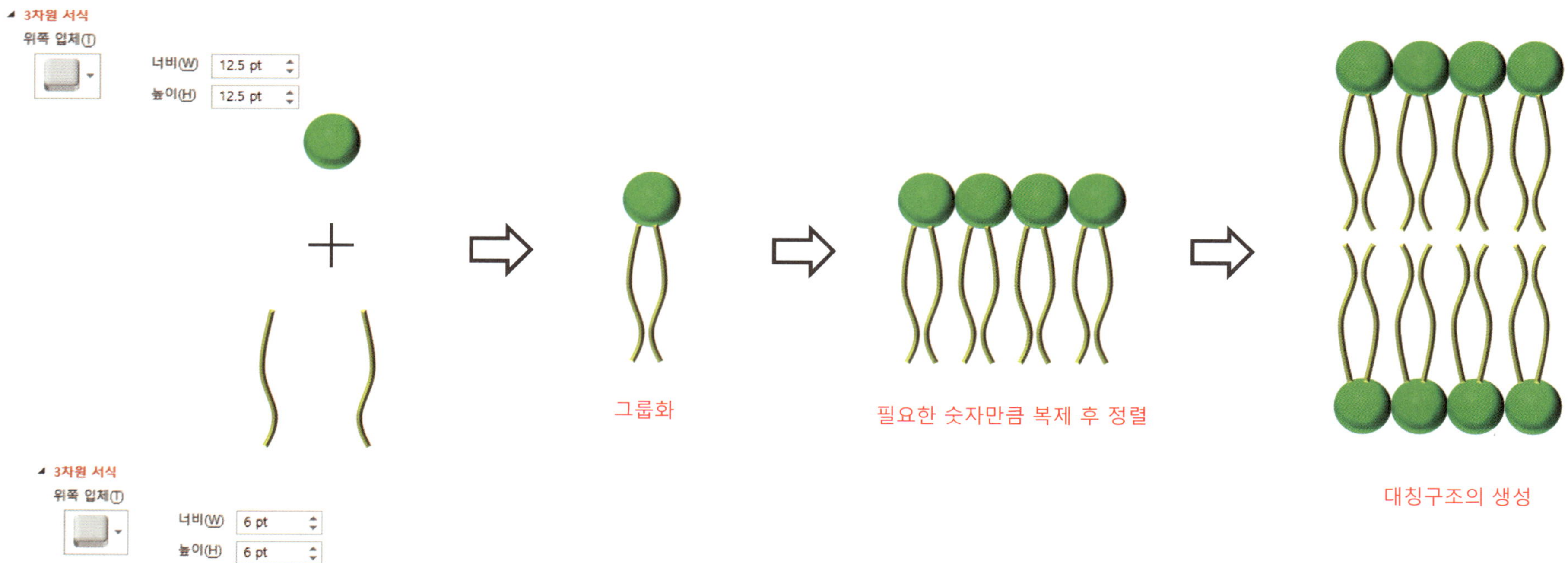

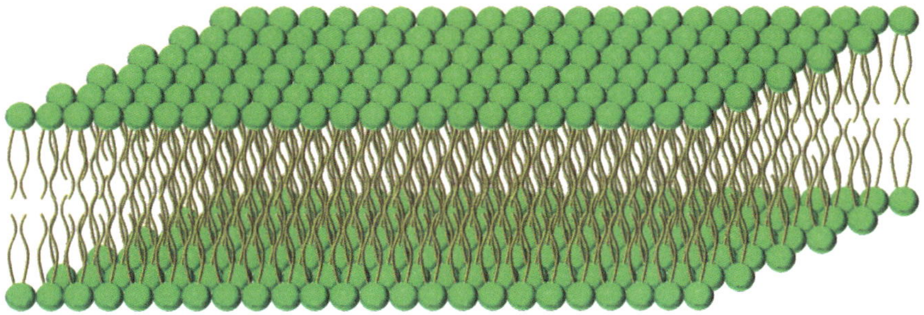

세포막을 입체감 있게 표현하기 위해서는 앞서 만들어진 지질 이중막 구조를 반복적으로 쌓는 방식을 사용해야 한다. 동일한 구조의 반복이 많아지면서 개체의 숫자가 급격히 증가하기 때문에 데이터가 무거워져서 화상처리에 시간이 걸릴 수 있다. 이러한 경우에는 만들어진 기본적인 세포막의 구조를 이미지화해서 처리하면 데이터의 양을 줄일 수 있다. 다만, 이미지화된 개체는 더 이상 편집을 할 수 없기 때문에 반드시 원본이미지를 저장해 두어야 추후에 편집이 필요한 경우 사용할 수 있다. 지질 이중막 구조의 레이어들 사이에 특정 구조물을 위치시킴으로써 막 단백질에 대한 표현이 가능하다.

필요한 만큼 복제 후 일정 간격으로 정렬

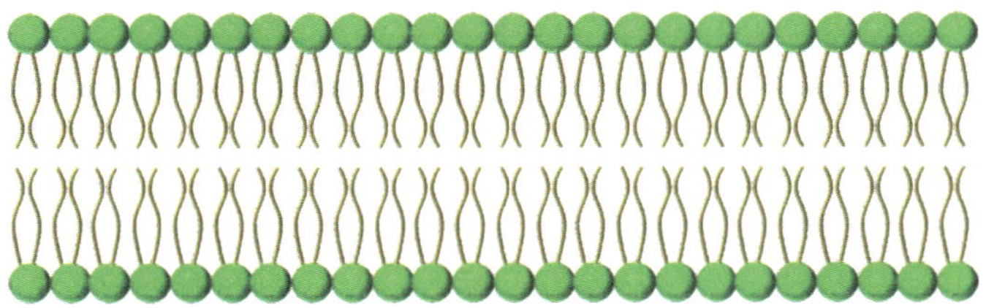

이미지 옵션 선택하여 이미지로 변환

복사

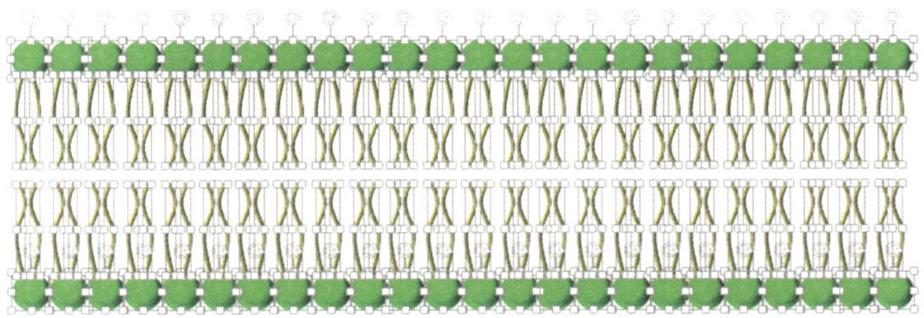

그룹화 이전의 개제들을 선택

22 네온 효과의 활용: 전구

네온 효과는 특정 사물에서 빛이 나오는 효과를 연출하기 위해서 사용한다. 왼쪽 그림은 전구를 표현한 것이다. 전구에서 노란색 빛이 나오는 효과를 네온 효과를 이용하여 표현하였다.

전구는 3개의 개체로 구성되어 있으며 1, 2번 개체는 다수의 개체가 그룹화되어 있는 구조를 가진다. 3번 개체는 원에 입체감을 부여하여 반투명 재질을 적용하여 유리의 특성을 보이도록 하였다. 유리 재질의 적용에 대해서는 앞서 지방세포 및 나노입자에서 이미 설명한 바 있다. 3번 개체에는 추가적으로 노란색 네온 효과가 적용되어 있다. 1-3번 개체들을 순서대로 쌓으면 전구가 완성된다.

❶

❷

❸

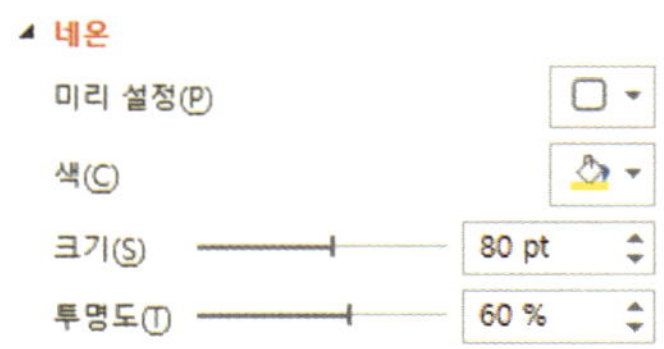

전구의 필라멘트 부분은 다수의 타원과 직선을 조합하여 쉽게 구성이 가능하다.

전구의 아래쪽 부분은 나사산을 표현하기 위해서 동일한 크기의 개체들을 연속적으로 적용하여 완성하였다. 단, 맨 위쪽 개체와 아래쪽 개체는 조금 다른 모양을 하고 있다.

23 도형 편집 기능의 응용: 잉크젯 프린팅의 모식도

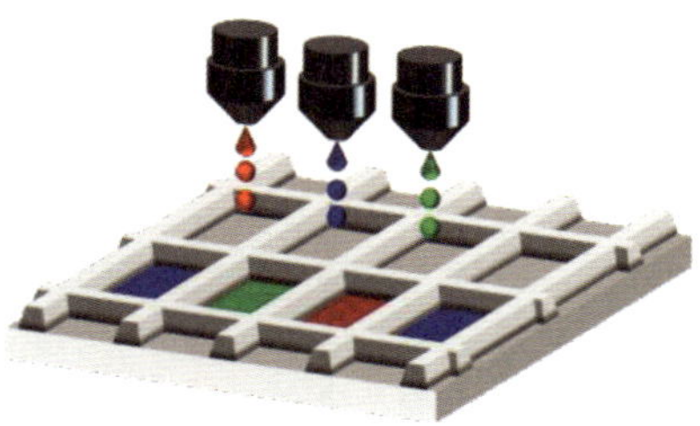

잉크젯 프린팅 기술을 이용한 컬러필터 제작 또는 발광소자 제작에 대한 연구가 진행되고 있다. 왼쪽 그림은 잉크젯 프린팅 기술에 대한 모식적 표현이다. 다양한 개체들의 조합으로 구성되어 있다.

먼저 잉크젯의 프린터 헤드를 나타내기 위해 원에 입체를 적용하여 두 개의 원기둥과 구형의 모양 및 물방울 모양을 표현하였다. 물방울 모양을 만드는 방법에 대해서는 63페이지에서 이미 다룬 바 있다. RGB 삼색을 각각 표현하여 세 개의 프린터 헤드를 표현하게 된다.

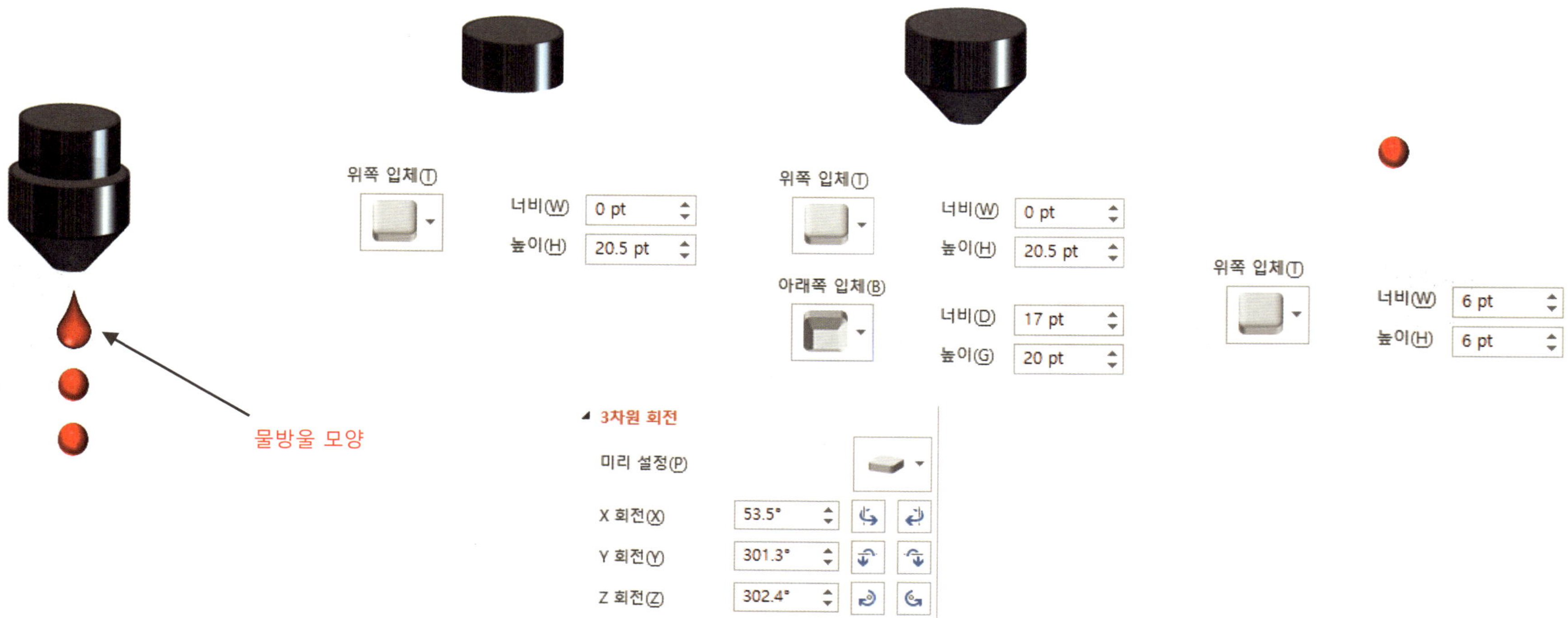

프린트 헤드의 아래에는 격벽과 프린트된 잉크를 표현하기 위한 타일들과 기판으로 구성되어 있다. 타일과 기판은 쉽게 구성이 가능하며 격벽은 도형의 조합을 통해서 얻을 수 있다. 모든 도형은 3차원 회전요소를 적용하여 위쪽을 향하는 형태로 구성되어 있다.

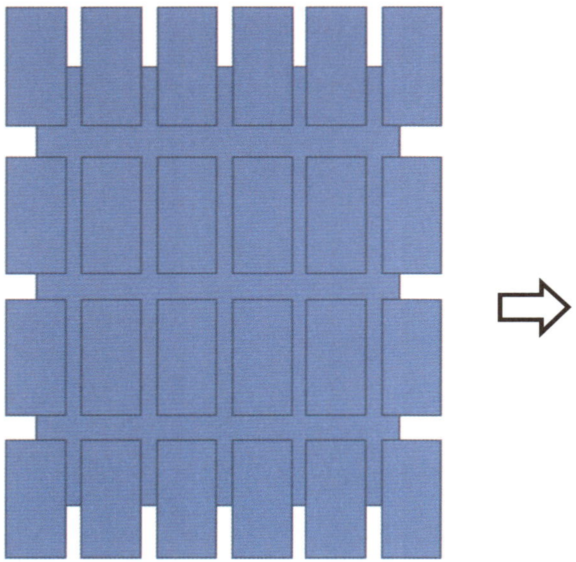

격벽을 구성하기 위해서는 직사각형들의 배열을 만들고 선택하여 도형서식 > 도형 병합 > 조각을 선택한다.

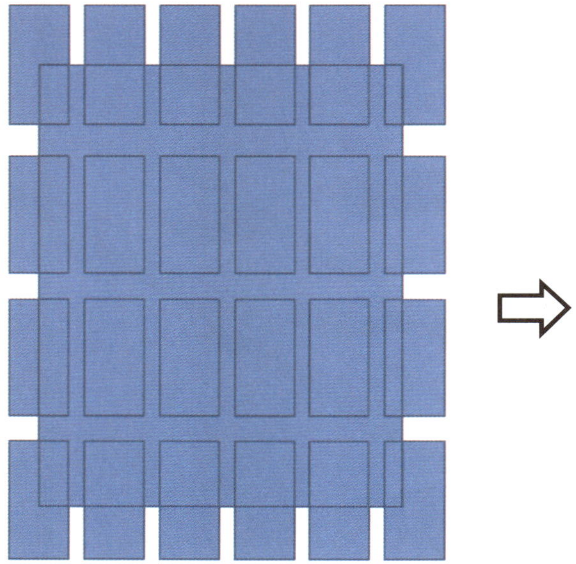

직사각형들의 조합을 통해서 얻어지는 격자형태의 조각을 선택하여 추출한다.

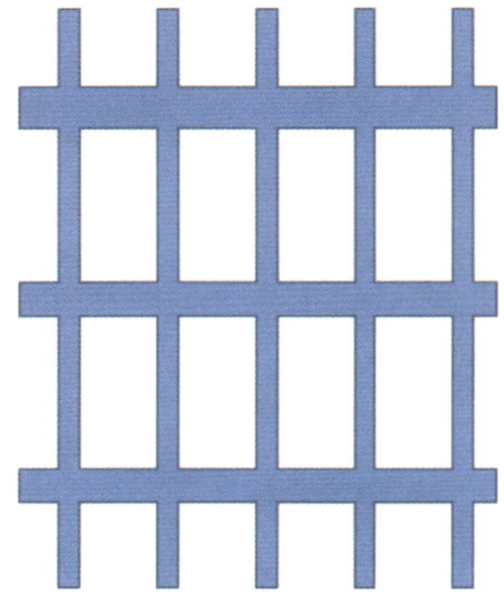

추출된 조각에 채우기색, 회전효과, 입체효과 등을 적용하여 격벽을 완성한다.

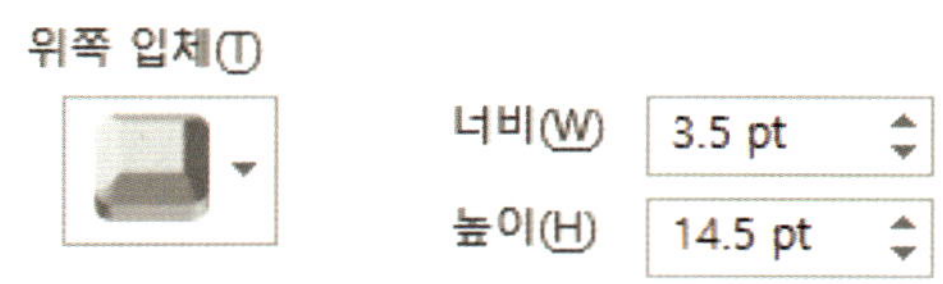

24 도형 편집 기능의 응용: 레이저 전사법

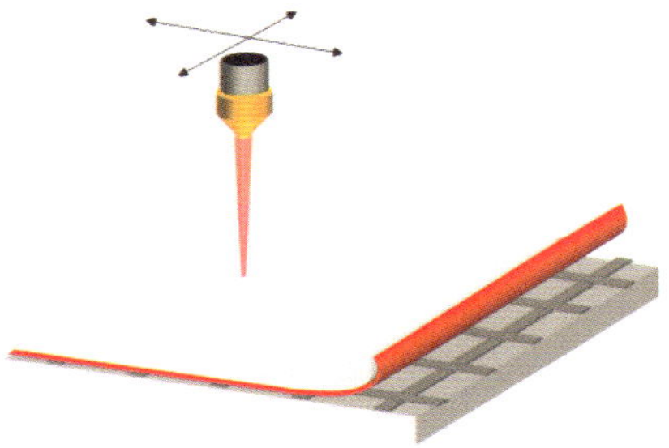

OLED 소재의 발광층의 패터닝을 위해서 검토되고 있는 방법으로 레이저 전사법이 있다. 발광층 소재가 박막화되어 있는 필름 위에 레이저를 조사하여 위치 선택적으로 발광층 소재를 전사하는 방법이다. 왼쪽 그림은 레이저 전사법에 대한 모식도로, 레이저 광원부위와 필름 및 기판으로 구성되어 있다. 레이저 광원부와 기판은 위쪽을 향하는 3차원 회전값을 갖는다. 레이저 광원부위는 앞서 설명한 잉크젯 프린팅의 프린터 헤더와 비슷한 설정으로 완성이 가능하며 기판도 앞서 설명한 방식으로 디자인이 가능하므로 별도로 설명하지 않기로 한다. 레이저광을 표현하기 위해 반투명 재질이 사용되었다.

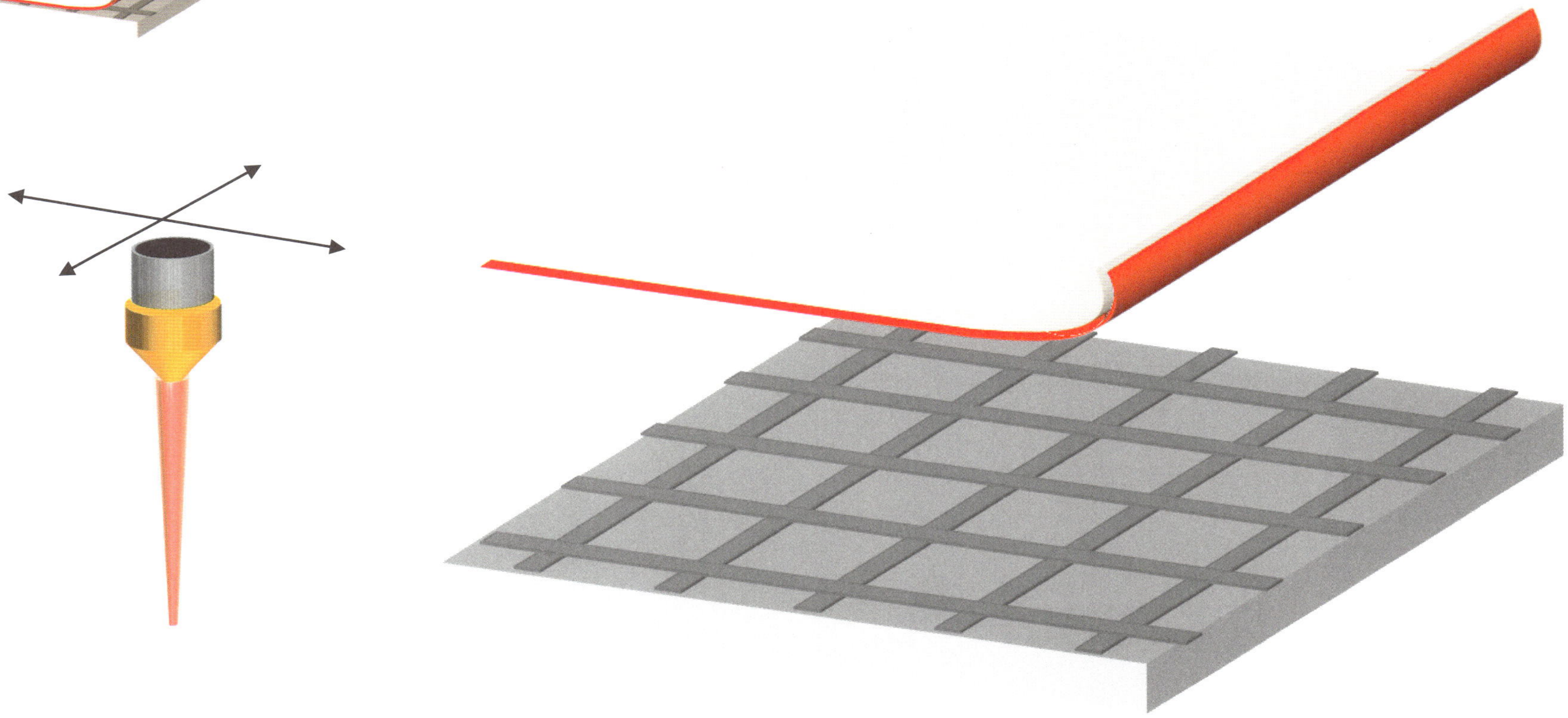

레이저 전사법에 대한 설명을 위해서 앞면과 뒷면의 색상이 서로 다른 필름을 표현할 필요가 있다. 말려 있는 필름을 표현하기 위해서는 굽어진 선과 입체효과 및 3차원 회전효과를 이용한다.

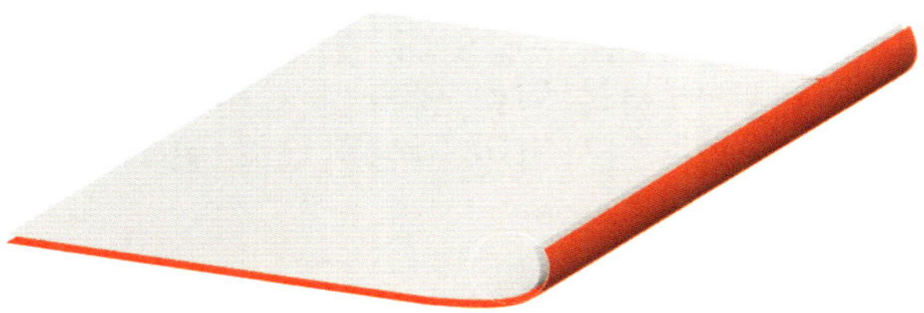

끝이 굽어진 선

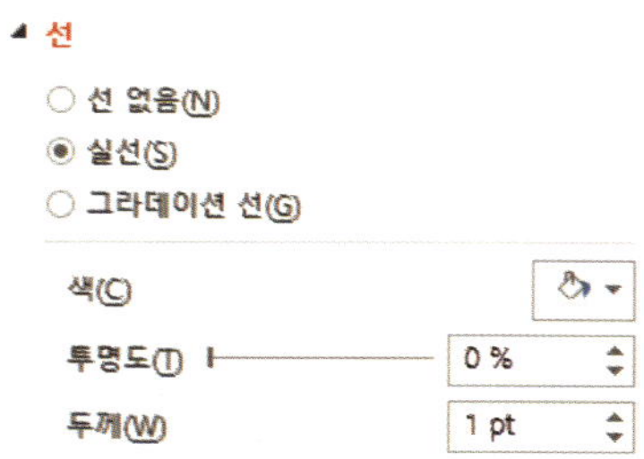

흰색 실선 적용

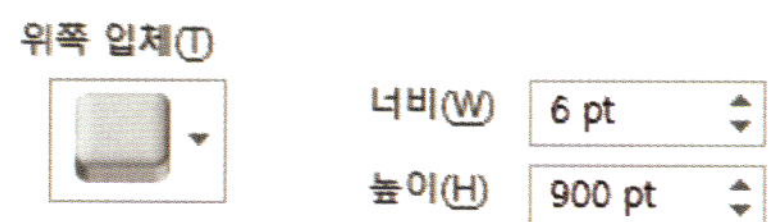

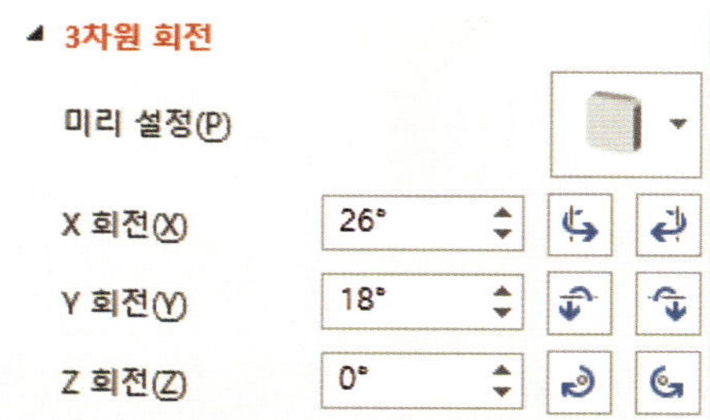

입체값을 조정하고 정면을 향하는 회전요소를 적용하여 말려 있는 필름을 표현한다.

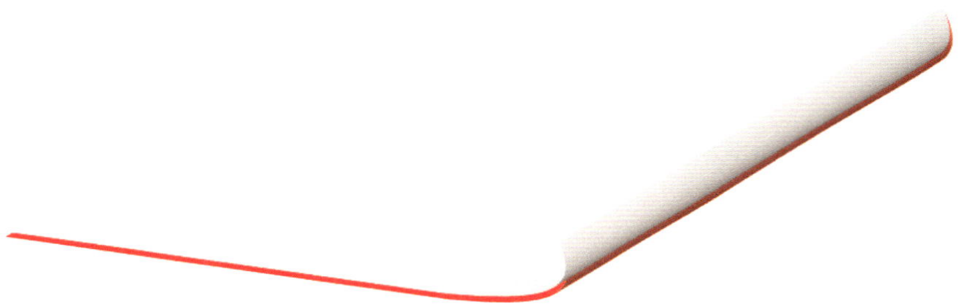

말려있는 필름을 복사하여 선색을 빨간색으로 바꾼 후 겹치게 배열하게 되면 위쪽 필름에 아래쪽이 가려진 모양이 된다. 서로 다른 색상이 말려 있는 그림을 표현하기 위해서는 빨간색 필름을 이미지로 변환하고 자르기와 투명한 색 설정 등을 이용하여 불필요한 부분을 제거하여 아래쪽의 이미지를 생성시킨 후 왼쪽 이미지 위에 겹쳐놓으면 완성된다.

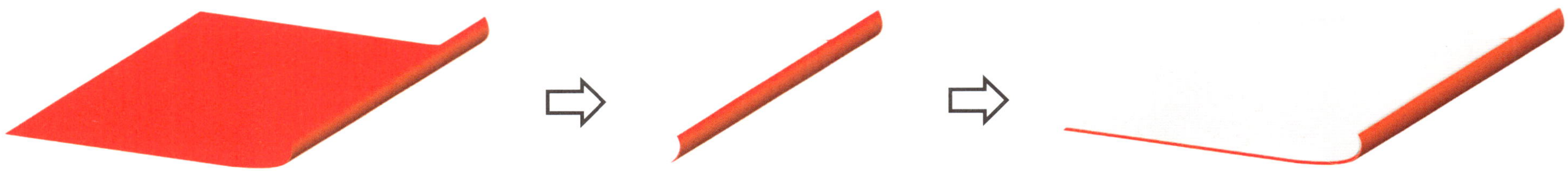

그림 옵션 선택하여 그림으로 변환

투명한 색 설정, 이미지 자르기를 이용하여 조각 만들기

겹치게 배열

25 도형 편집 기능의 응용: OLED 디바이스

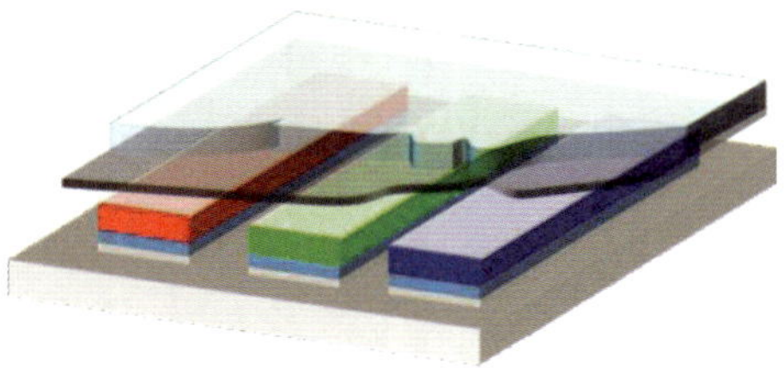

OLED 디바이스의 단면 구조를 표현하기 위한 모식도이다. 기판 위에 RGB 삼색의 발광재료가 배열되어 있으며 전체적으로 위쪽을 향하는 3차원 회전요소를 가진다. 기판 및 발광재료 전자, 정공 이송층 등은 모두 직사각형에 동일한 형태의 입체요소로 두께와 색상만 차이가 있기 때문에 비교적 쉽게 구성이 가능하므로 설명을 생략한다.

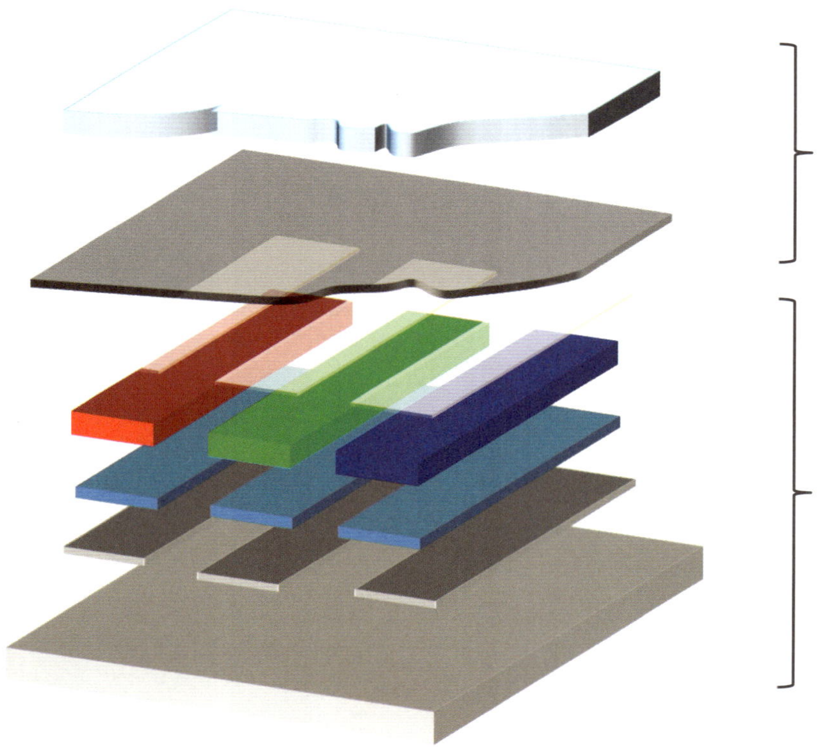

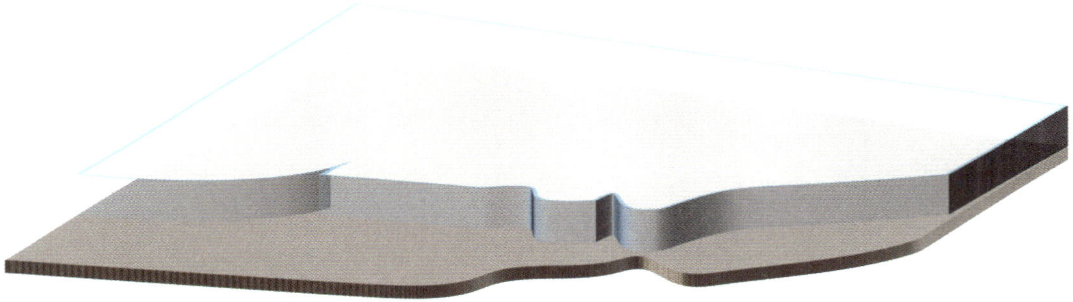

유기와 ITO전극을 표현하기 위해서 반투명 재질을 적용하였으며 직사각형을 점편집 기능을 이용하여 변형하였다.

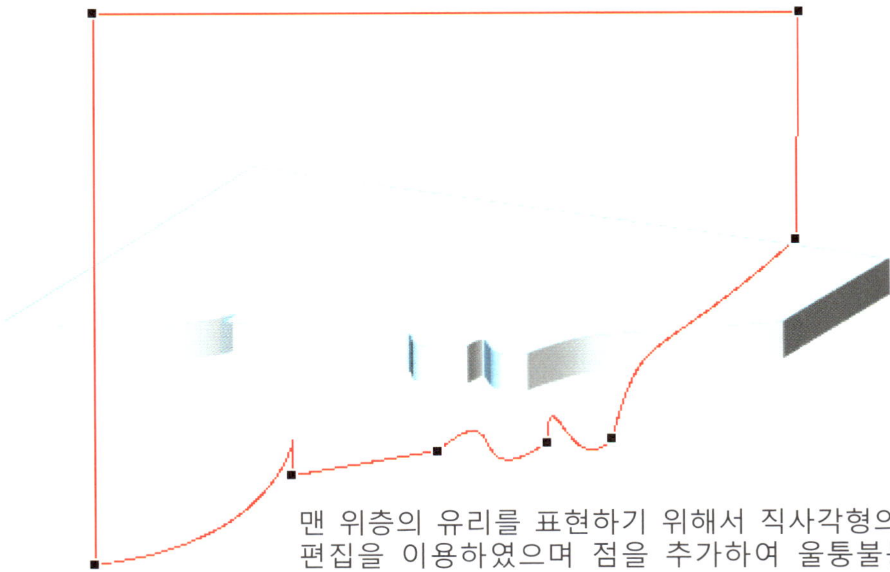

맨 위층의 유리를 표현하기 위해서 직사각형의 점 편집을 이용하였으며 점을 추가하여 울퉁불퉁한 단면을 표현하였다.

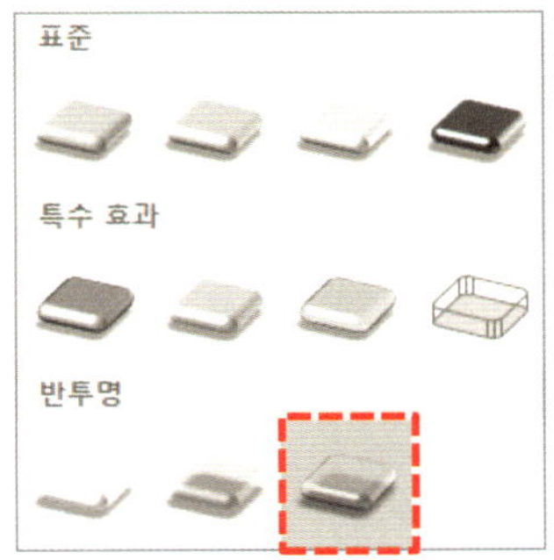

반투명 재질과 채우기 색, 선 색을 조절하여 유리의 질감을 표현하였다.

26 도형 편집 기능의 응용: NMR

NMR 장치를 나타낸 그림이다. 다소 복잡하게 보이지만 전체적으로 원에 입체 요소를 부여하고 색상을 조절하여 위쪽 방향의 회전 요소가 적용된 개체들의 조합이다. 왼쪽 그림은 작업 원본을 1/3로 축소한 이미지이다. 전체적인 설정 값들도 이를 고려해서 조절해야 한다.

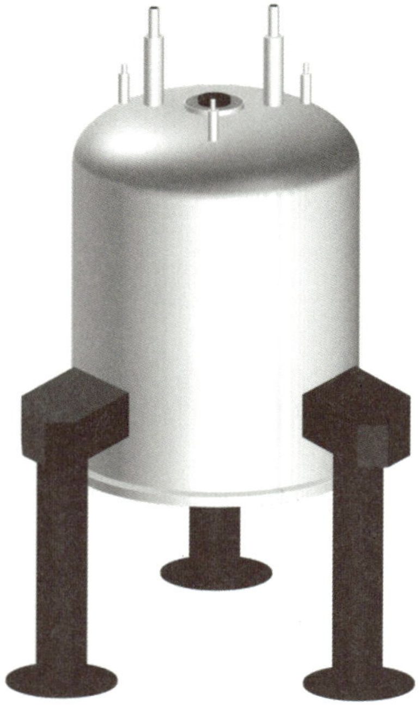

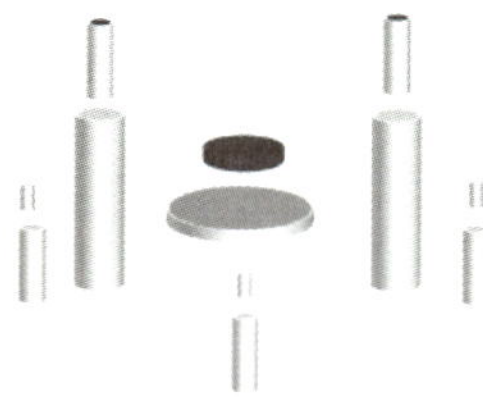

상단부 도형들

본체 부위

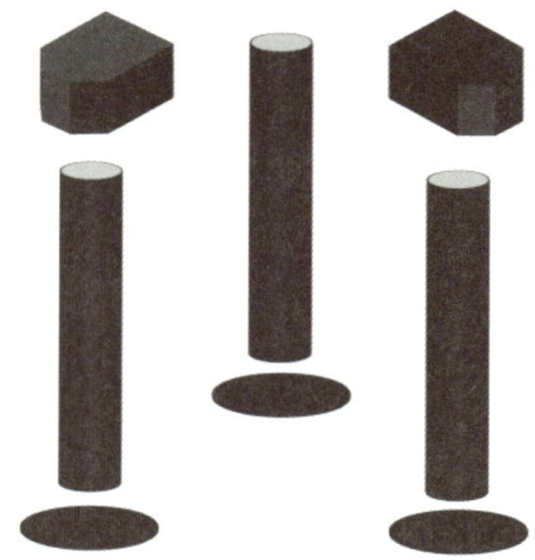

하단부 도형들

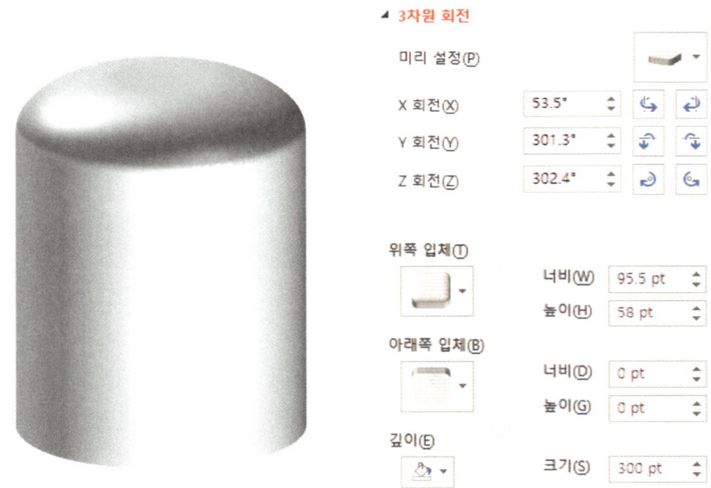

원의 크기, 3차원 깊이 값, 윤곽선, 채우기 색을 조절하여 얻어진 원기둥들이다.

모서리를 가진 사각형을 이용하여 입체 값을 부여하고 3차원 회전 요소를 조절하여 기단부를 완성한다.

27 도형 편집 기능의 응용: 가스 저장 용기

가스 저장 용기의 그림이다. 다소 복잡한 구조를 가진 압력조절기 부분과 원기둥으로 구성된 용기 부분으로 나눌 수 있다.

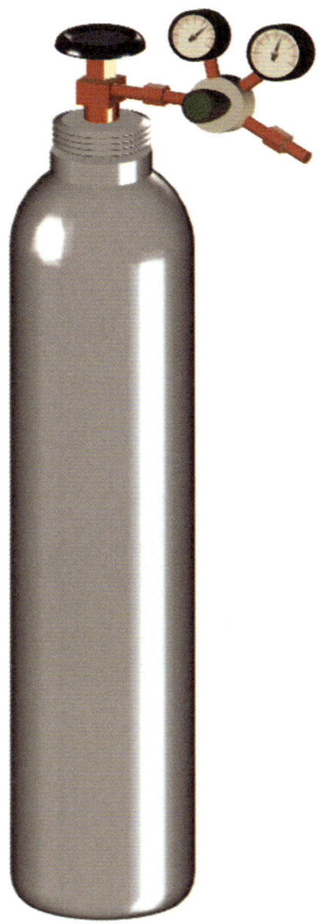

4개의 개체를 복사하여
나사산을 표현하였다.

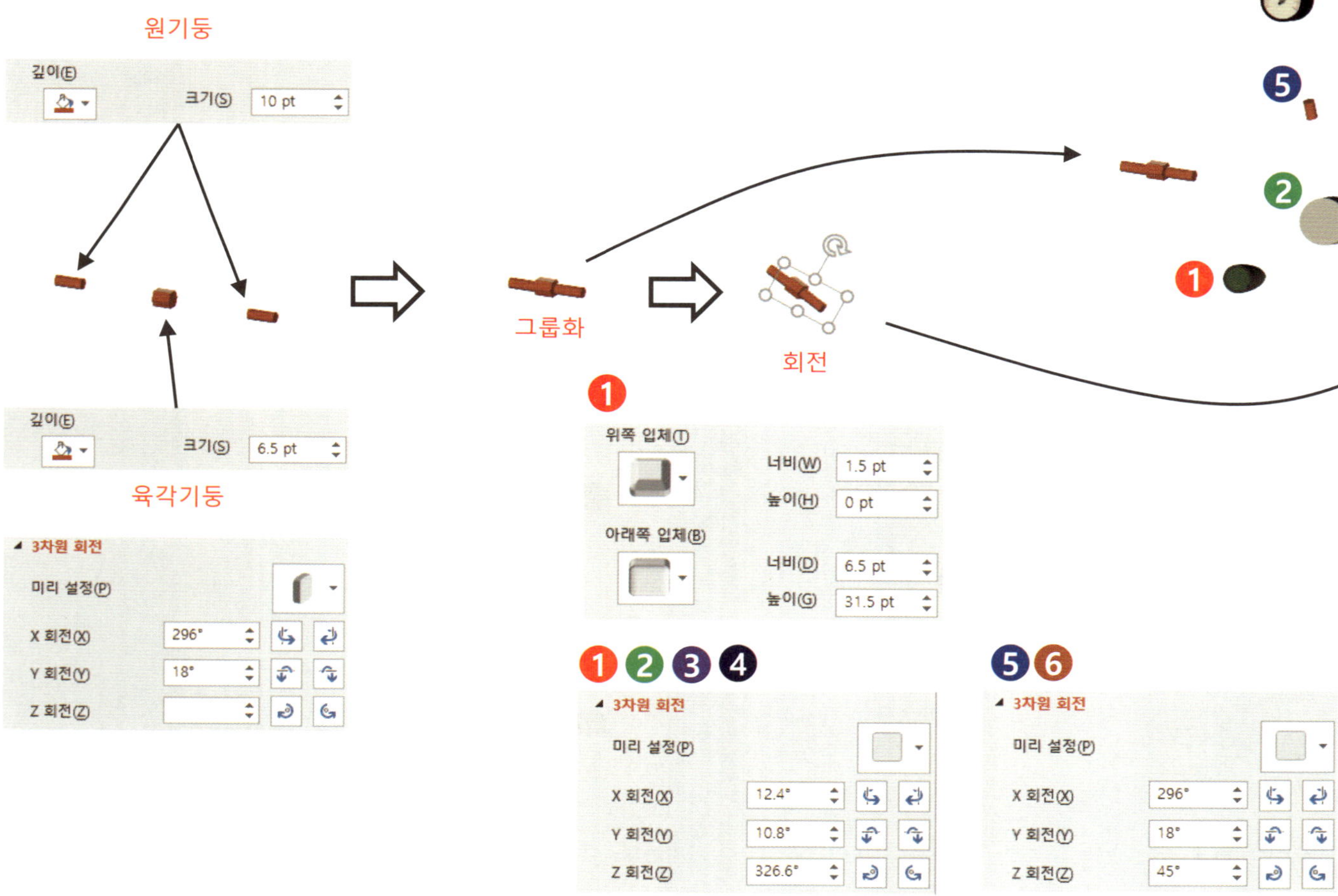

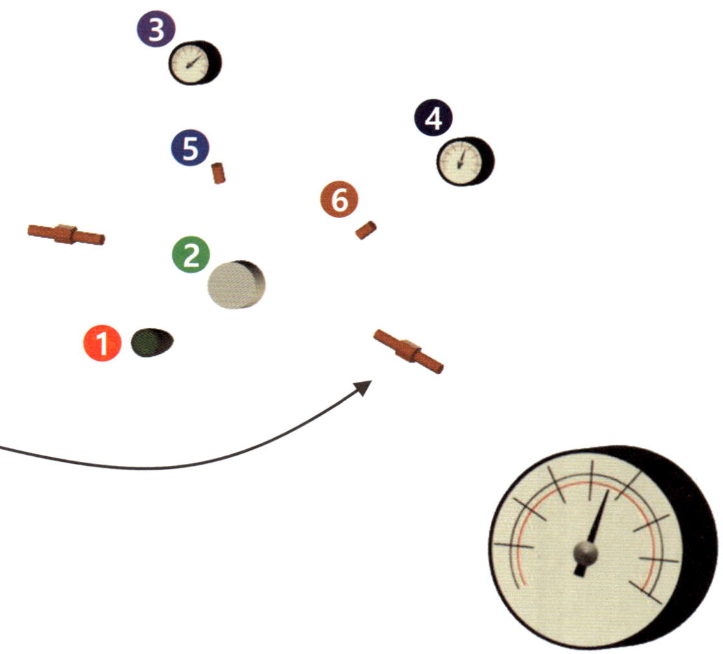

❸ ❹번 개체에는 눈금과 바늘을 표현한 그림을 별도로 그린 후에 이미지화하여 그림 채우기를 활용하여 얻음

❻번 개체는 ❺번 개체를 회전시켜 얻을 수 있음

28 도형 편집 기능의 응용: 전기화학 반응기

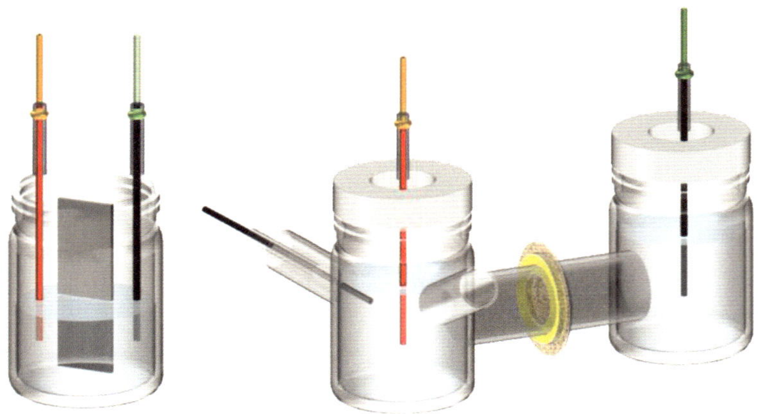

전기화학 반응기는 전극과 유리 재질의 반응 용기로 이루어져 있다. 유리재질 내에 용액들이 포함되어 있으며 용액 내에 담겨져 있는 전극들의 표현이 요구된다. 왼쪽의 그림은 총 20개의 개체로 이루어져 있다. 모든 개체는 위쪽을 향하는 방향으로 배향되어 있다.

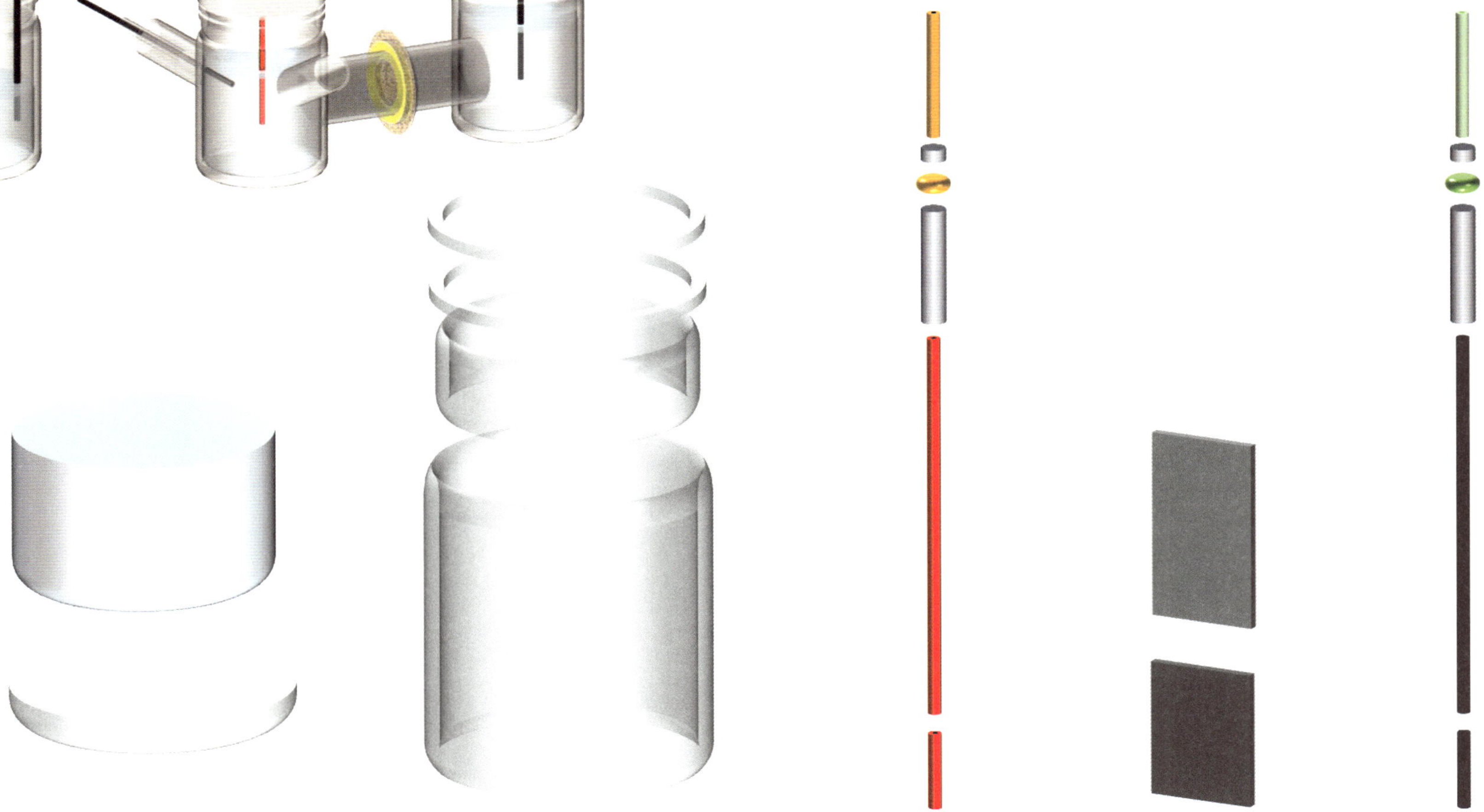

유리 재질의 용기와 액체는 모두 반투명 재질을 활용하고 있으며 원과 도넛을 조합하여 완성한다.

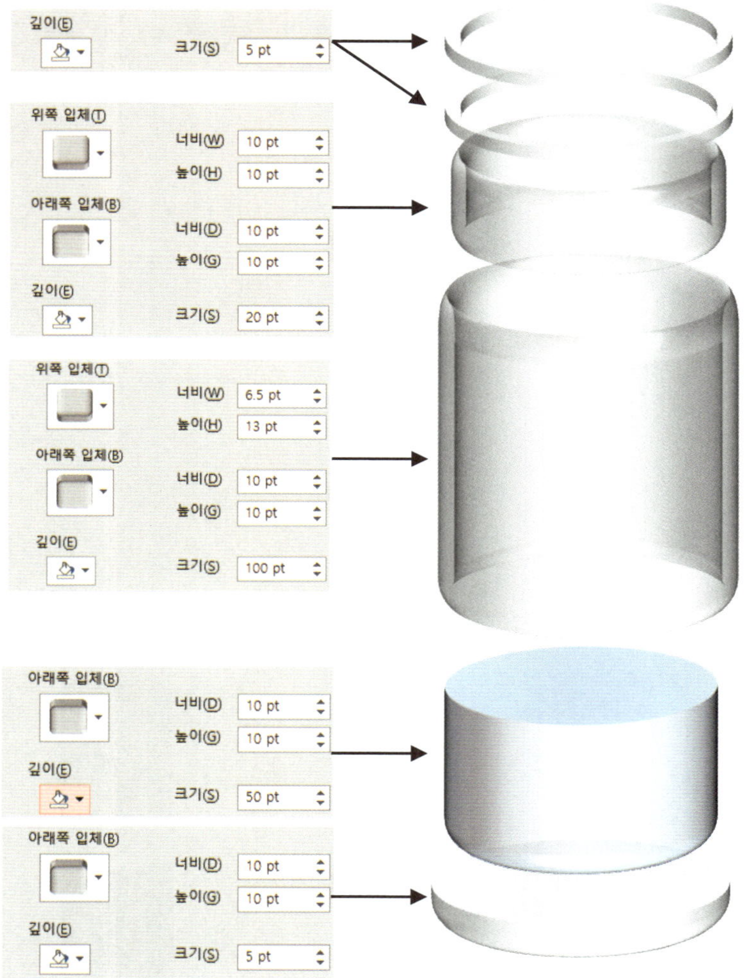

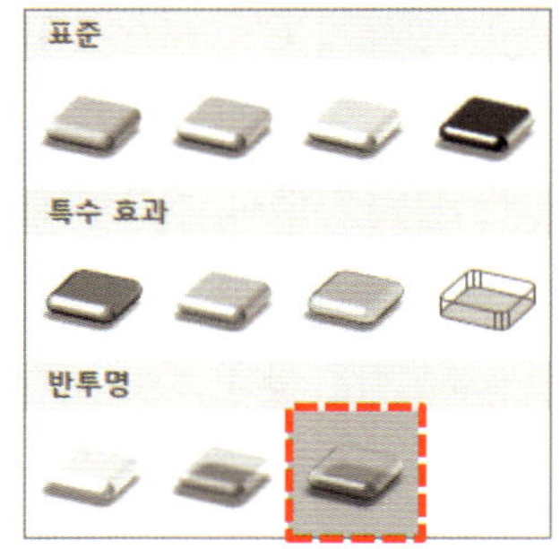

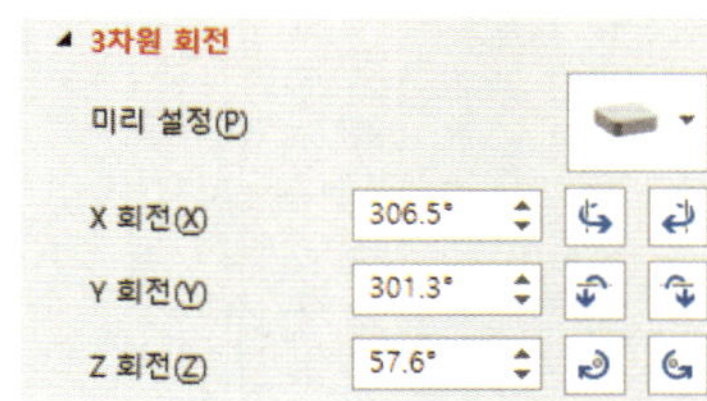

파워포인트만으로 투명한 용기를 한 번에 표현하는 것은 불가능하며 몇몇 개체의 조합을 이용하여 표현하게 된다.

용액에 담겨 있는 금속판은 단순한 직사각형에 깊이 값을 부여하여 얻어진다.

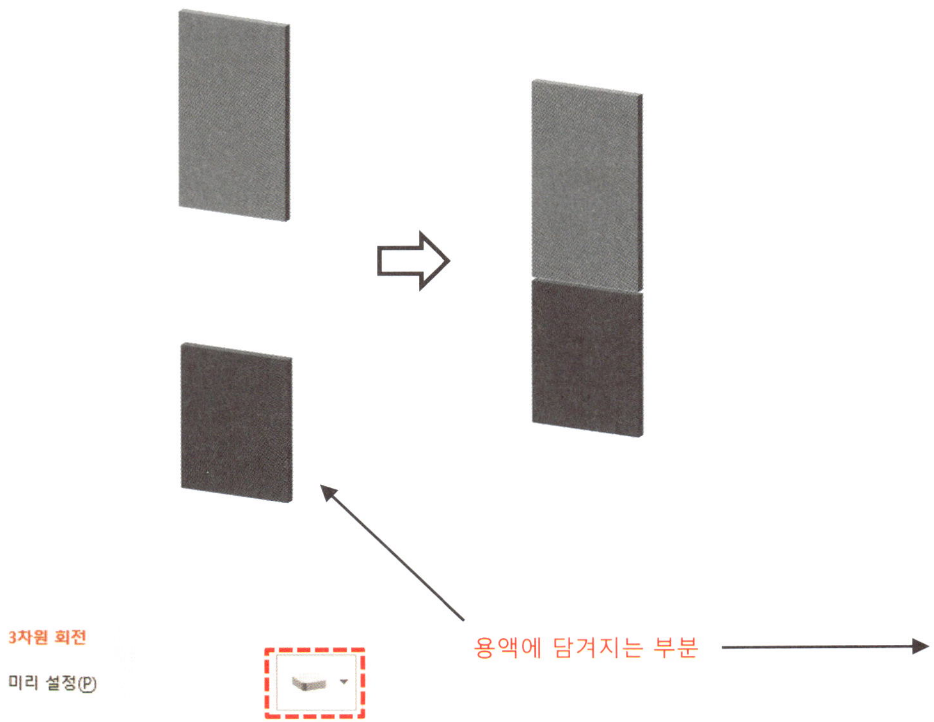

전극의 경우 원기둥들의 조합을 통해서 얻어진다. 다만, 용액의 위쪽 부분과 용액에 담겨지는 부분은 분리해서 구성하며 담겨지는 부분을 액체를 표현한 투명재질보다 뒤쪽에 위치시켜야 한다.

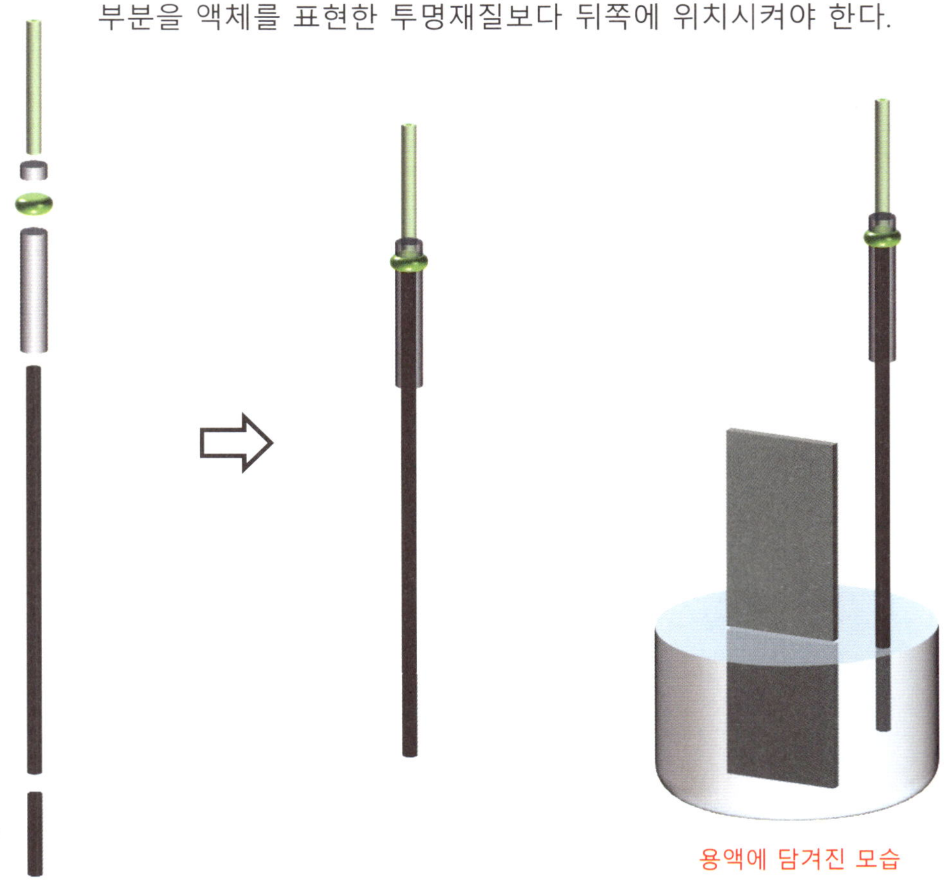

29 도형 편집 기능의 응용: 진공펌프

진공펌프를 표현한 그림이다. 전체 16개의 개체로 구성되어 있으며 위쪽의 6개 개체는 위를 향하는 방향으로, 나머지 개체들은 옆을 향하는 방향으로 배열되어 있으며 비교적 단순한 도형들의 조합으로 표현이 가능하다.

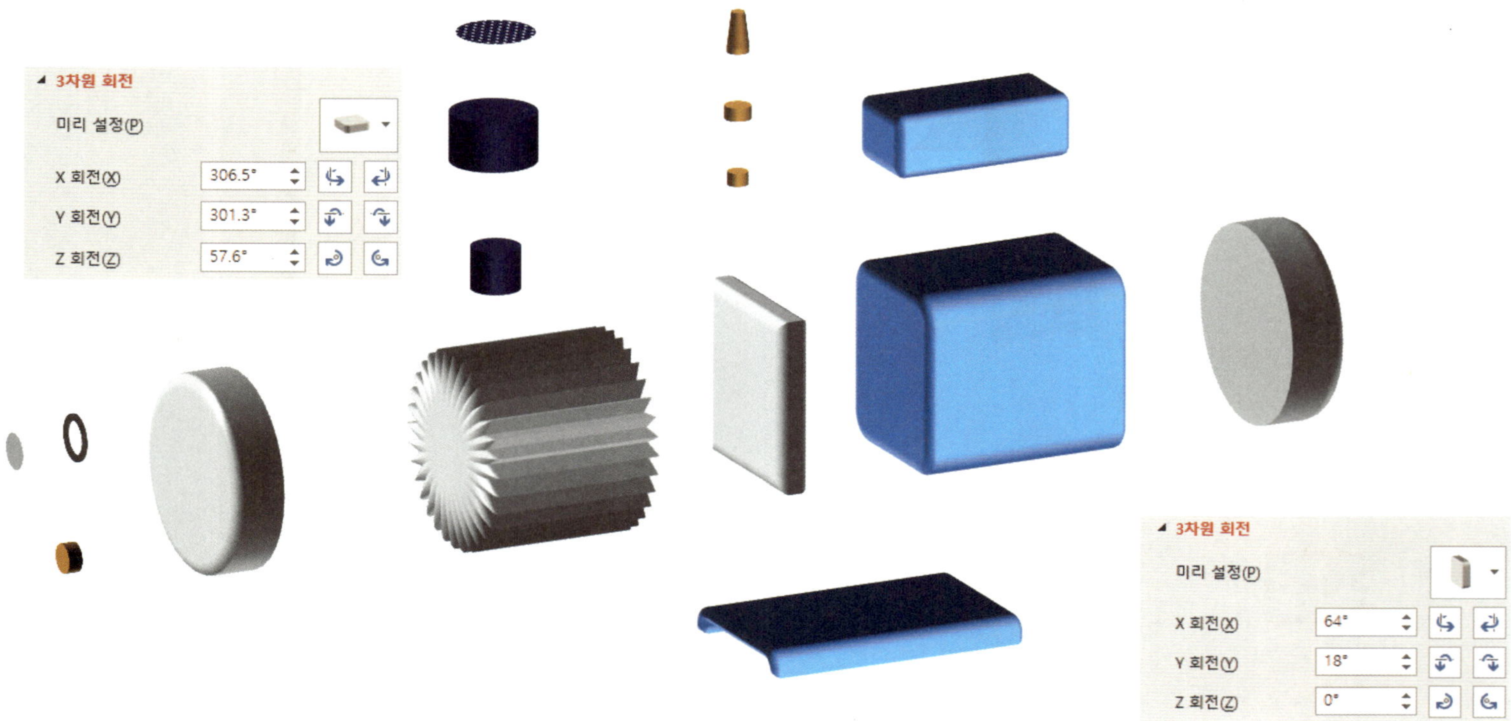

아래 그림은 각각의 구성요소의 3차원 회전 요소를 모두 제거한 단면을 나타내고 있다. 각각에 대해서 적절한 입체 값을 부여하고 회전 요소를 적용해서 순서대로 배치하면 진공펌프를 완성할 수 있다.

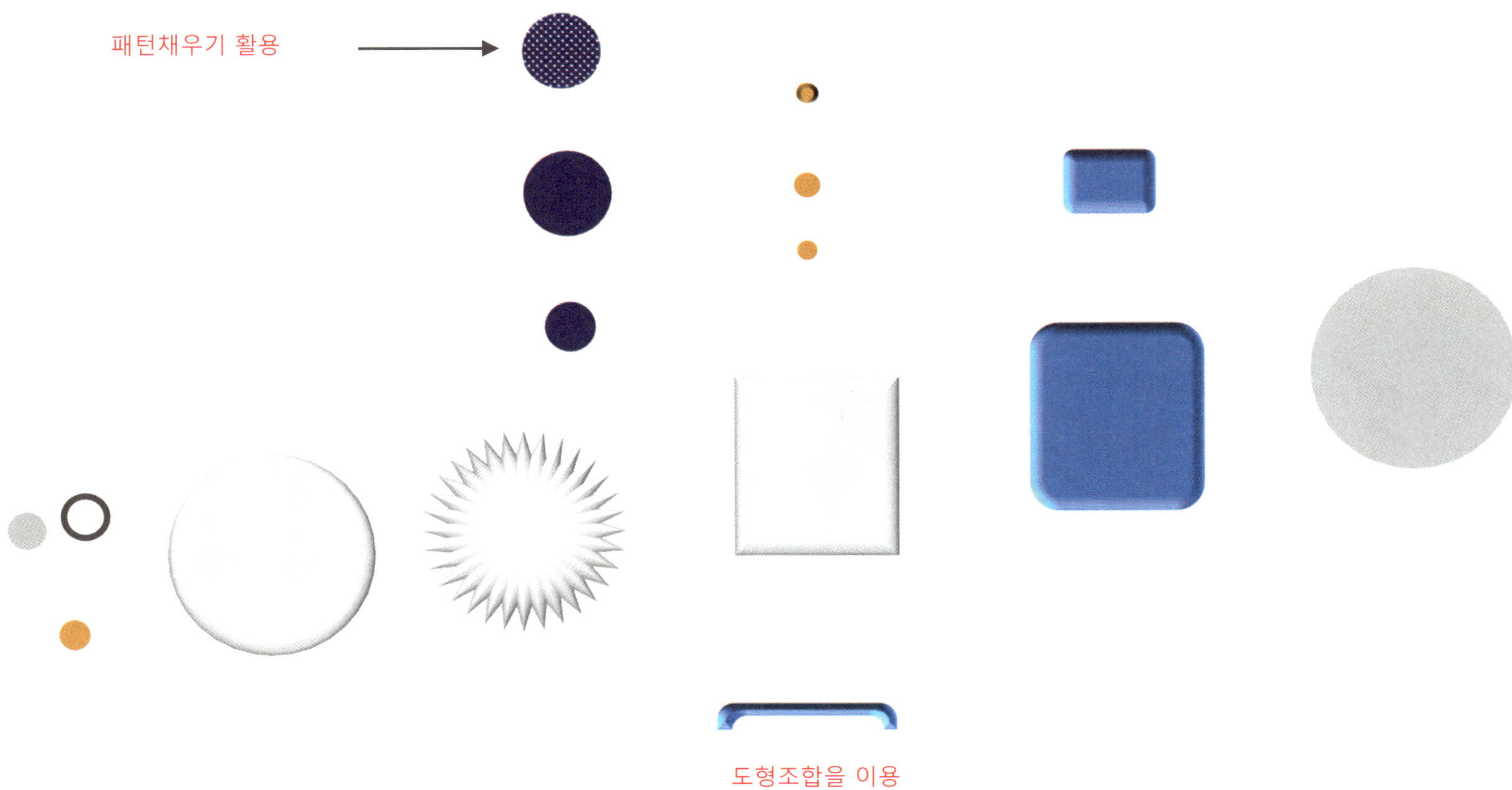

30 도형 편집 기능의 응용: 디지털 미러 소자

아래 그림은 디지털 미러 소자를 나타내고 있다. 전기적으로 구동하여 빛을 반사시키는 역할을 하며 고성능 프로젝트에 사용되고 반도체 가공 공정을 이용하여 제작하게 된다. 왼쪽의 그림은 파워포인트를 이용하여 구성한 그림이며 오른쪽의 그림은 3차원 그래픽 소프트웨어를 이용하여 그린 것이다. 고가의 소프트웨어를 사용하지 않아도 3차원 구조를 잘 표현할 수 있음을 알 수 있다.

디지털 미러 소자를 구성하고 있는 개체는 전체 19개이다. 그 중에서 가운데 위치하는 개체들은 그룹화되어 있는 상태에서 3차원 회전 요소가 적용되어 있다. 각각의 요소들은 기본 도형을 이용하여 도형 병합을 활용하여 만들 수 있다. 대부분의 개체는 위쪽 방향으로 배향되어 있으며 일부 개체들은 미세하게 기울어져 있기 때문에 쌓는 과정에서 적절히 기울기를 조절해야 한다.

배열 순서를 나타내면 다음과 같다. 단, 실제 작업 시에 활용된 이미지보다 작은 사이즈로 표현하였다.

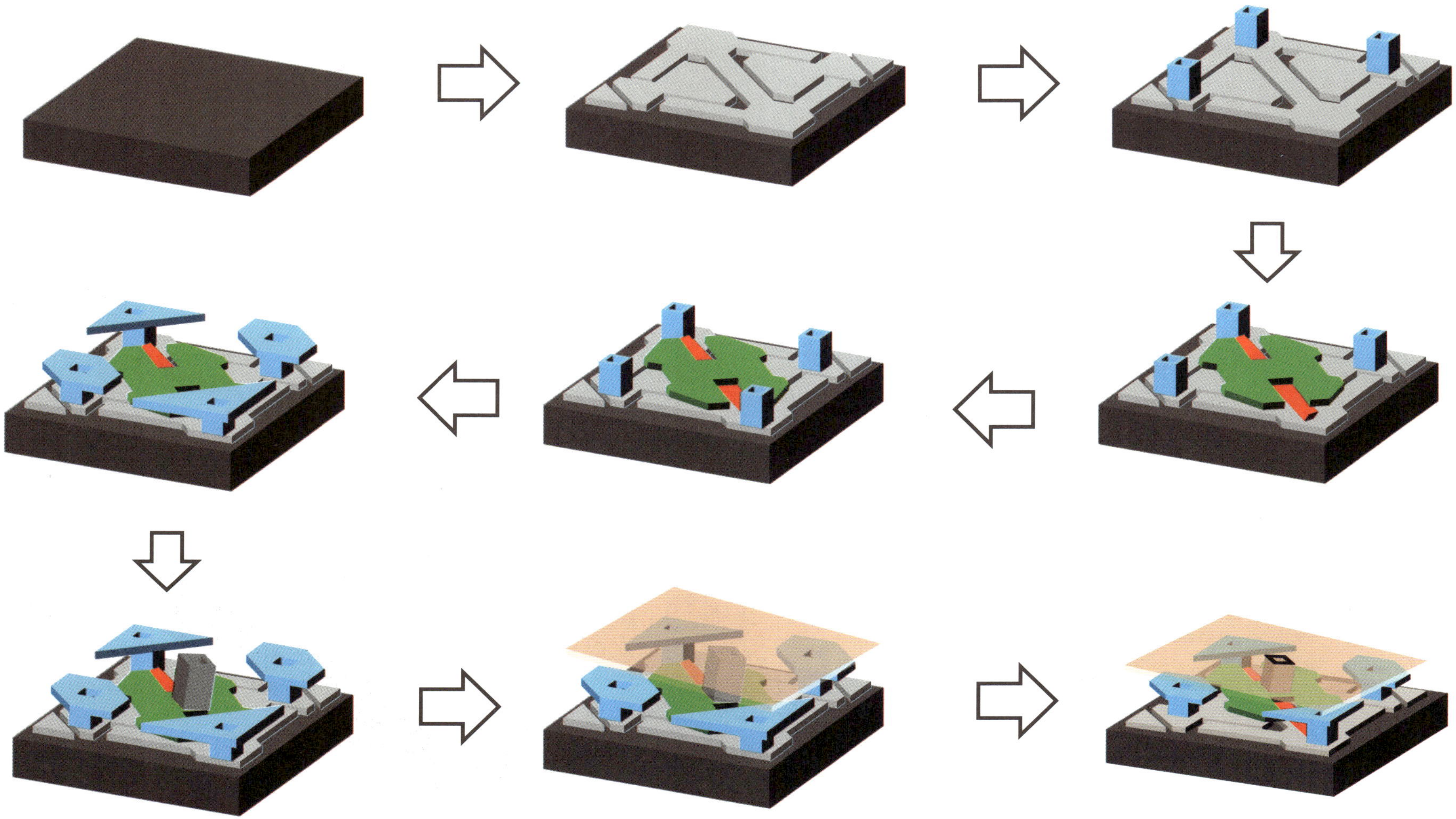

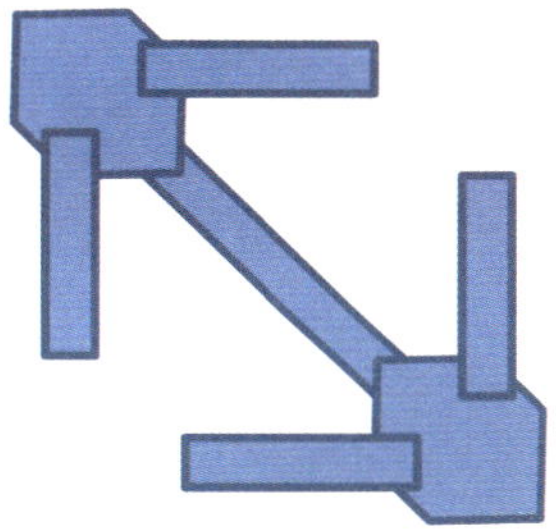

6각형과 4각형을 조합하고 도형 병합을 이용하여 그림을 완성

※ 그룹화되어 있지 않은 경우 회전요소들이 뒤틀어지는 경우가 있음

도형 병합을 통해서 완성된 그림을 그룹화하여 깊이 값과 3차원 회전 요소를 적용

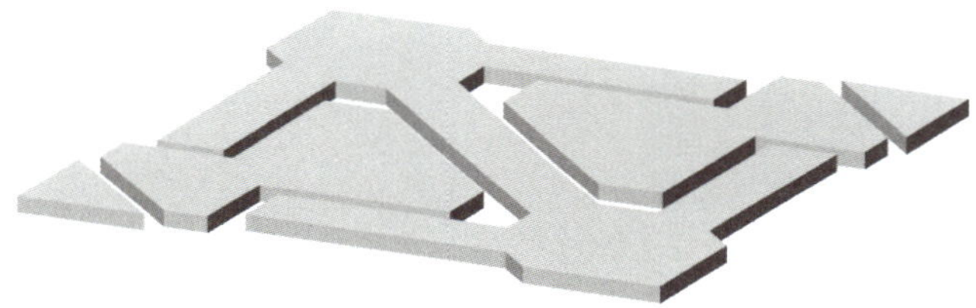

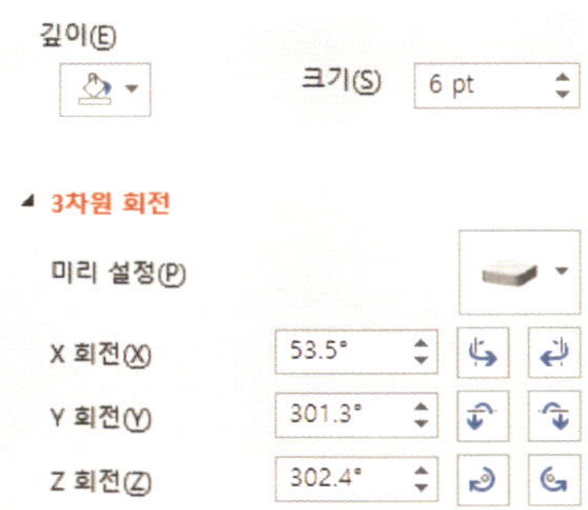

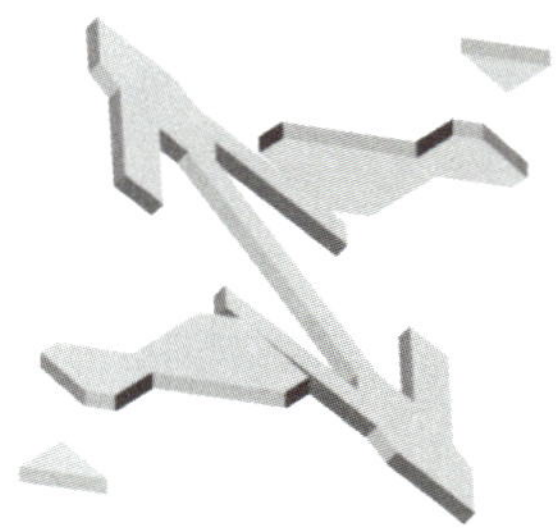

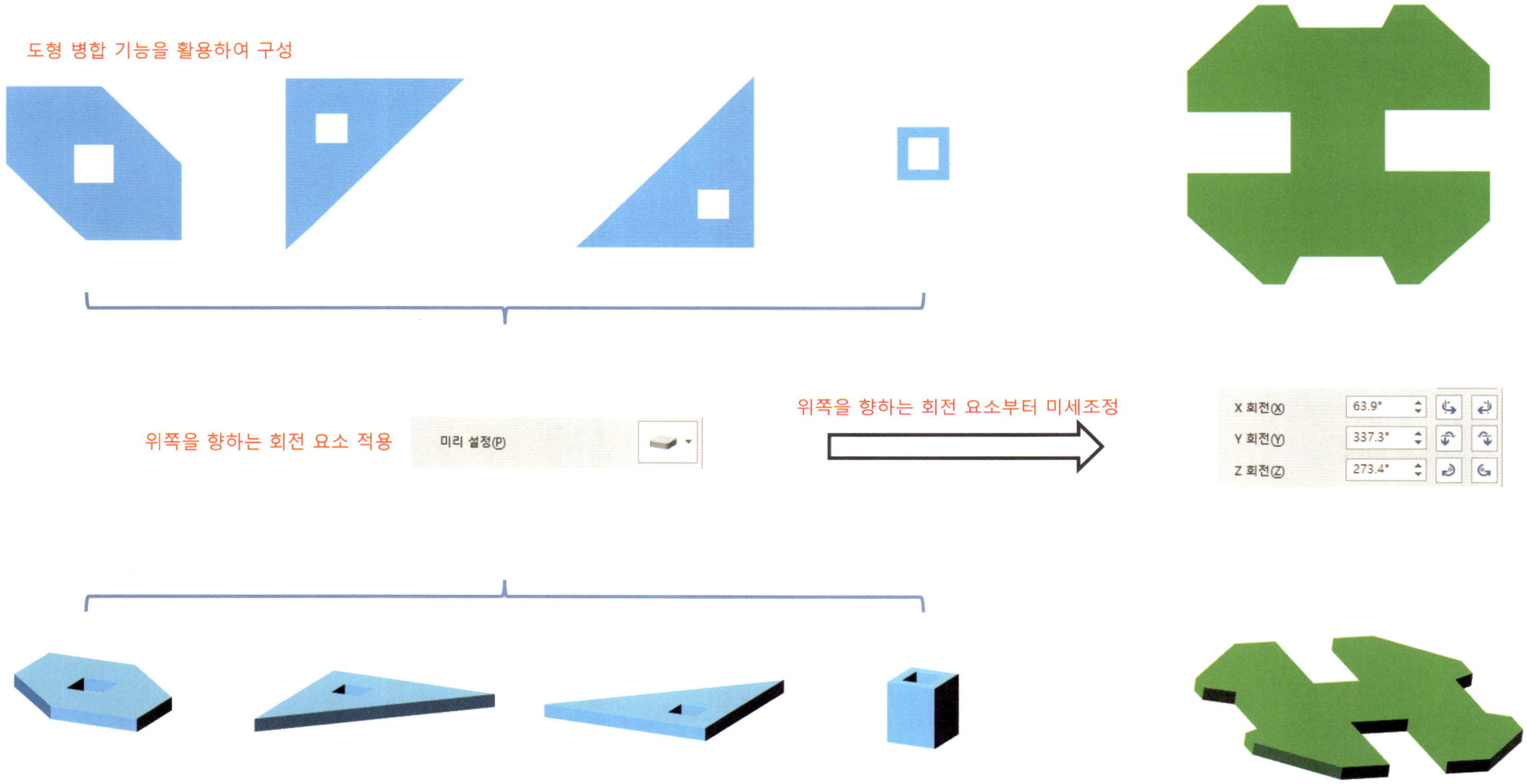
도형 병합 기능을 활용하여 구성
위쪽을 향하는 회전 요소 적용
미리 설정(P)
위쪽을 향하는 회전 요소부터 미세조정
X 회전(X) 63.9°
Y 회전(Y) 337.3°
Z 회전(Z) 273.4°

31 도형 편집 기능의 응용: 디지털 미러 프로젝터

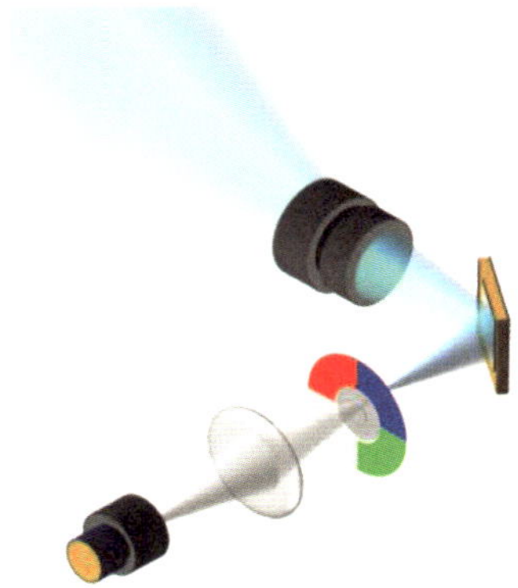

디지털 미러 프로젝터는 디지털 미러 소자가 배열되어 있는 디바이스를 이용하여 RGB 삼원색의 빛을 각각 반사시켜 화면을 구성하는 프로젝터이다. 디지털 미러 프로젝터의 구성요소는 광원, 집광 렌즈, 색상판, 디지털 미러 디바이스, 렌즈 등이다. 그림을 분해하면 전체 15개의 개체로 구성되어 있다. 이 중 일부 개체는 그림으로 변환한 후에 자르기를 통해서 얻게 되며 왼쪽의 완성된 그림도 그림으로 변환한 후에 자르기를 이용해서 얻은 그림이다.

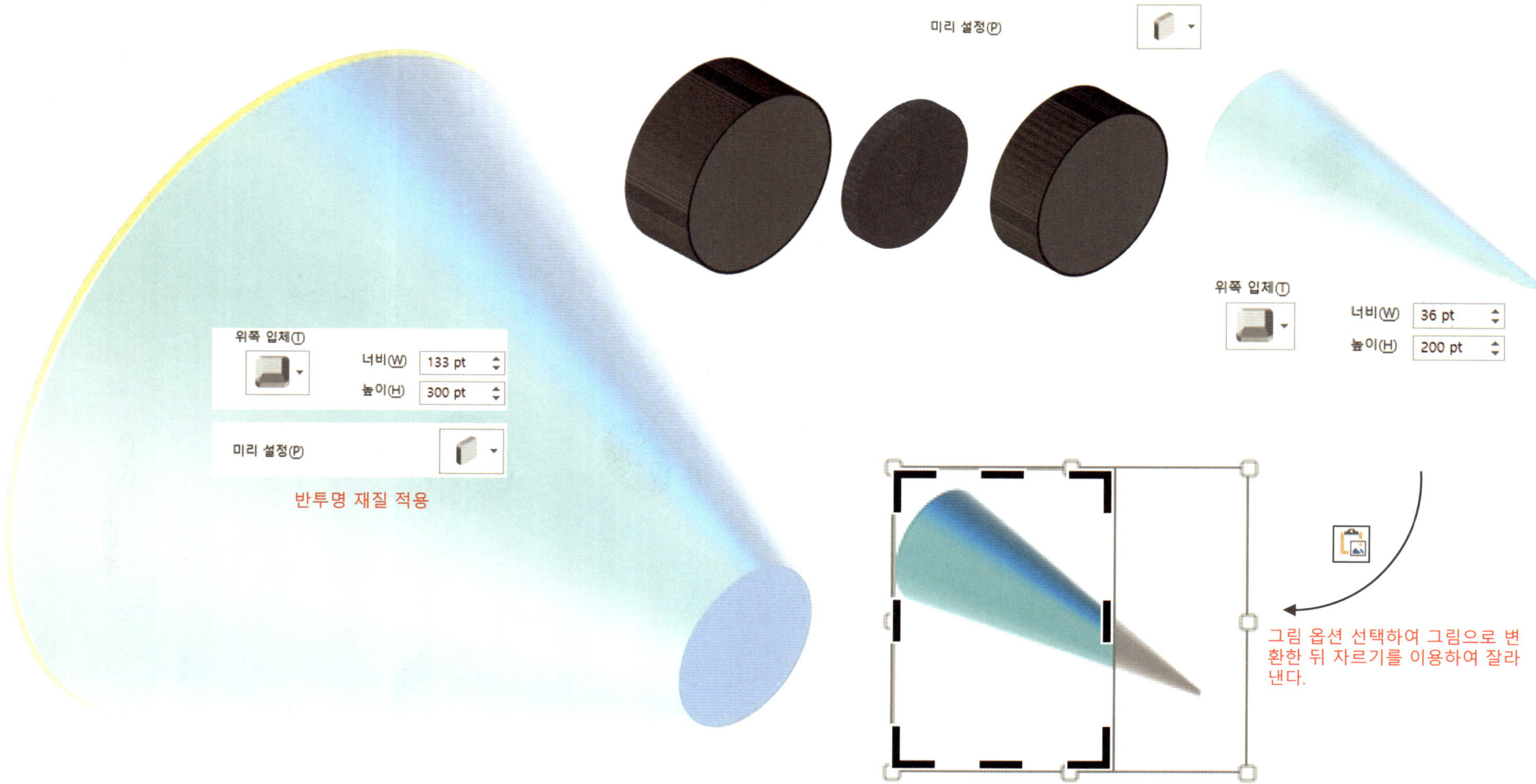
미리 설정(P)
위쪽 입체(T)
너비(W) 36 pt
높이(H) 200 pt
위쪽 입체(T)
너비(W) 133 pt
높이(H) 300 pt
미리 설정(P)
반투명 재질 적용
그림 옵션 선택하여 그림으로 변환한 뒤 자르기를 이용하여 잘라낸다.

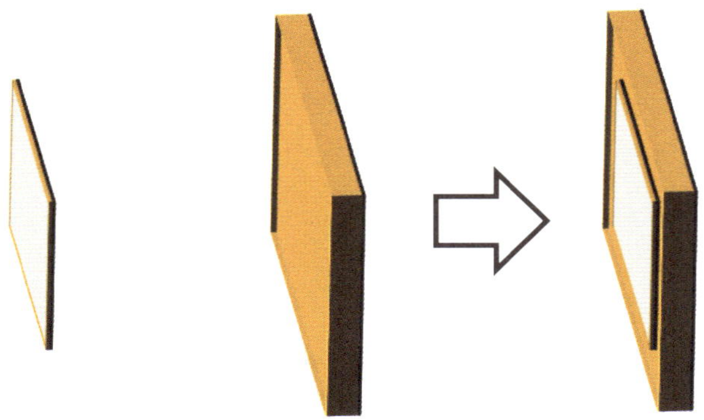

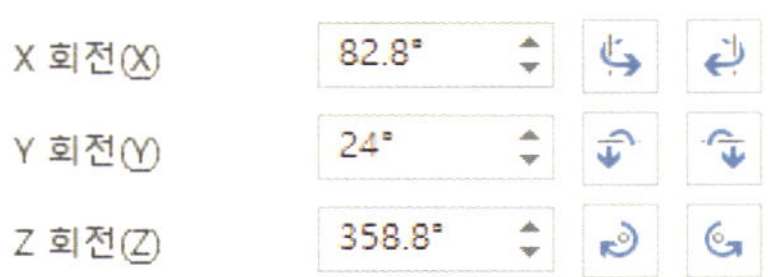

디지털 미러 부분은 두 개의 평면을 겹쳐서 표현하였으며 각도를 적절하게 조절하여야 한다.

나머지 도형들은 이전 페이지에서 표현된 도형에 직교하는 방향으로 향하고 있다.

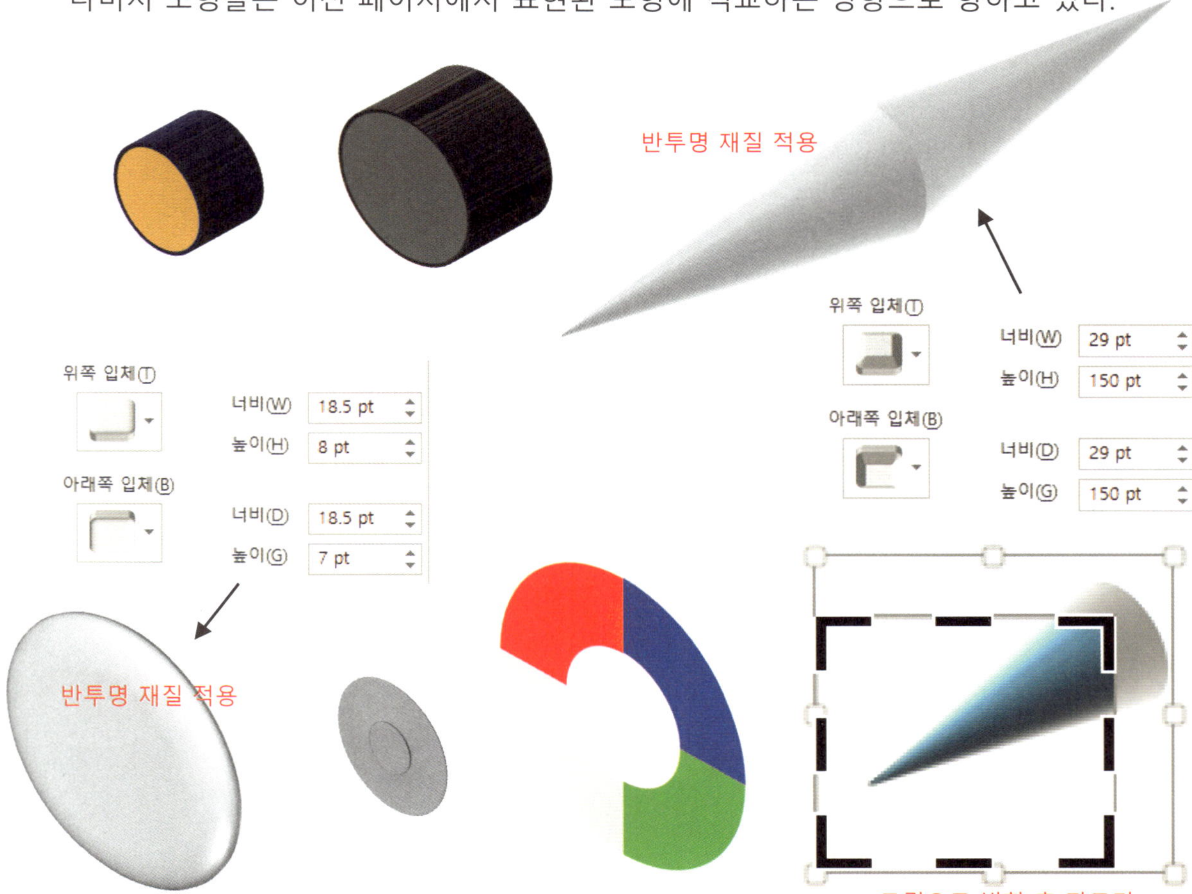

32 도형 편집 기능의 응용: 광학 현미경

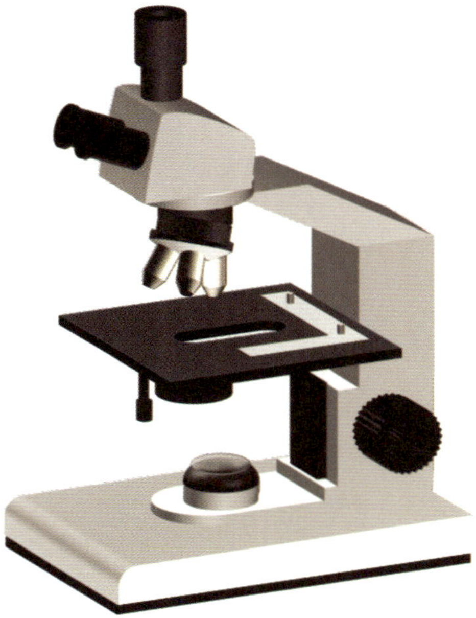

왼쪽 그림은 광학현미경을 표현한 그림이다. 복잡한 구조를 가지고 있기 때문에 많은 수의 구성요소로 이루어져 있다. 하지만, 위쪽 부분을 제외하면 비교적 단순한 구조의 개체들을 쌓아 놓은 형태이다. 전체를 한꺼번에 설명하는 것은 어렵기 때문에 아래와 같이 부분적으로 나누어 설명하고자 한다.

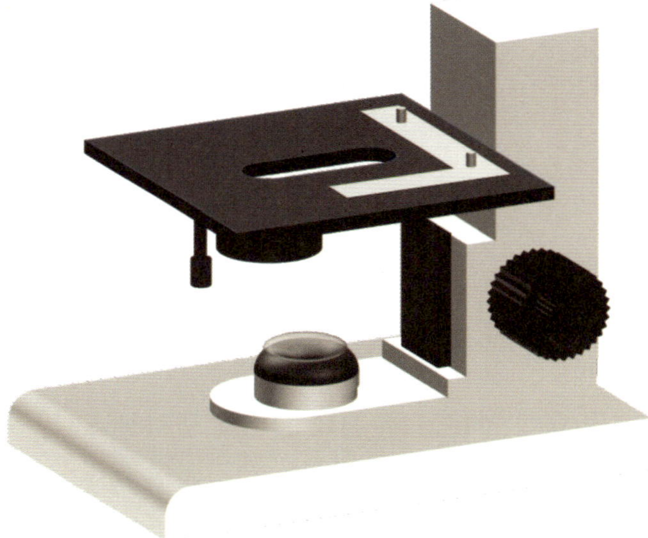

먼저 현미경 위쪽 부분은 총 15개의 개체로 구성되어 있다. 접안렌즈 부분이 7개의 개체이며 경통 부분이 2개, 대물렌즈 부분이 5개, 몸체 부분이 1개이다. 위치관계를 고려하여 각각의 개체를 잘 배치해야 한다.

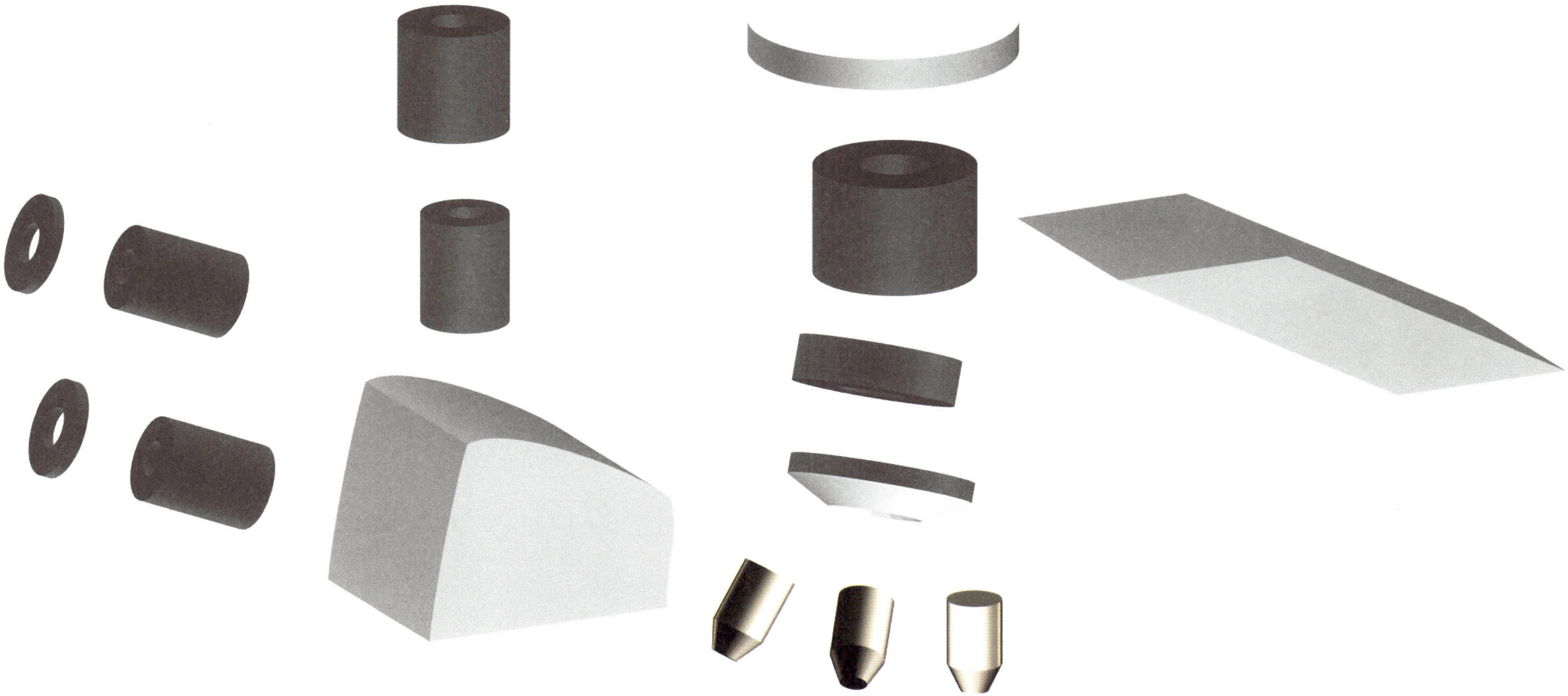

접안렌즈는 원통 두 개를 겹쳐서 구성하였으며 적절한 회전요소 값이 요구된다.

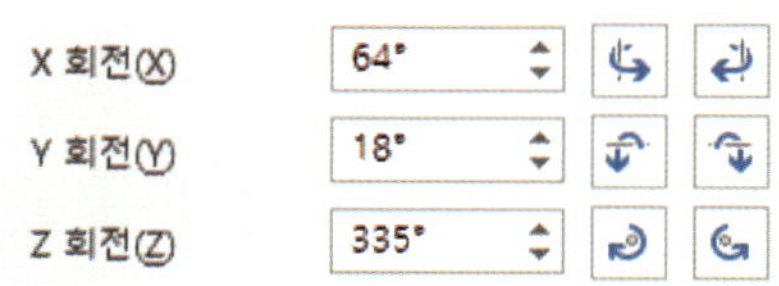

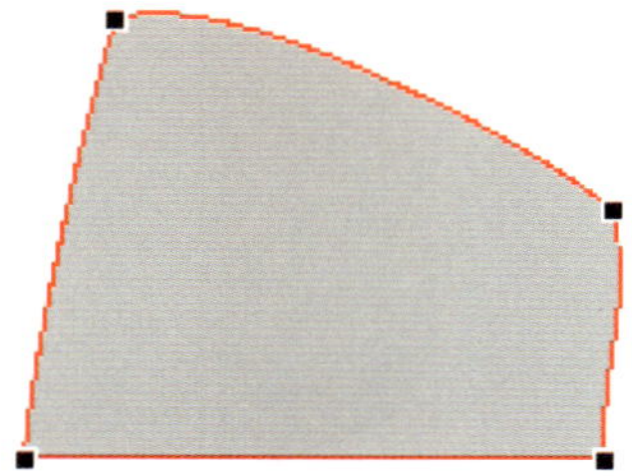

점편집을 활용하여 모양을 만든 다음 깊이값과 회전요소를 부여한다.

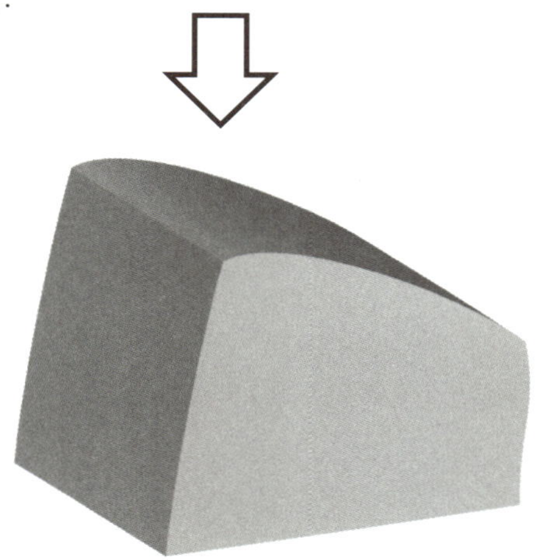

카메라 연결부위는 위쪽을 향하는 원통 두 개를 겹쳐서 표현하였다.

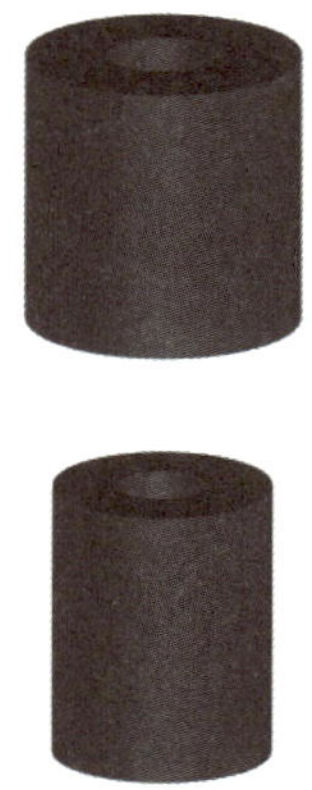

경통 부위는 위쪽을 향하는 원반과 원통을 겹쳐서 표현하였다.

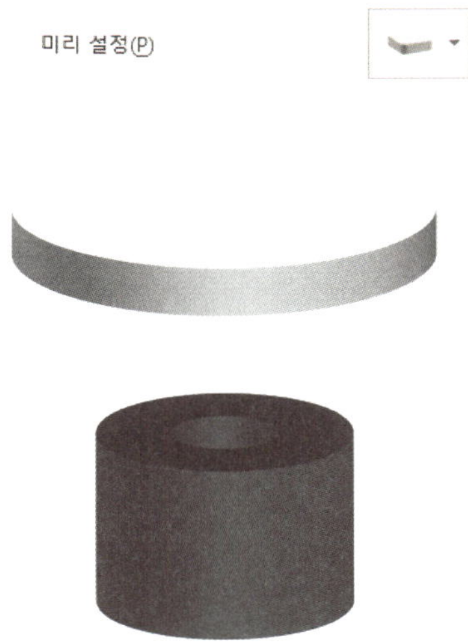

렌즈터렛 부분은 원통 두 개를 연결하여 표현하였다. 위쪽 방향의 개체를 적절히 회전시켜야 한다.

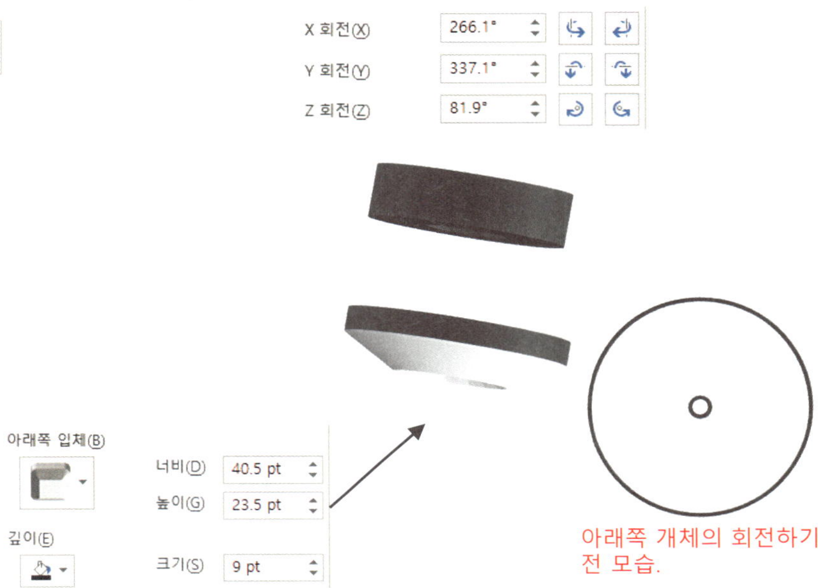

아래쪽 개체의 회전하기 전 모습.

몸체 연결부위는 평형사변형에 깊이 값과 회전 요소를 부여하여 표현하였다.

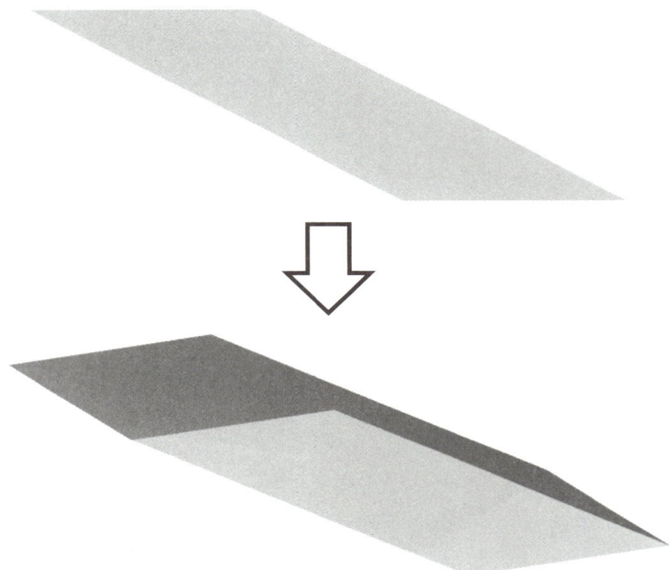

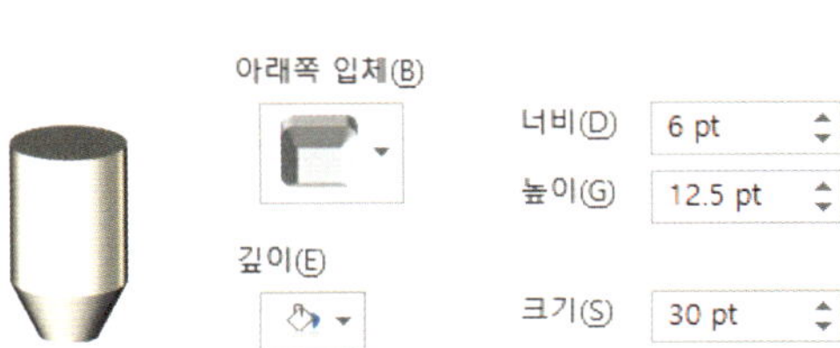

대물렌즈의 입체 값과 깊이 값

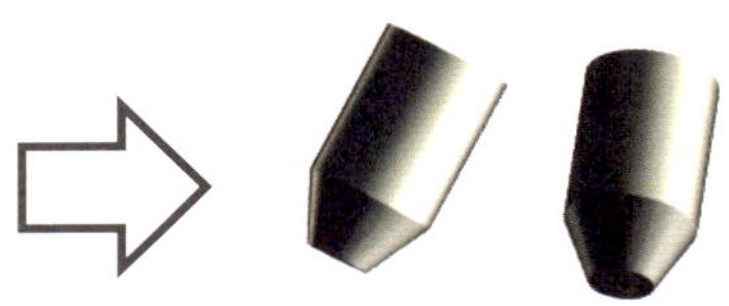

대물렌즈는 한 개의 개체를 적절히 회전시켜 표현하였다.

몸통 부분과 샘플 스테이지 부분은 전체 12개의 개체로 구성된다. 대부분 기본도형으로 구성되어 있으며 일부의 개체의 경우 도형 병합을 활용하여 얻게 된다. 각 개체에 높이값 또는 깊이값을 적절히 조정하여 입체감을 부여한다.

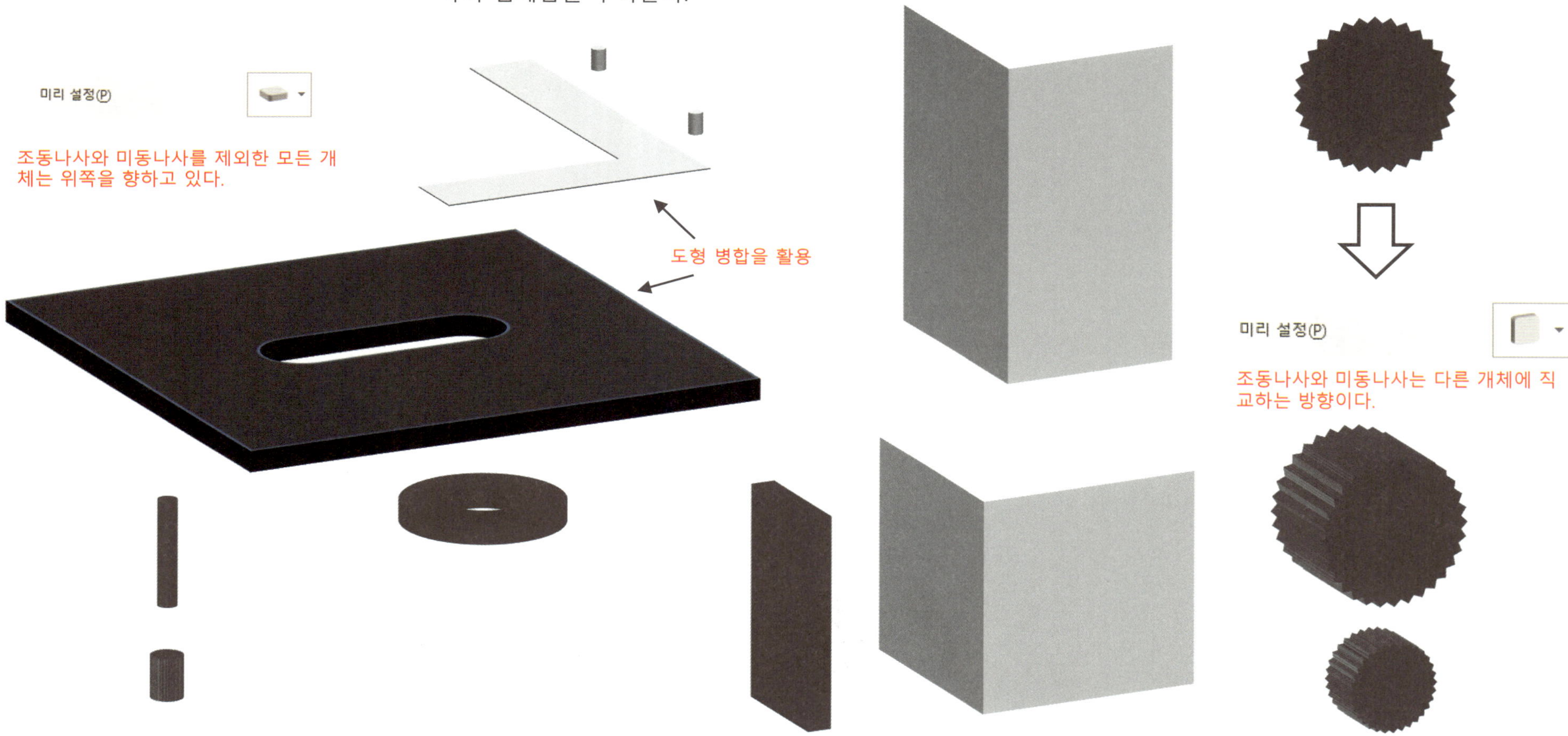

현미경의 광원부분과 본체 아래쪽 부분으로 비교적 단순한 구조의 개체들이 활용되고 있으며 대부분의 개체가 위쪽 방향을 향한다. 다만, 위쪽 방향을 향하는 개체로 표현이 불가능한 모양은 직교하는 방향의 이미지를 활용할 필요가 있다.

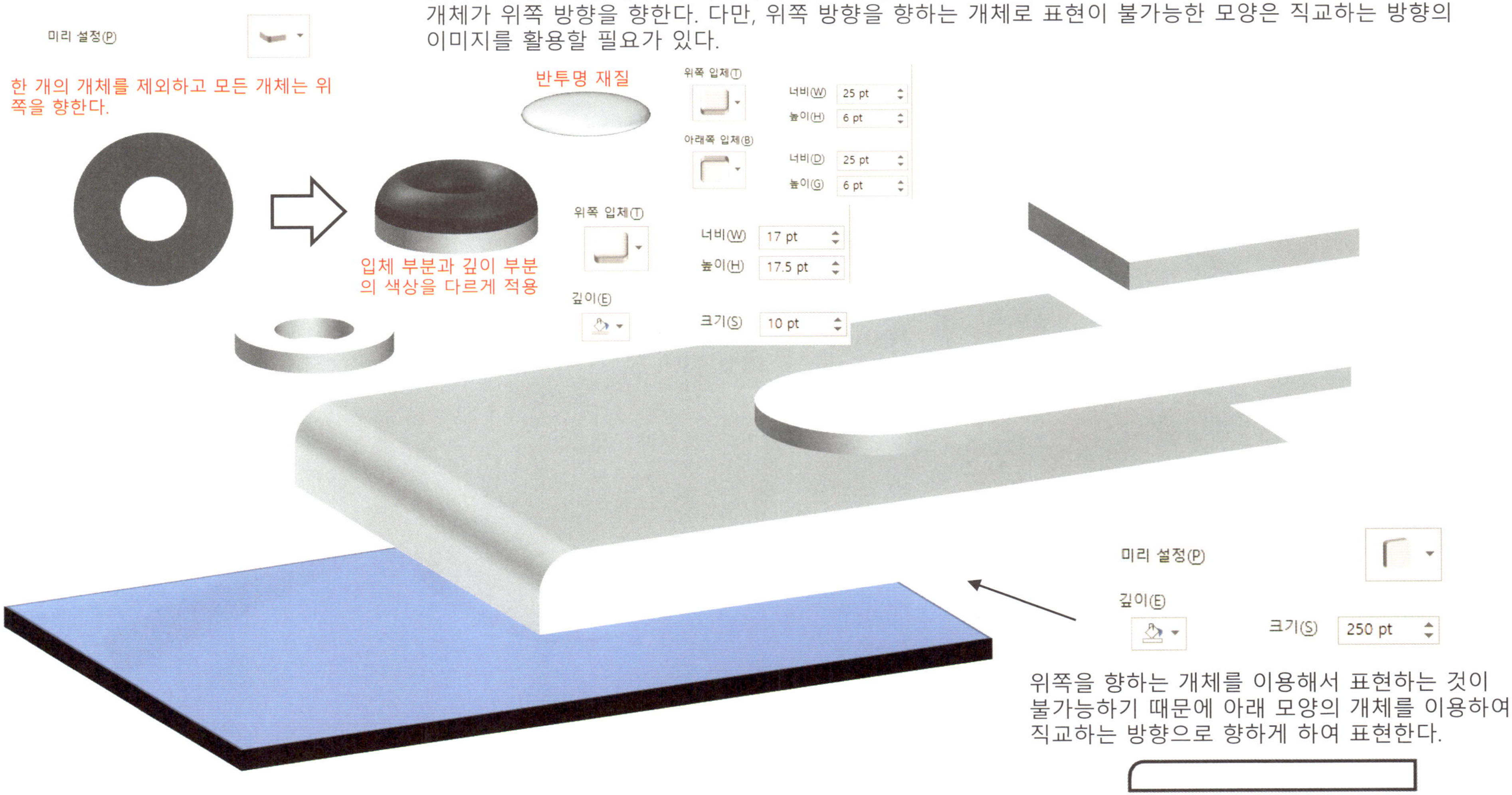

33 도형 편집 기능의 응용: 혈액 투석막

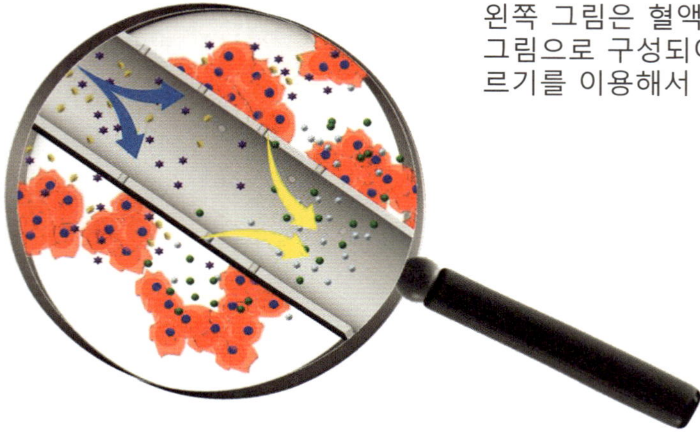

왼쪽 그림은 혈액투석을 이용한 인공 간을 표현한 모식도이다. 확대경 부분과 세포 및 투석막을 나타낸 그림으로 구성되어 있다. 세포 및 투석막을 표현한 그림의 경우 이미지 변환을 통해서 얻어진 그림을 자르기를 이용해서 얻는다.

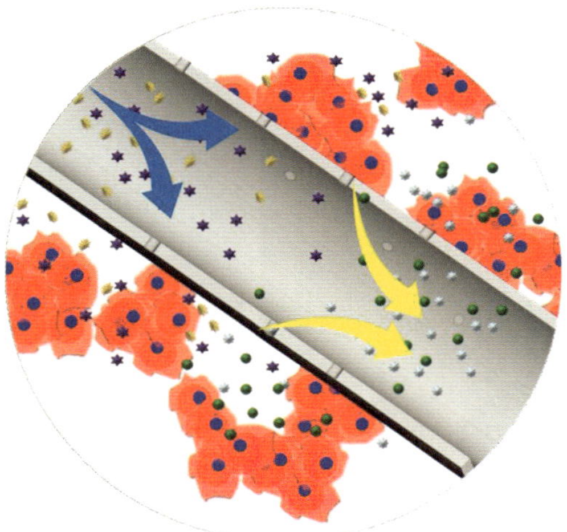

확대경 부분은 다음 4개의 개체로 간단하게 구성할 수 있다. 다만 적절한 회전값을 부여해야 한다. 아래 개체들은 실제 편집 당시 이미지 크기의 ½ 크기로 표현되어 있다.

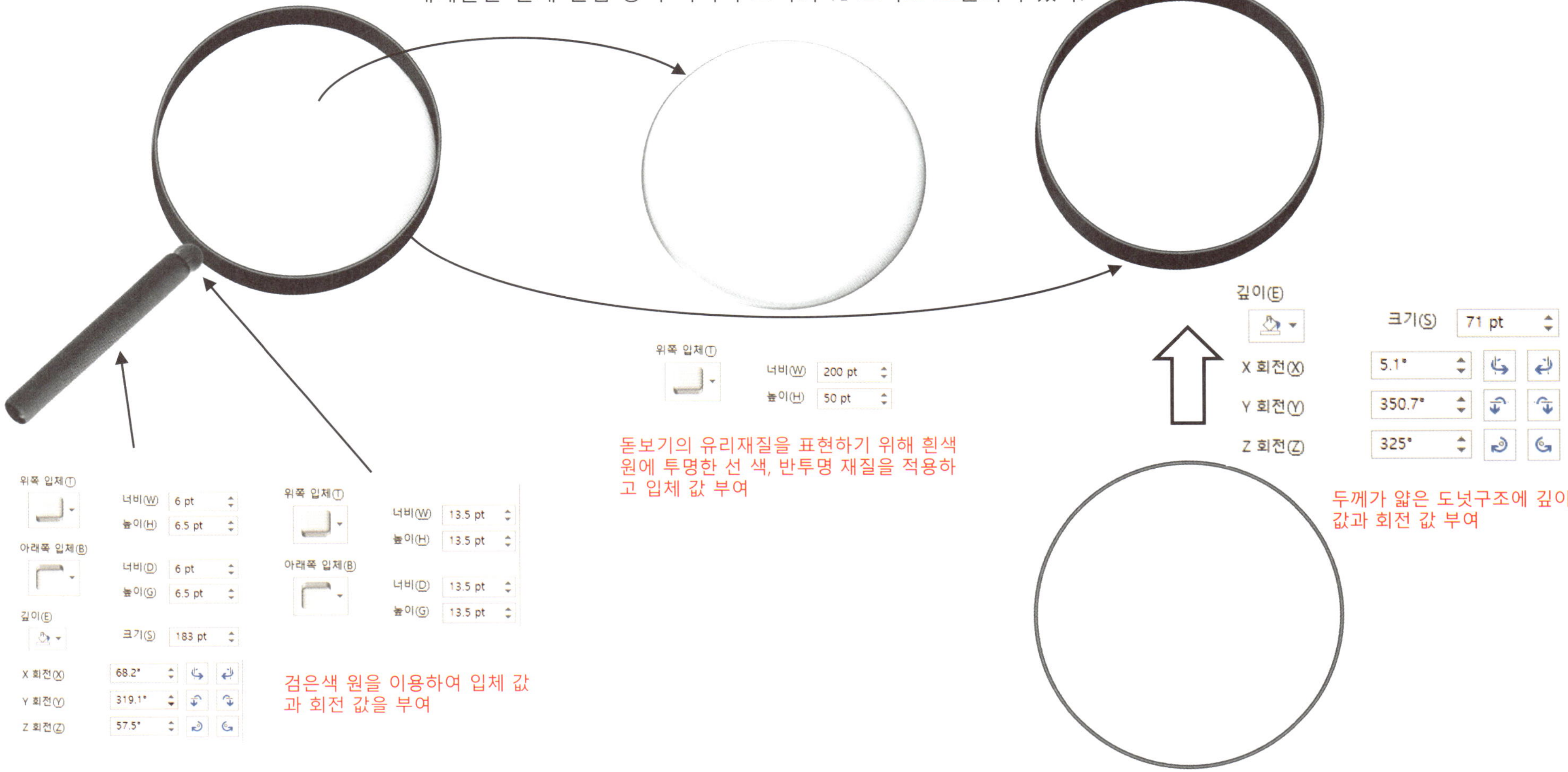

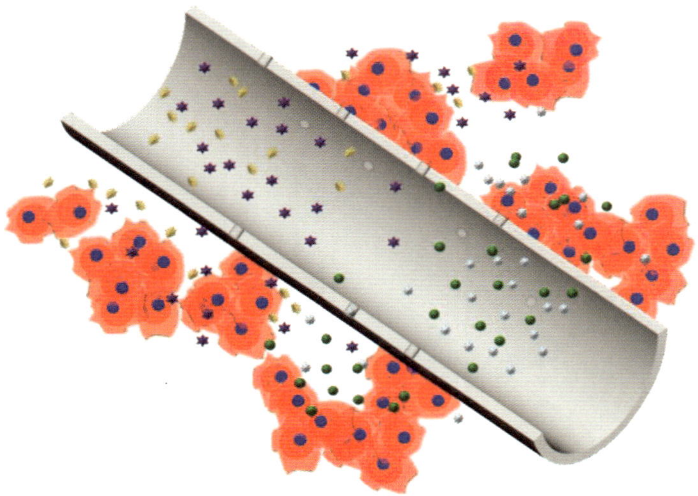

세포 및 투석막의 원형으로 자르기 전의 이미지이다. 작업의 편의성을 위해서 실제 작업 시에는 확대된 이미지를 사용하였으며 왼쪽 그림은 원본 이미지를 ½로 축소한 것이다. 동일한 이미지를 여러 번 복사해서 활용하고 있다.

세포를 구성하는 개체들

왼쪽 개체들을 겹쳐서 세포를 표현하였으며 그림으로 변환 후에 복제 회전을 활용하여 세포 수를 늘이는 방법을 활용

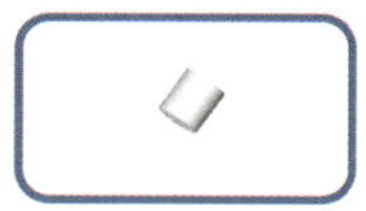

투명재질의 원기둥을 만들고 적절히 회전시켜 투석막 막 위의 구멍을 표현하기 위해 활용

각종 입자들

기본 도형들에 입체감을 부여하고 복제하여 개체 수를 늘이는 방법을 활용

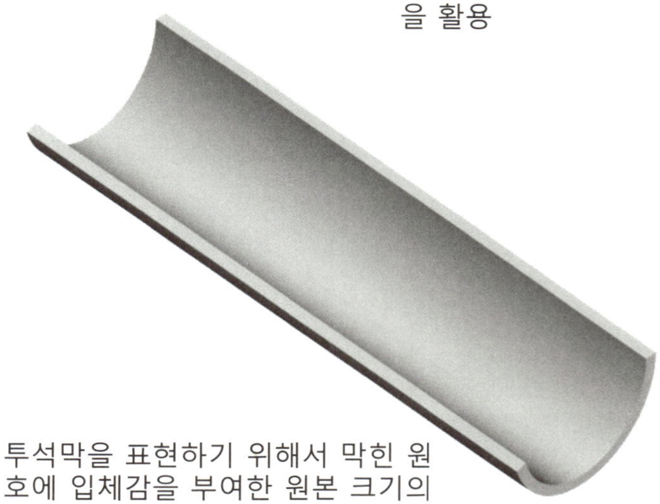

투석막을 표현하기 위해서 막힌 원호에 입체감을 부여한 원본 크기의 ½ 이미지

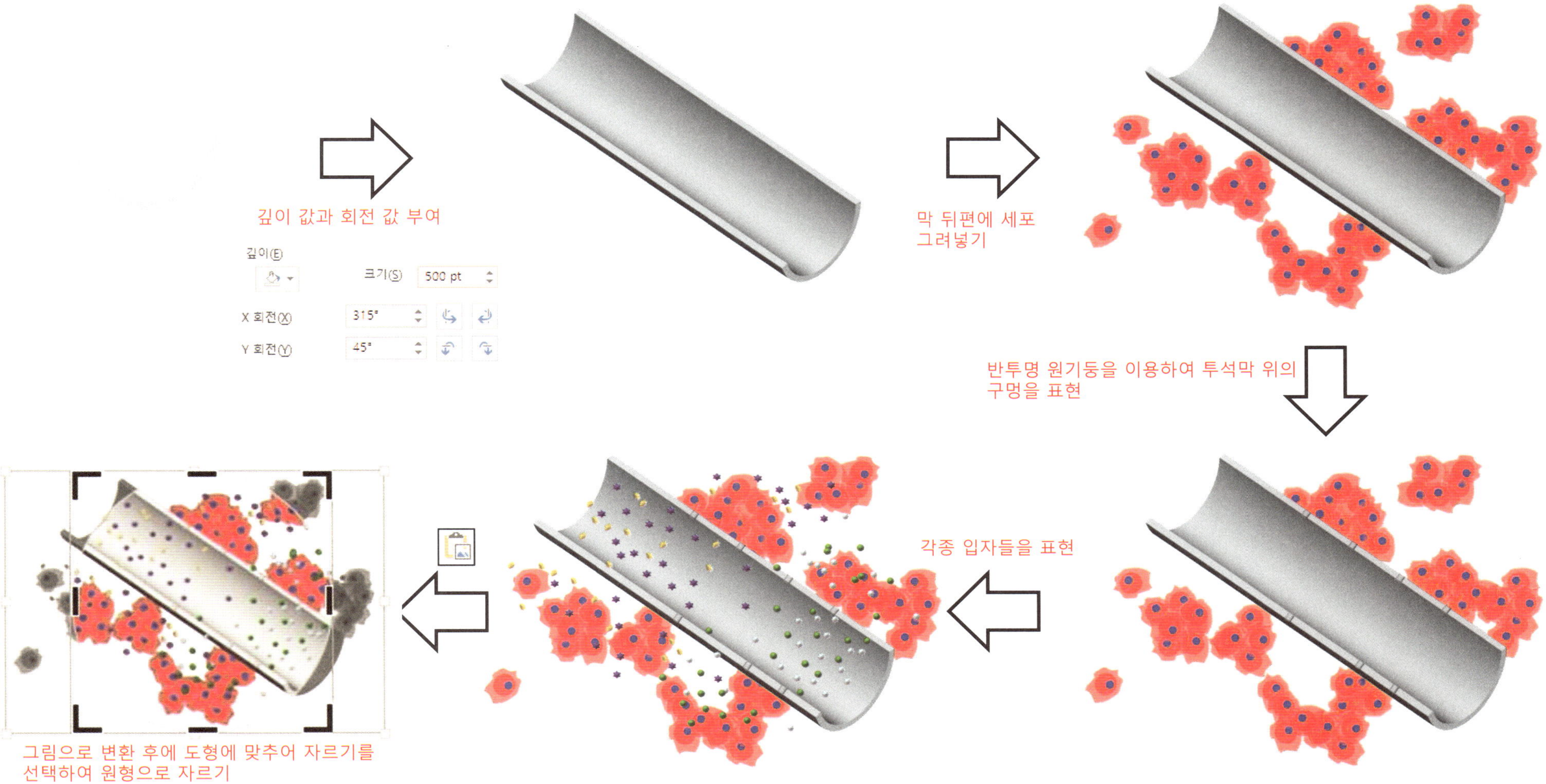
깊이 값과 회전 값 부여
깊이(E)
크기(S)
500 pt
X 회전(X)
315°
Y 회전(Y)
45°
막 뒤편에 세포
그려넣기
반투명 원기둥을 이용하여 투석막 위의
구멍을 표현
각종 입자들을 표현
그림으로 변환 후에 도형에 맞추어 자르기를
선택하여 원형으로 자르기

이공계 학생을 위한
파워포인트로
이미지 만들기

05

전환/애니메이션의 활용

파워포인트를 이용한 프레젠테이션에서 빼 놓을 수 없는 기능이 애니메이션이다. 애니메이션 기능을 효율적으로 활용하면 파워포인트 프레젠테이션에 강력한 힘을 불어 넣을 수 있다.

이 장에서는 파워포인트 애니메이션의 활용법에 대해서 다루고자 한다.

이공계 학생을 위한
파워포인트로
이미지 만들기

전환과 애니메이션

전환과 애니메이션은 프레젠테이션에 동적인 요소를 제공함으로써 활력을 불어넣을 수 있는 기능이다. 전환은 이전 슬라이드에서 다음 슬라이드로 전환되는 과정을 제어하는 기능을 한다. 파워포인트에서는 다양한 형태의 슬라이드 전환효과를 제공하고 있으며 각각의 슬라이드에 효과를 적용할 수 있다.

애니메이션은 한 개의 슬라이드 내에서 특정개체의 움직임을 제어하는 기능이다. 슬라이드 내의 개체를 특정 시점에 나타나게 할 수도 사라지게 할 수도 있으며 확대/축소/이동 등의 다양한 기능을 제공한다. 개체들의 움직임을 시간적으로 제어할 수 있으며 서로 다른 두 가지 이상의 효과를 동시에 적용하는 것도 가능하다.

파워포인트를 이용한 프레젠테이션을 해본 대부분의 사람이라면 특정 문구나 이미지를 강조하기 위해 전환이나 애니메이션 메뉴를 이용한 간단한 효과를 활용해 본 적이 있을 것이다. 하지만, 파워포인트의 애니메이션은 매우 다양하고 강력한 기능들을 보유하고 있으며 효율적으로 활용될 경우 다양한 효과를 발휘할 수 있게 된다. 단순한 강조의 차원을 넘어서 동영상에 가까운 효과를 얻어 낼 수도 있다.

전환과 애니메이션은 동적 효과를 제어하는 기능이기 때문에 지면상에서 애니메이션을 통해 발생되는 이벤트에 대해서 설명하는 것에는 한계가 있다. 따라서 이 책에서는 몇몇 예제를 제공할 것이며 효과에 대해서는 제공되는 파일을 통해서 확인할 수 있도록 하였다. 애니메이션의 기능을 익히기 위해서는 직접 다양한 옵션들을 실행해 보면서 연습을 하는 것이 좋을 것이다.

모든 애니메이션 효과에 대해서 상세한 설명을 하는 것은 어렵기 때문에 이 장에서 제공하는 애니메이션 효과는 매우 제한적이지만, 여러 가지 효과들을 적용하여 다양한 효과들을 만들어 낼 수 있을 것이다.

1 전환 메뉴

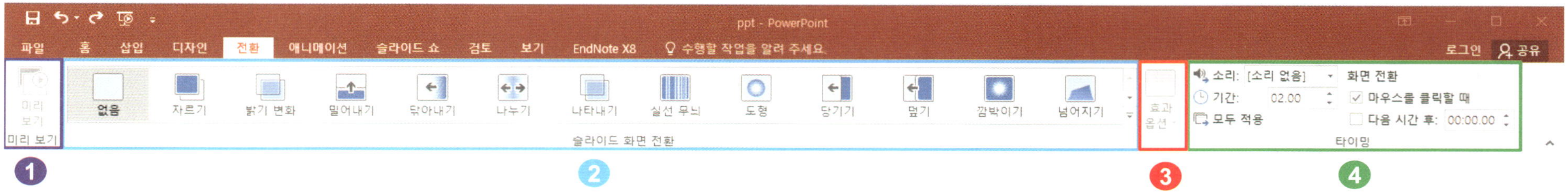

1. 전환 효과가 적용된 슬라이드에서 활성화되며 적용된 전환 효과를 확인할 수 있다.
2. 전환 효과를 설정하기 위한 메뉴이다.
3. 적용된 전환 효과에 옵션이 있는 경우 활성화되며 마우스 클릭 시 드롭다운으로 옵션의 형태가 확인된다.
4. 전환 효과가 발생되는 시간과 소리 효과 및 타이밍을 조절하는 메뉴이다.

커튼 효과를 이용한 슬라이드 전환의 예

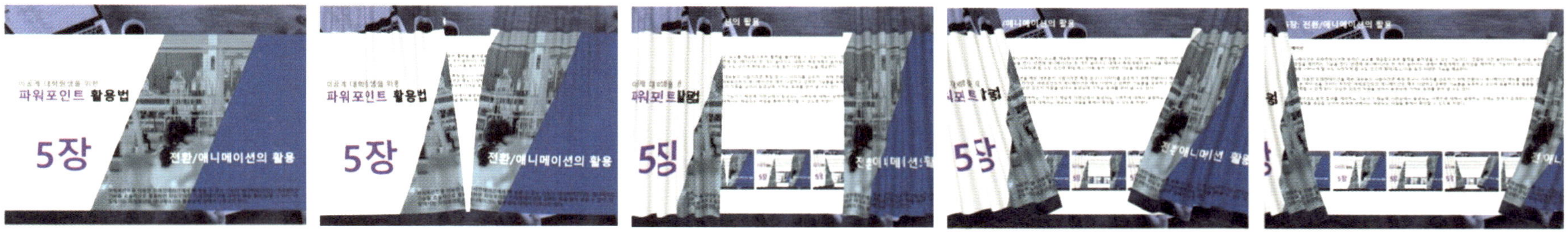

2 전환 효과

전환에 제공되는 효과들로 각각을 선택하여 어떠한 동작이 일어나는지 확인하고 적용하는 것이 가능하다.

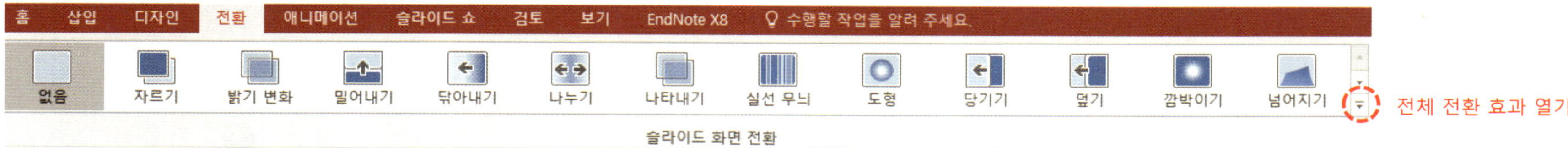

3 전환 효과 옵션

슬라이드 전환에 사용되는 효과에 대해서 옵션이 있는 경우 효과 옵션을 클릭하면 드롭 다운으로 메뉴가 생성이 된다.

효과 옵션의 예들

옵션의 종류는 전환 효과에 따라서 달라지며 대부분의 경우 전환 효과가 일어나는 방향과 형태에 대한 제어가 포함되어 있다.

각각의 전환 효과에 대해서 지면상에서 설명하는 것은 불가능하기 때문에 별도로 설명하지 않는다. 파워포인트상에서 확인하면서 선택할 수 있기 때문에 슬라이드 전환에 효과를 적용하는 것은 크게 어렵지 않을 것이다.

4 전환 타이밍

전환 메뉴의 가장 오른쪽에 타이밍 영역에서는 슬라이드 전환에 소요되는 기간, 타이밍의 제어가 가능하다.

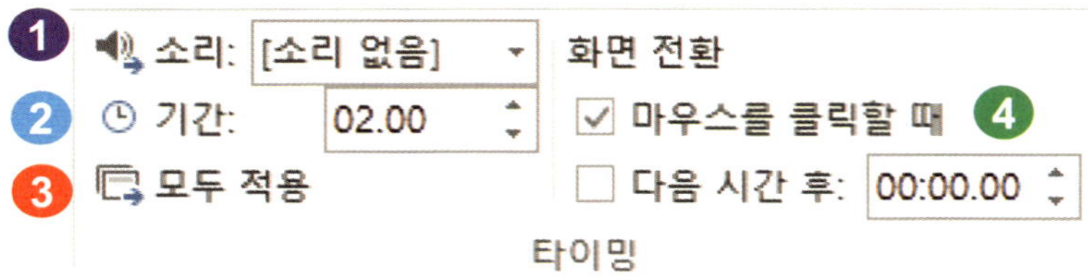

파워포인트에서 제공하고 있는 다양한 소리들

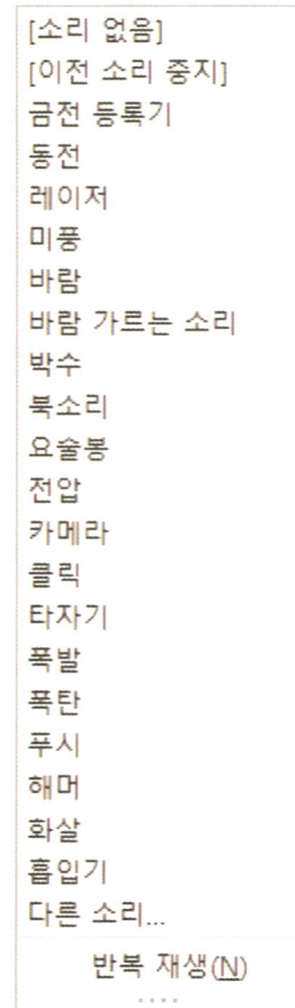

1. 슬라이드 전환 시에 각종 음향효과를 부여할 수 있다. 파워포인트에서 제공하고 있는 다양한 소리들이 있으며 다른 소리를 선택하여 녹음된 소리를 사용할 수도 있다.

2. 슬라이드 전환에 소요되는 시간을 조절할 수 있다. 현재 이미지는 2초로 설정되어 있는 모습이다.

3. 현재 슬라이드에 적용되어 있는 전환 효과를 모두 적용을 클릭함으로써 전체 슬라이드에 적용할 수 있다.

4. 슬라이드 전환을 마우스를 이용해서 제어하거나 이전 전환 효과로부터 일정시간 후에 전환되도록 설정할 수 있다.

5 전환 효과: 모핑

슬라이드 화면 전환 방법으로 파워포인트 2016 버전 이상에서 모핑 기능이 추가되었다. 하지만 구버전의 파워포인트에서는 모핑 기능을 사용할 수 없기 때문에 모핑을 이용한 슬라이드 전환을 활용할 경우 프레젠테이션이 이루어지는 환경에 주의해야 한다.

모핑 기능은 슬라이드의 전환에 사용되지만 실제 효과는 애니메이션 효과와 비슷한 결과를 얻을 수 있으며 동적인 화면전환을 가능하게 해 주는 강력한 기능이다. 특정 개체에 다음 슬라이드에 복사한 뒤 변형을 가하면 화면이 전환되는 동안 이전 슬라이드의 개체가 다음 슬라이드의 변형된 모양으로 점진적으로 변화하게 된다. 화면 전환의 기간을 조절함으로써 개체의 변형속도도 조절이 가능하다. 여러 장의 슬라이드를 연속적으로 연결하여 한 개의 화면에서 일어나는 변화처럼 표현하는 것이 가능하다.

모핑 전환을 통한 직육면체의 이동

6 애니메이션 메뉴

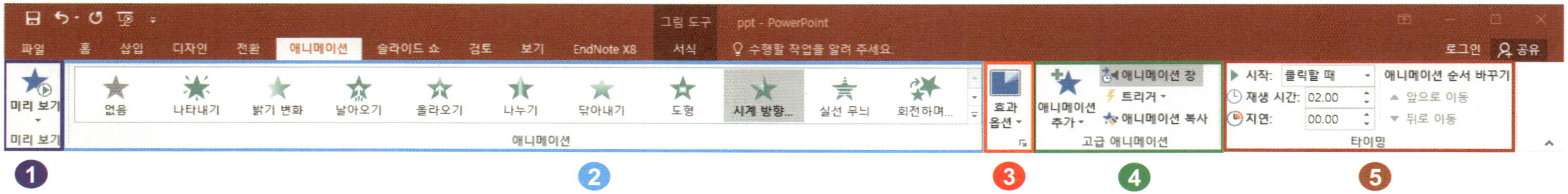

1. 슬라이드에 적용된 애니메이션들을 순차적으로 실행시켜보는 기능을 제공한다.
2. 개체에 적용 가능한 애니메이션들을 보여주고 있다. 전체 애니메이션을 스크롤할 수 있다.
3. 적용된 애니메이션에 옵션이 있는 경우 활성화되며 마우스 클릭 시 드롭다운으로 옵션의 형태가 확인된다.
4. 애니메이션이 이미 적용된 개체에 추가로 애니메이션을 적용할 수 있는 기능과 애니메이션의 조절, 복사 등의 기능을 제공한다.
5. 애니메이션이 시작되는 타이밍을 조절하는 기능을 제공한다.

시계방향 회전 효과를 적용한 개체의 나타나기의 예

7 애니메이션

파워포인트2016에서 제공하는 기본적인 애니메이션 효과들이다.

나타내기 효과는 개체가 나타나는 과정을 제어한다.

강조 효과는 애니메이션이 적용된 개체에 다양한 효과를 적용하여 강조하는 기능을 가진다.

끝내기 효과는 개체가 없어지는 과정을 제어한다.

이동경로 효과는 개체를 경로에 따라 이동시키는 효과를 가진다.

8 애니메이션 효과 옵션

전환과 마찬가지로 애니메이션에 사용되는 효과에 대해서 옵션이 있는 경우 효과 옵션을 클릭하면 드롭 다운으로 메뉴가 생성이 된다. 애니메이션이 적용되는 개체가 텍스트인 경우에는 시퀀스 옵션이 추가된다.

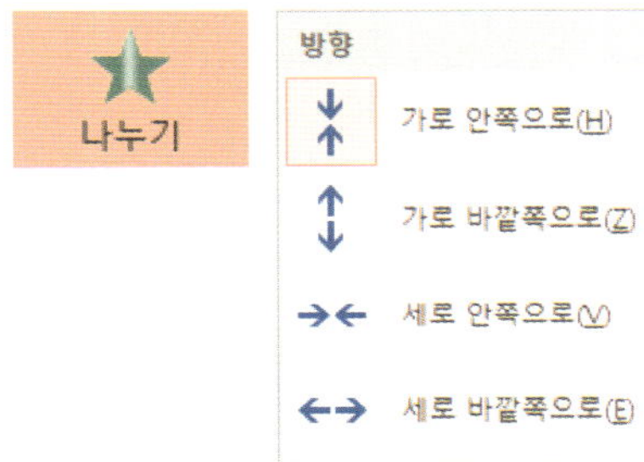

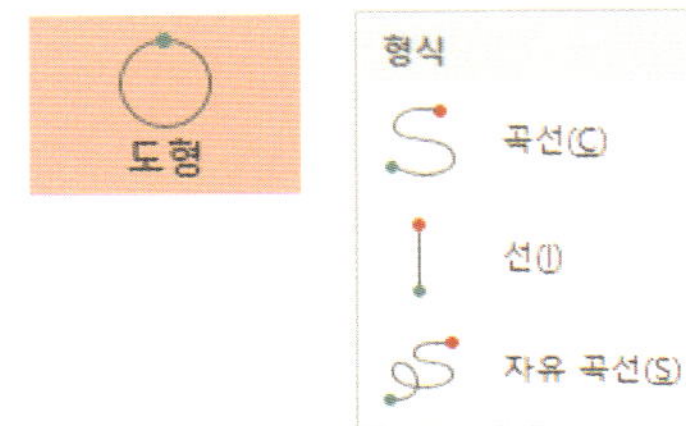

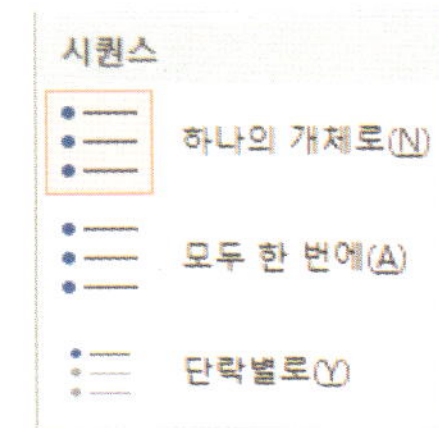

애니메이션 적용되는 개체가 텍스트의 경우 나타남

전환과 마찬가지로 효과 옵션의 종류는 애니메이션에 따라서 달라진다.

애니메이션 효과는 애니메이션의 사용 목적에 따라서 잘 선택해야 한다. 프레젠테이션에 애니메이션을 무분별하게 사용할 경우, 산만한 느낌을 주는 경우가 있기 때문에 주의를 기울여야 한다.

효과 옵션 하단의 ↘ 마크를 클릭하면 옵션을 제어할 수 있는 대화상자가 열리게 된다. 이미지의 경우 효과 탭과 타이밍 탭이 열리게 되며 텍스트의 경우에는 텍스트 애니메이션 탭이 추가된다.

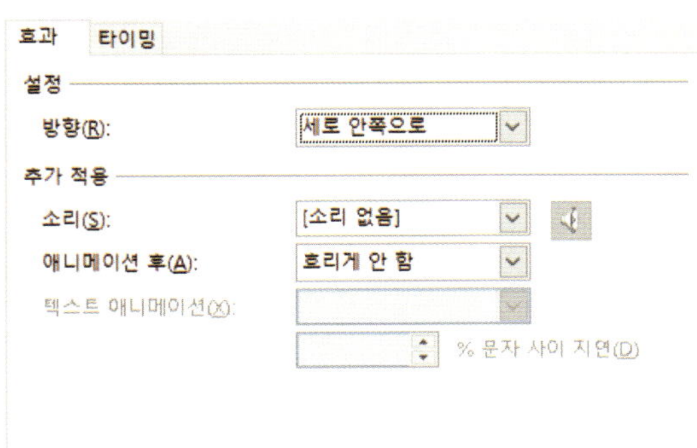

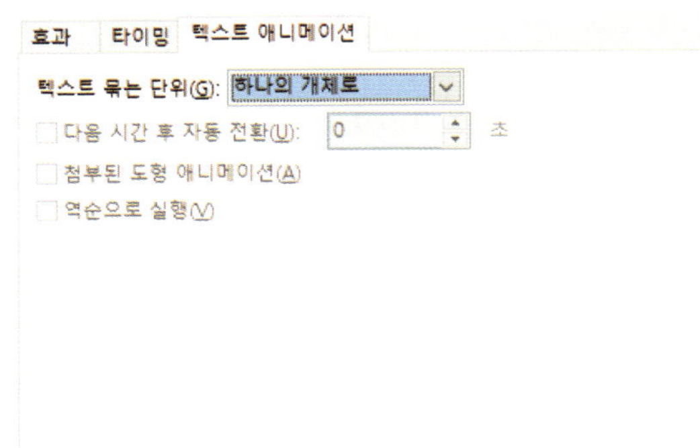

9 애니메이션 효과 옵션 대화상자

1. 설정 메뉴는 애니메이션의 종류에 따라 달라지며 효과 옵션을 클릭하였을 때 나타나는 드롭 다운 메뉴와 일치한다.
2. 애니메이션 효과에 음향효과를 부여할 수 있게 해 준다.
3. 애니메이션이 적용된 개체를 효과 적용 이후 다른 색상으로 대체하거나, 보이지 않도록 할 수 있다. 오른쪽에 나타낸 옵션값을 가진다.
4. 애니메이션이 적용된 개체가 텍스트인 경우에 활성화된다. 애니메이션의 적용을 단어 또는 문자단위로 바꿀 수 있다. 한꺼번에, 단어단위로, 문자 단위로, 이렇게 세 가지 옵션값을 가진다.
5. 텍스트에 적용된 애니메이션이 단어 또는 문자 단위로 지정된 경우 문자 사이에 지연간격을 %로 조정할 수 있다.

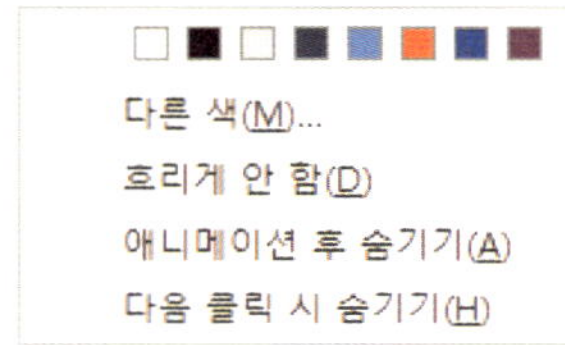

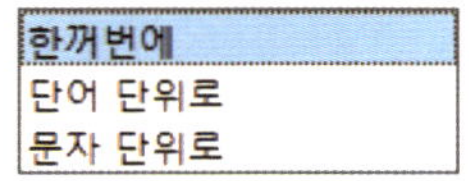

타이밍 탭

1. 애니메이션 효과의 시작을 마우스 클릭이나, 이전 효과와 함께 또는 이전 효과 다음에 진행될 수 있도록 해 준다.
2. 앞서 결정된 이벤트 시작으로부터의 애니메이션의 지연시간을 결정한다.
3. 애니메이션이 재생되는 데 걸리는 시간을 결정한다.
4. 애니메이션의 반복 재생여부를 결정한다.
5. 체크 시 애니메이션의 종료 후 원래의 초기상태로 되돌아간다.
6. 고급 애니메이션의 트리거에 해당된다. 특정 개체를 클릭하거나 마우스를 클릭했을 때 애니메이션의 재생이 시작되도록 설정할 수 있다.

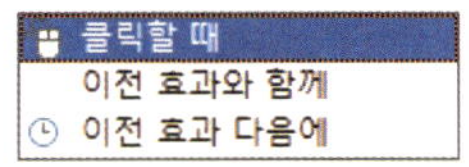

타이밍 탭의 내용은 대부분 고급 애니메이션과 타이밍 메뉴의 내용들과 중복된다.

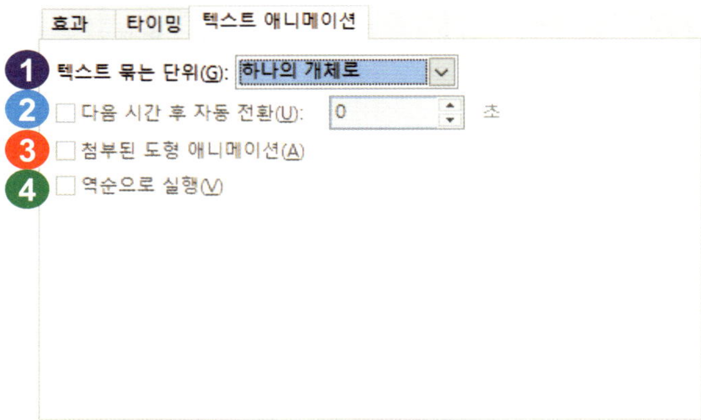

1. 텍스트가 여러 개의 단락으로 구성되어 있을 때 처리방식을 결정한다. 오른쪽에 표시된 옵션이 제공되며 단락에 하위 수준이 있을 경우 어느 수준까지 동시에 이벤트가 진행될 것인지를 결정하게 된다.
2. 텍스트를 단락 단위로 처리할 경우 활성화되며 정해진 시간에 자동 전환이 가능하도록 설정할 수 있다.
3. 도형에 텍스트가 작성된 경우 도형과 함께 애니메이션 처리할 것인지를 결정한다.
4. 텍스트를 단락 단위로 처리할 경우 활성화되며 역순으로 애니메이션을 처리할지를 결정한다.

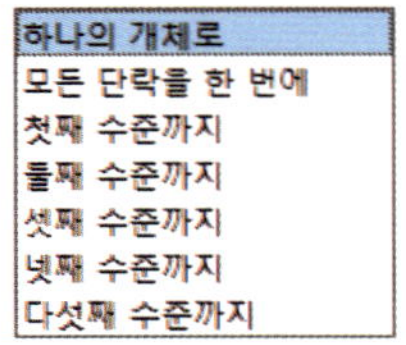

앞서 효과 탭에서도 텍스트에 애니메이션이 적용될 경우, 문자 단위 또는 단어 단위로 애니메이션을 적용할 수 있는 기능이 포함되어 있었다. 문자 단위 또는 단어 단위로 애니메이션이 적용될 경우, 텍스트에 순차적인 애니메이션 효과의 적용이 가능하기 때문에 매우 유용하게 활용될 수 있다. 시각적인 설명이 어려운 관계로 각종 애니메이션이 적용된 예를 예제에 포함하였다.

10 고급 애니메이션

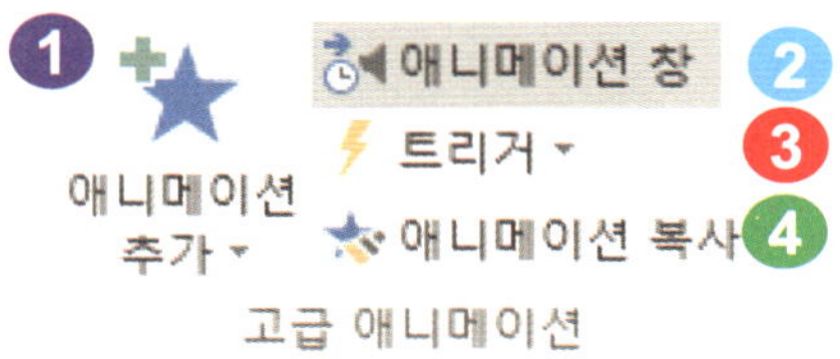

애니메이션 창

1. 개체를 선택하고 애니메이션 추가 버튼을 누르게 되면 애니메이션 선택 메뉴가 나타난다. 이미 애니메이션 설정이 되어 있는 개체에 추가로 애니메이션을 적용하고자 할 때 사용하면 유용하다.
2. 클릭하면 오른쪽에 애니메이션 창이 열리게 된다. 애니메이션 창에서는 현재 슬라이드에서 애니메이션이 적용되어 있는 모든 개체들의 번호와 애니메이션의 종류, 타이밍 등이 나타나게 된다.
3. 트리거에서 애니메이션이 작동되도록 하는 개체 또는 북마크를 지정할 수 있으며 이들을 클릭했을 때 애니메이션 이벤트가 진행되도록 설정하는 것이 가능하다.
4. 특정 개체에 적용되어 있는 애니메이션을 복사할 수 있다.

11 애니메이션 타이밍

애니메이션 메뉴의 가장 오른쪽에 타이밍 영역에서는 시작, 재생시간, 지연시간 등의 제어가 가능하며 애니메이션 효과 옵션 대화 상자의 타이밍 탭에서의 기능과 동일하다. 다만, 애니메이션이 재생되는 순서를 바꿀 수 있는 기능이 포함되어 있다.

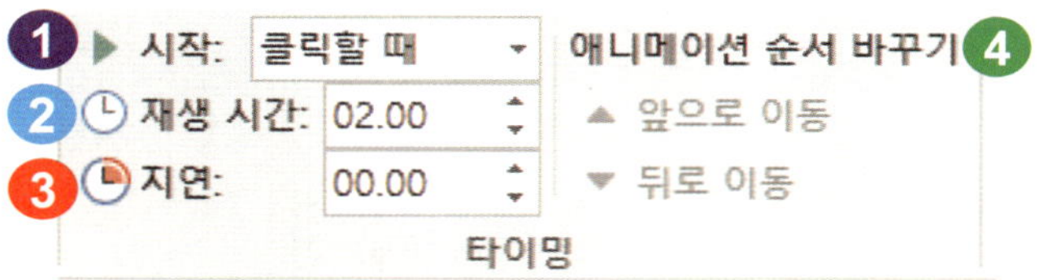

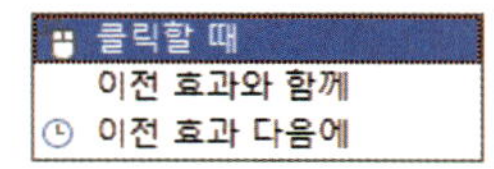

1. 애니메이션 효과의 시작을 마우스 클릭이나, 이전 효과와 함께 또는 이전 효과 다음에 진행될 수 있도록 해 준다.
2. 앞서 결정된 이벤트 시작으로부터의 애니메이션의 지연시간을 결정한다.
3. 애니메이션이 재생되는 데 걸리는 시간을 결정한다.
4. 애니메이션이 재생되는 순서를 바꿀 수 있다.

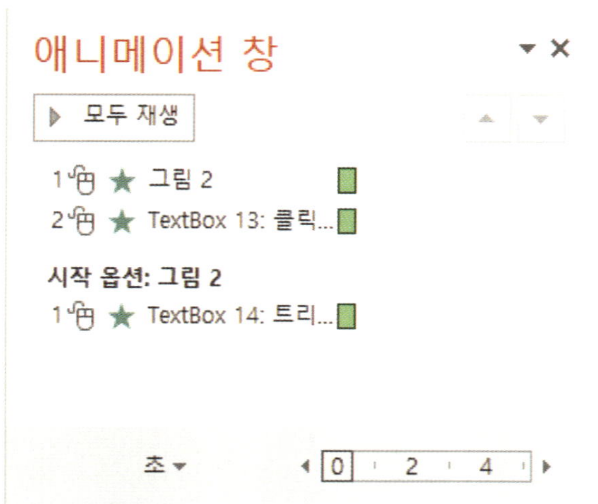

애니메이션 창을 통해서 애니메이션의 시작시간, 재생시간, 트리거 등의 정보를 확인할 수 있으며 제어가 가능하다. 애니메이션 창에는 애니메이션이 지정되어 있는 개체의 번호와 함께 애니메이션의 내용이 표시되어 있다. 마우스모양의 버튼이 표시되어 있는 경우 마우스를 클릭할 때 애니메이션이 시작됨을 알려준다. 맨 아래에 시간이 표시되며 각 애니메이션의 시작시간과 재생시간을 알 수 있게 되어 있다.

12 애니메이션의 활용: 순차적인 나타내기

파워포인트 애니메이션의 가장 기본적인 활용방법은 순차적인 나타내기이다. 백지상태의 화면에서 순차적인 개체의 등장을 통해서 시각적인 흐름을 제공하는 방법이며 화면상에 등장하는 개체에 시선을 주목시키기 위해 사용된다. 예를 들어 124페이지의 디지털 미러 소자를 구성하는 9개의 개체 또는 그룹화된 개체를 순차적으로 등장시키는 방법으로 구조를 설명하는 것이 가능하다.

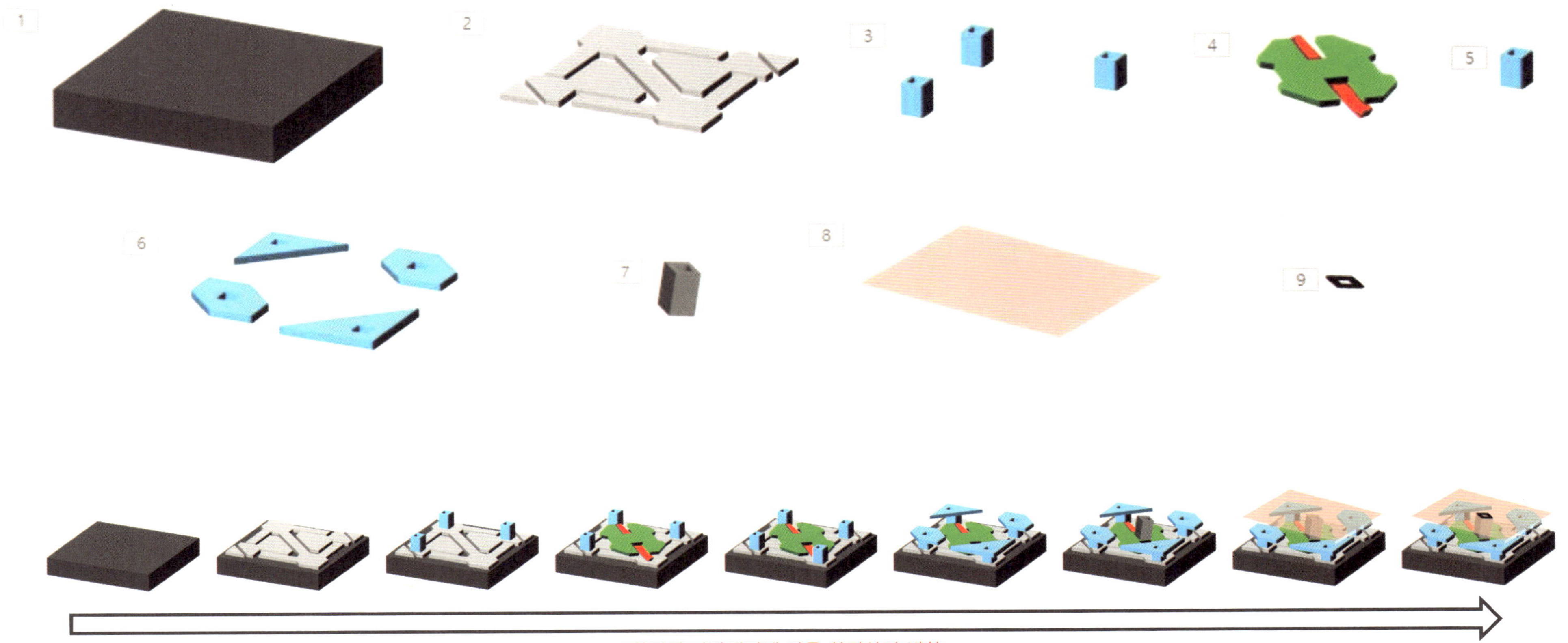

순차적인 나타내기에 따른 화면상의 변화

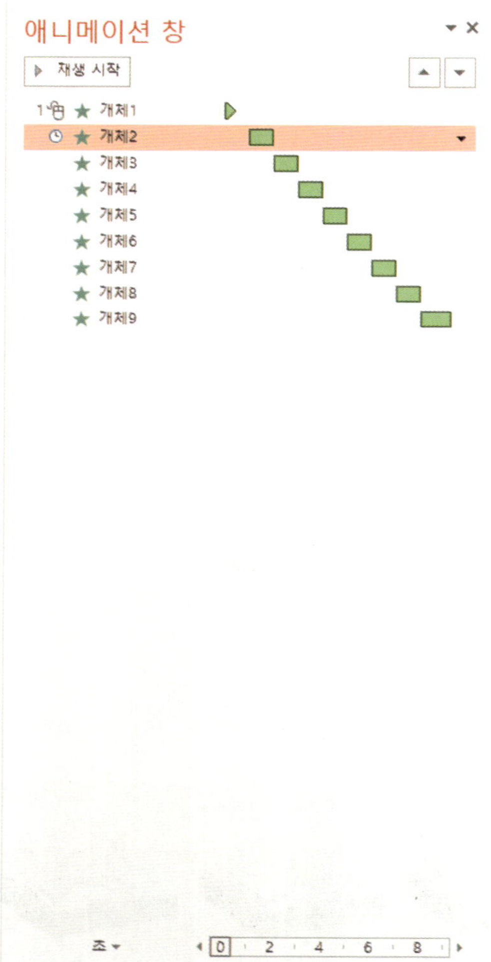

개체1부터 개체9까지 순차적으로 나타내기 설정의 애니메이션 창을 보여주고 있다. 개체1의 나타내기는 마우스클릭에 의해서 시작되며 개체2는 이전 효과 다음에로 설정되어 있다. 개체3부터는 이전효과와 함께로 설정되어 있으며 각각 재생시간은 1초이며 순차적으로 지연시간이 설정되어 있다.

각 개체의 재생시간 및 지연시간은 애니메이션 창의 각 개체번호를 클릭한 후에 타이밍 영역에서 시간을 조절하거나 개체 이름 오른쪽의 막대를 마우스로 움직여 조절이 가능하다.

각 개체에 적용된 애니메이션은 각 부품을 위쪽에서 쌓아 올리는 형태로 표현하기 위해서 날아오기로 설정하였으며 방향은 위쪽에서 아래쪽으로 내려오는 옵션을 설정하였다.

애니메이션 창의 초록색 모양은 나타내기 효과를 의미하며 노란색은 강조를, 빨간색은 끝내기 효과를 나타낸다.

각 개체 이름 앞에 나타나는 마우스 모양은 마우스 클릭 시 이벤트가 시작된다는 의미이며 시계모양 아이콘은 이전효과 다음에로 설정되어 있음을 의미한다.

아래의 19개의 루빅스 큐브의 이미지들을 순차적으로 나타내게 되면 루빅스 큐브가 회전하는 모습을 연속적으로 표현하는 것이 가능하다.

순차적인 나타내기에 따른 화면상의 변화

순차적인 나타내기에 따른 화면상의 변화

순차적인 나타내기에 따른 화면상의 변화

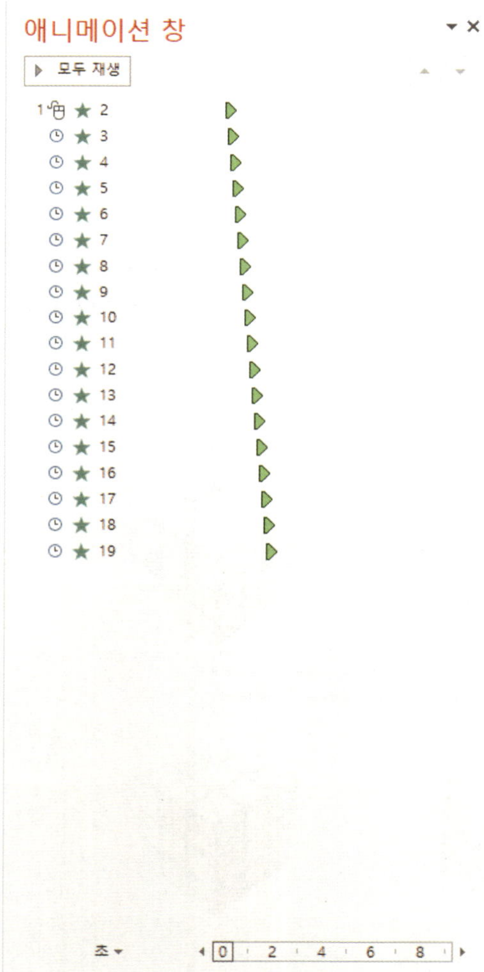

2부터 19까지 순차적으로 나타내기 설정의 애니메이션 창을 보여주고 있다. 마우스 클릭에 의해서 첫 번째 개체가 나타나며 두 번째 개체부터는 이전 효과 다음에로 설정이 되어 있다. 애니메이션 효과는 단순히 나타내기 설정이며 빠르게 움직이는 화면처럼 나타내기 위해서 지연시간을 0.1초로 설정하였다.

13 애니메이션의 활용: 부드럽게 시작, 부드럽게 종료, 바운드 종료 효과의 활용

일부 애니메이션의 효과 옵션에는 부드럽게 시작, 부드럽게 종료, 바운드 종료가 있다. 예를 들어 나타나기의 날아오기에 바운드 종료 효과를 처리하면 개체가 나타나는 과정에서 마지막에 튕기는 듯한 느낌을 제공하게 된다.

부드럽게 시작, 부드럽게 종료, 바운드 종료 효과가 제공되는 애니메이션으로 나타내기의 날아오기와 강조의 회전, 크게/작게 등이 있으며 이동경로에도 바운드 종료 효과가 제공된다.

이들 효과들을 지면상에서 설명하는 것은 어렵기 때문에 효과가 적용된 개체를 예제에 제공하였다.

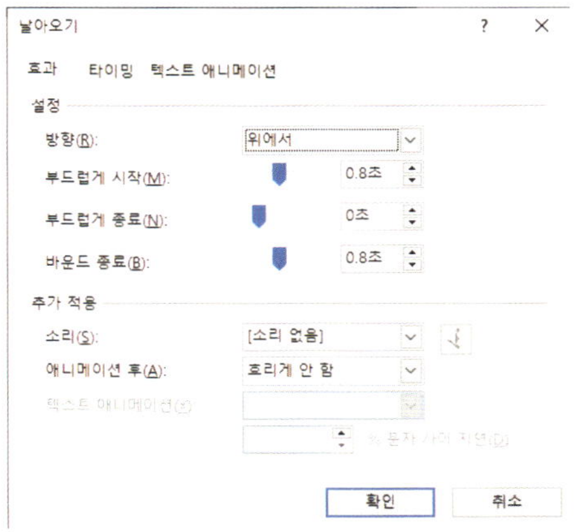

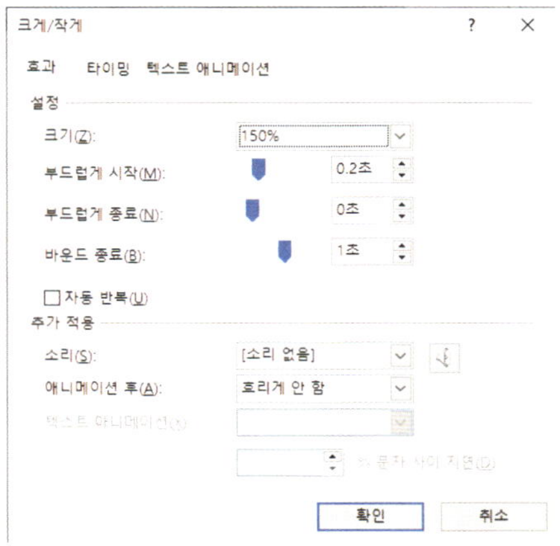

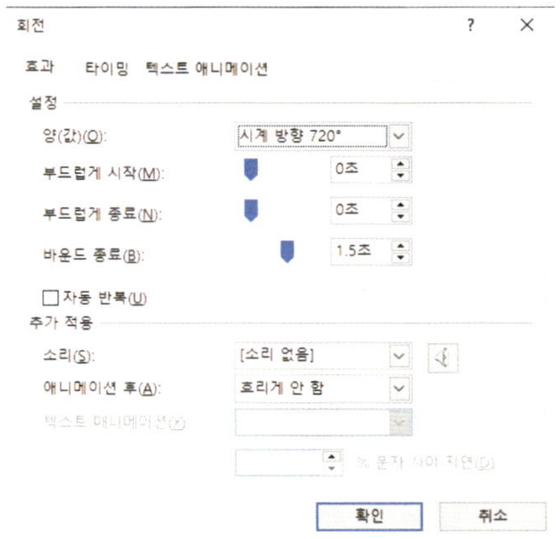

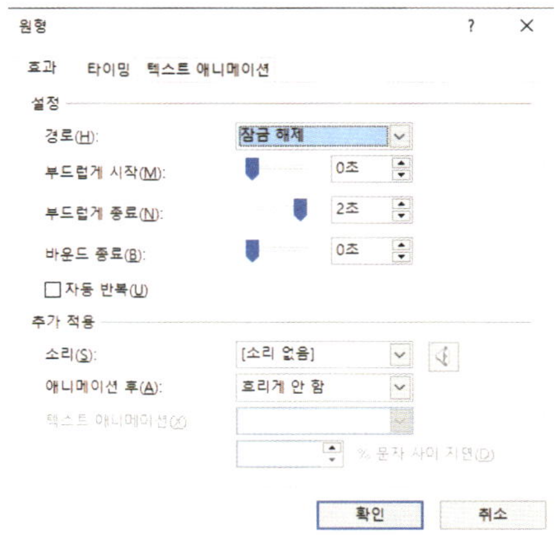

14 애니메이션의 활용: 회전과 압축효과를 동시에 활용한 강조

연세대학교 로고를 외부와 내부 두 조각으로 나누어 회전효과와 압축효과를 동시에 적용하여 등장시키는 애니메이션이다. 다양한 애니메이션 효과를 동시에 활용하여 시선을 주목시키는 효과를 얻을 수 있다.

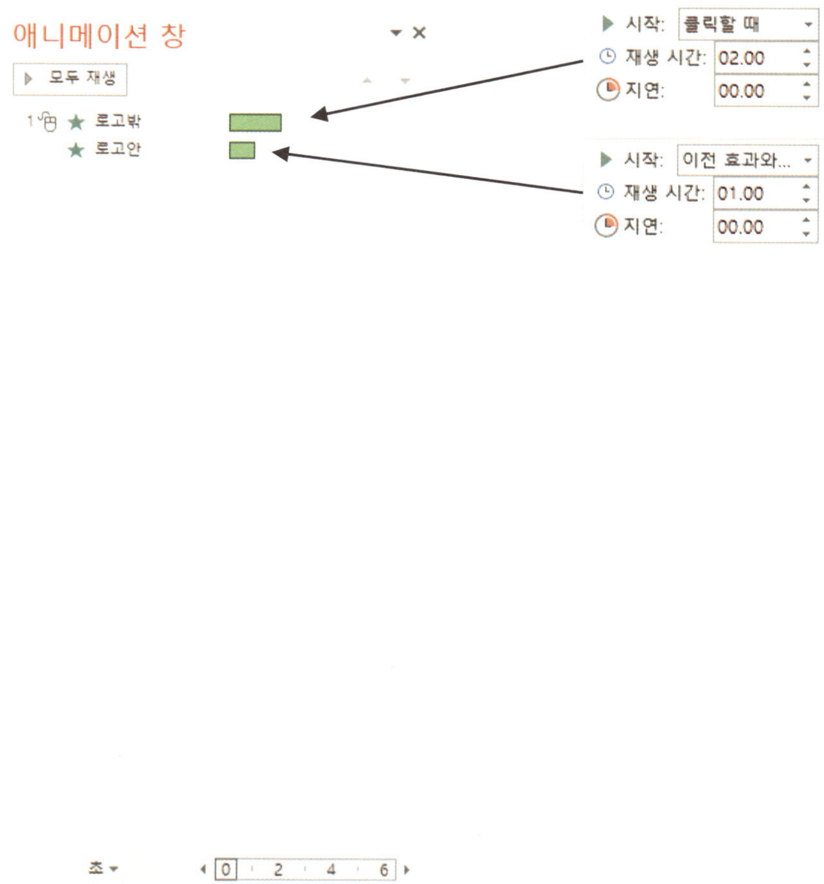

15 애니메이션의 활용: 이동경로를 이용한 이미지의 자연스러운 흐름효과

구멍이 뚫려 있는 도형 뒷면에 이미지를 위치시키고 서서히 이동시키면 이미지가 자연스럽게 흐르는 효과를 연출할 수 있다.

반대로 구멍이 뚫려 있는 도형을 이동시키는 방법으로 이미지에 시선을 집중시키는 효과의 연출이 가능하다.

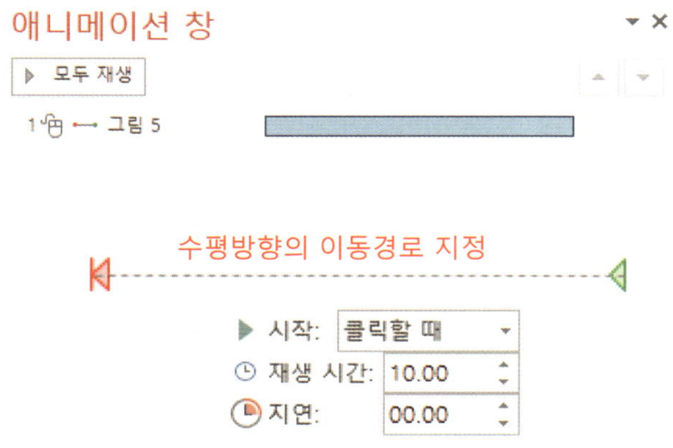

원본 이미지

137페이지의 확대경

도형병합을 이용하여 구멍이 뚫려 있는 도형은 쉽게 얻을 수 있다.

16 애니메이션의 활용: 특정 부분의 확대 효과

나타내기 확대/축소와 이동경로의 지정을 통해서 특정 부분을 확대하여 보여주는 효과를 낼 수 있다.

두 가지 효과 모두 재생 시간 2초로 설정되어 있으며 동시에 재생이 될 수 있도록 이동경로는 이전효과와 함께로 설정되어 있다.

17 애니메이션의 활용: 지속적인 움직임

왼쪽 톱니바퀴는 지속적인 회전이 가능하도록 설정되어 있다.

강조 회전효과가 적용되었으며 재생시간은 모두 5초로 설정되어 있다. 두 번째 톱니바퀴는 시계반대방향으로 회전하며 나머지는 시계방향으로 회전한다. 회전수는 톱니의 수에 맞추어 360도와 2회전으로 설정되어 있다.

첫 번째 톱니바퀴의 설정

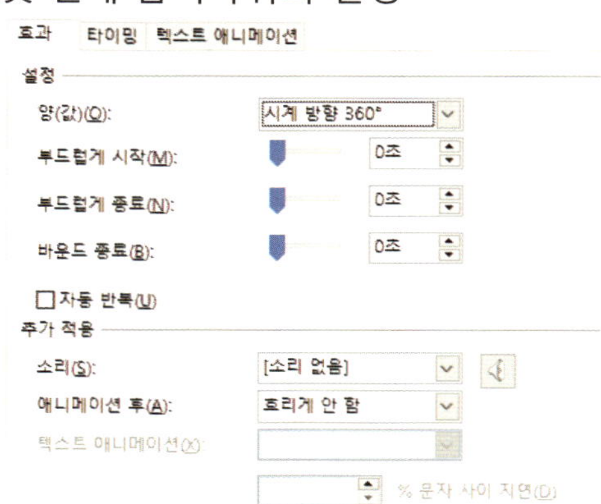

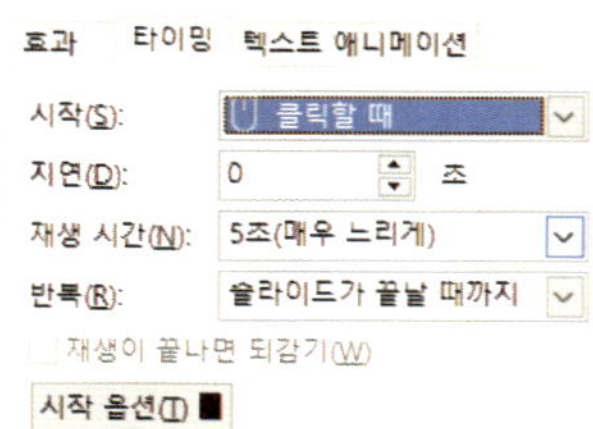

타이밍 탭의 반복에 슬라이드가 끝날 때까지로 설정되어 있다.

18 애니메이션의 활용: 이동경로를 활용한 불꽃놀이 구현

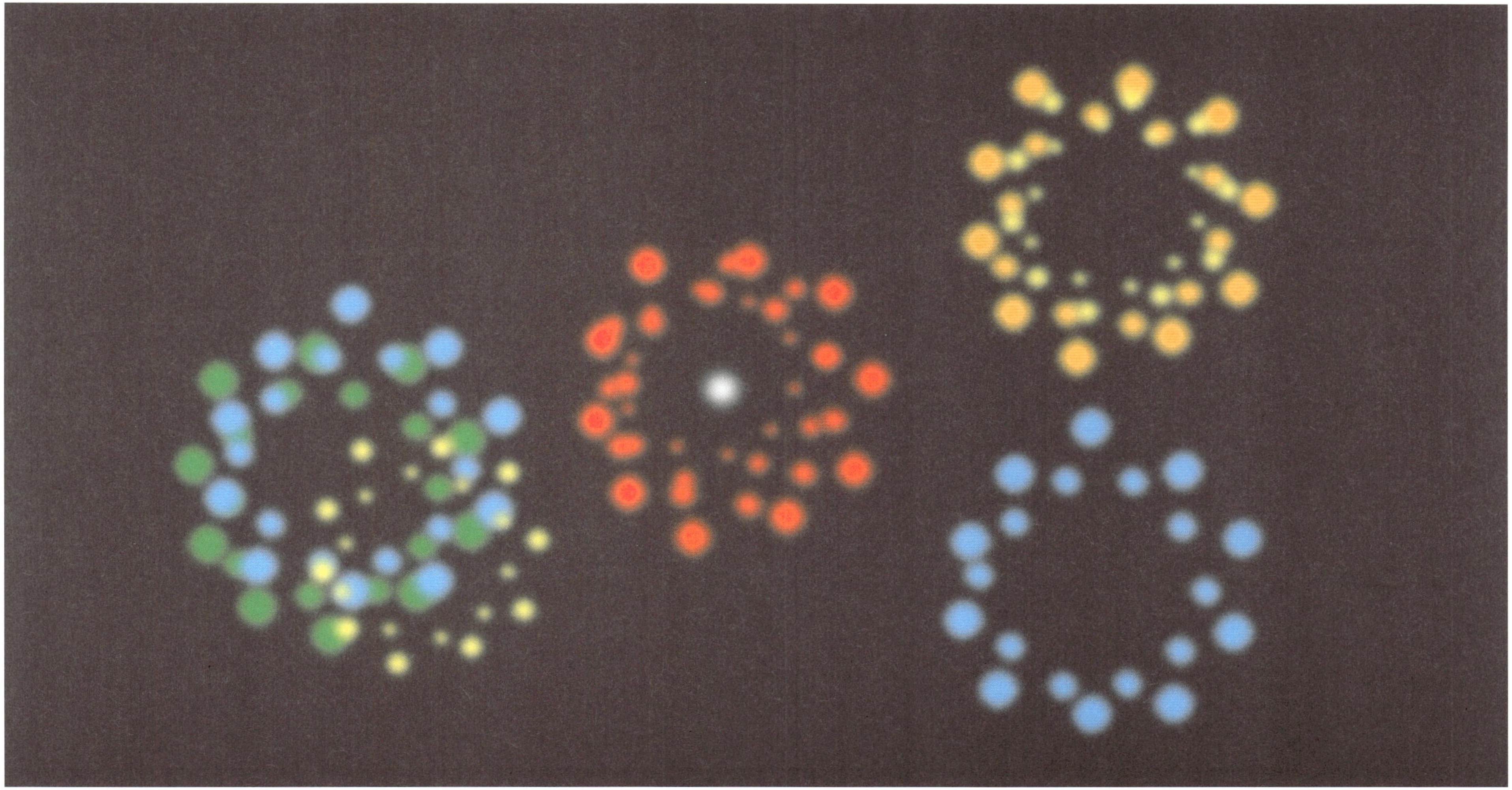

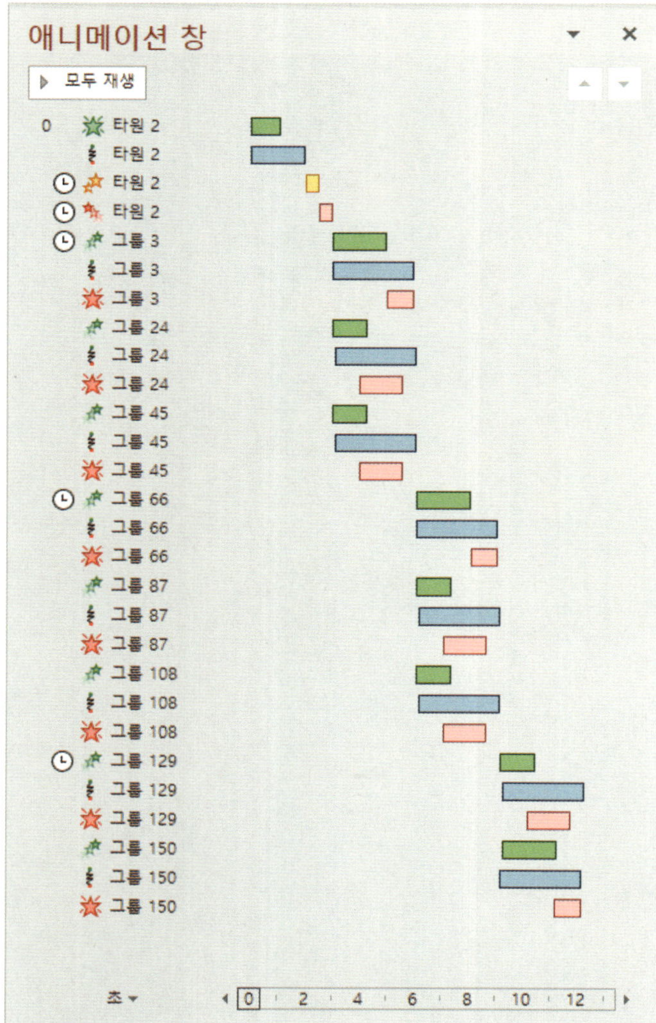

폭죽이 발사되는 과정

불꽃이 나타났다가 사라지는 과정

불꽃놀이를 구현하기 위해서 다양한 개체들 또는 그룹들의 애니메이션 효과가 순차적으로 구현될 수 있도록 설정하였다.

폭죽이 발사되는 과정은 나타내기 밝기 변화 효과와 강조 크게/작게 효과, 사라지기 확대/축소가 순차적으로 적용되고 있으며 폭죽이 올라오는 과정에 이동경로가 적용되고 있다.

불꽃이 나타났다가 사라지는 과정은 그룹화된 원들이 확대/축소 효과로 나타나며 연속적으로 밝기 변화를 통해서 사라지는 효과가 적용된다. 이 과정에 불꽃의 움직임을 표현하기 위해서 이동경로가 적용된다. 전체적으로 그룹화되어 있는 요소들을 복제하여 반복적으로 나타날 수 있도록 표현하였다.

폭죽의 이동 경로는 사용자 지정 경로를 이용하여 그리며 흰색 원에
부드러운 가장자리를 적용하여 표현하였다.

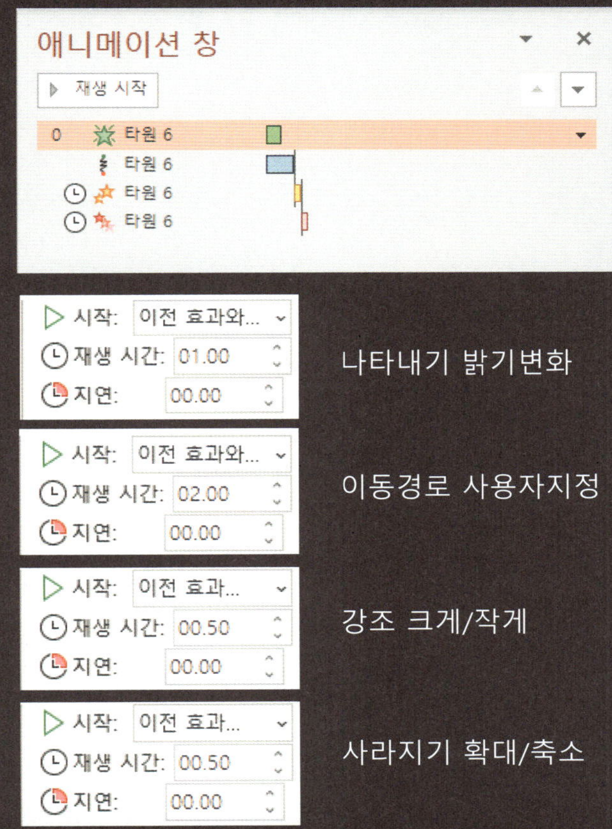

불꽃을 표현하기 위해서 사용된 그림은 원들을 동심원을 그리는 형태로 배열하여 표현하였으며 부드러운 가장자리를 적용하였다.

부드러운 가장자리 효과

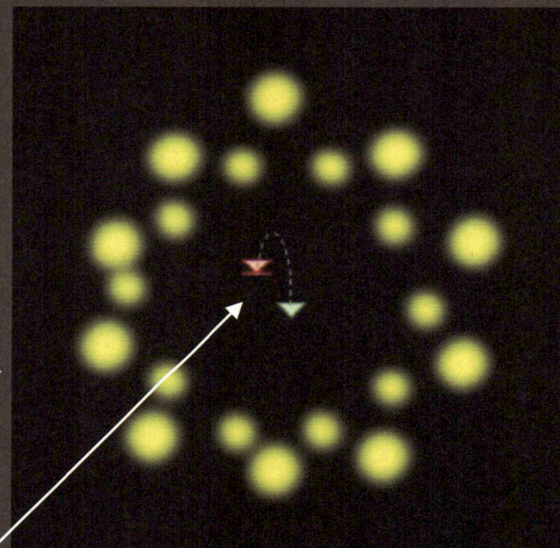

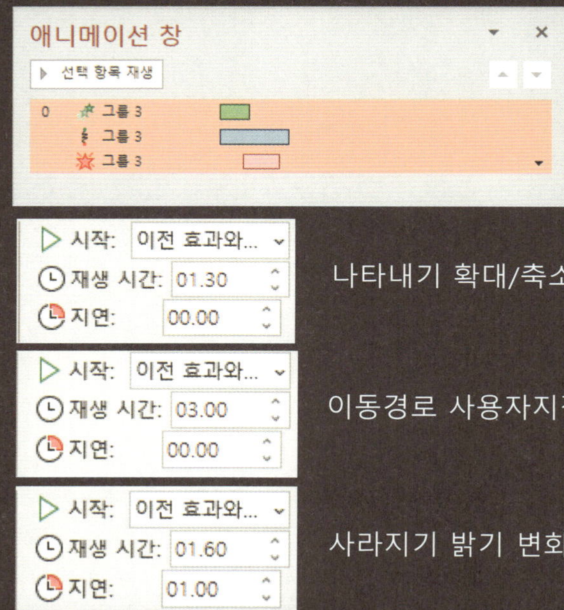

나타내기 확대/축소

이동경로 사용자지정

사라지기 밝기 변화

불꽃의 이동을 표현하기 위해 적용된 이동경로

다양한 불꽃을 연출하기 위해서 크기, 색상, 이동경로, 재생시간을 조금씩 변경하고 복제해서 사용하면 불꽃놀이를 구현할 수 있다.

이공계 학생을 위한
파워포인트로
이미지 만들기

06

템플릿의 활용

파워포인트를 이용한 프레젠테이션 자료를 제작하는 과정에서 동일한 배경이나 서식이 반복되는 경우 템플릿을 활용하는 것이 유용하다. 이 장에서는 템플릿의 제작 방법에 대해서 슬라이드 마스터의 메뉴를 중심으로 간단하게 설명하고자 한다.

1 슬라이드 마스터 열기

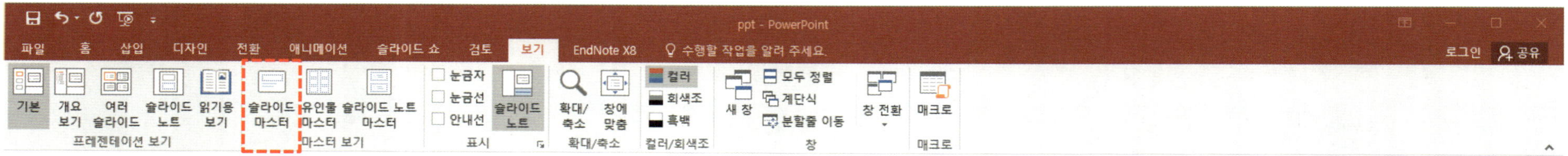

슬라이드 마스터는 리본 메뉴 보기 탭에서 슬라이드 마스터를 클릭하면 된다.

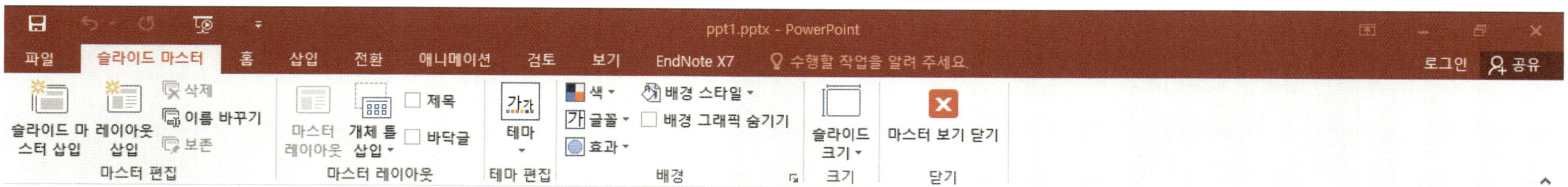

슬라이드 마스터 탭 메뉴에는 슬라이드 마스터의 삽입, 레이아웃의 삽입, 테마 편집 등의 기능이 제공된다. 슬라이드 마스터의 편집이 완료되면 마스터 보기 닫기를 클릭하면 홈 화면으로 이동하게 된다.

2 슬라이드 마스터 편집

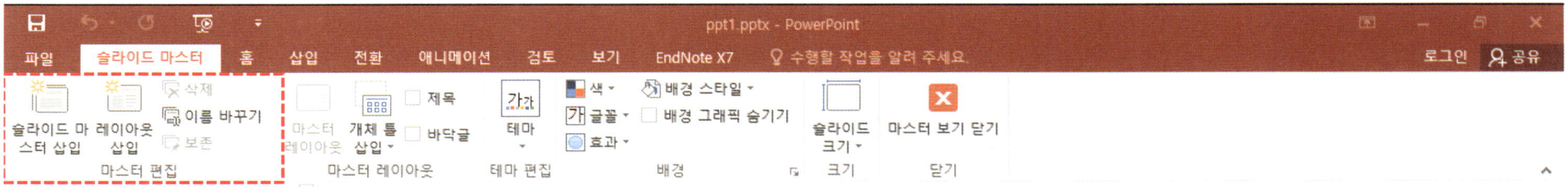

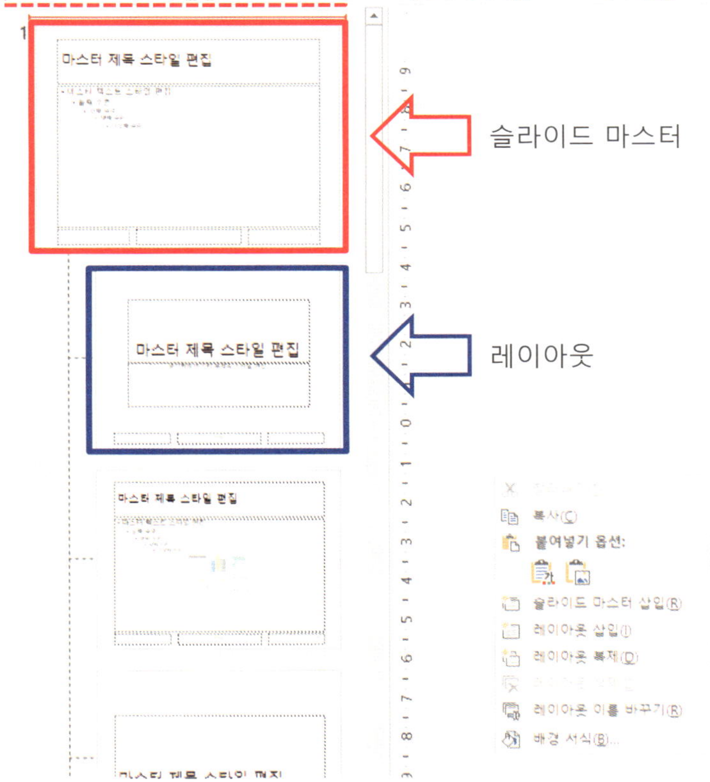

슬라이드 마스터를 열게 되면 레이아웃이 포함된 마스터가 보이며 마스터 아래쪽에 여러 개의 레이아웃이 나타나게 된다. 마스터에 포함된 배경 서식은 각 마스터 아래의 모든 레이아웃에 똑같이 적용된다.

마스터 편집 영역에서 슬라이드 마스터, 레이아웃의 추가 삭제가 가능하다. 슬라이드 마스터의 추가는 슬라이드 마스터 삽입 버튼으로 가능하며 마찬가지로 레이아웃 삽입 버튼으로 레이아웃을 추가할 수 있다. 이름 바꾸기를 통해서 슬라이드 마스터 또는 레이아웃의 이름을 지정할 수 있다.

삭제 버튼을 이용하여 슬라이드 마스터나 레이아웃의 삭제가 가능하다. 해당 슬라이드 선택 후 오른쪽 클릭하여 열리는 대화상자를 통해서도 슬라이드 마스터 또는 레이아웃의 삭제가 가능하다. 다만, 한 번이라도 슬라이드에 적용된 레이아웃은 삭제가 불가능하다. 각 레이아웃 위에 마우스 커서를 올려 놓으면 사용되고 있는 슬라이드 번호의 확인이 가능하다.

오른쪽 클릭을 통해서 생성되는 대화상자

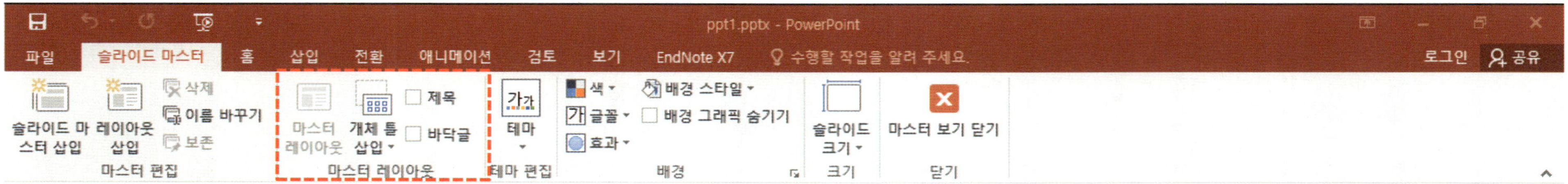

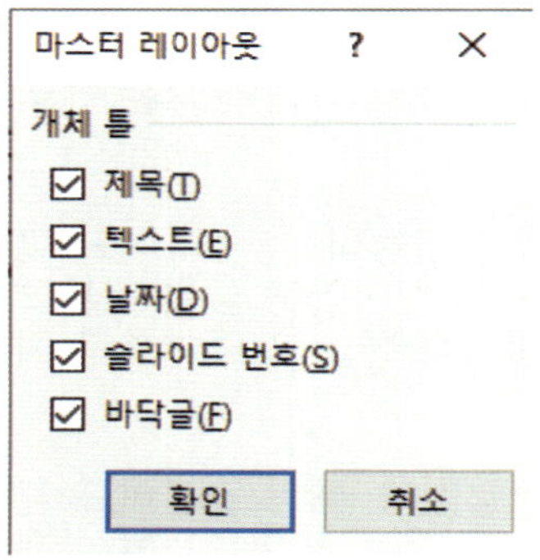

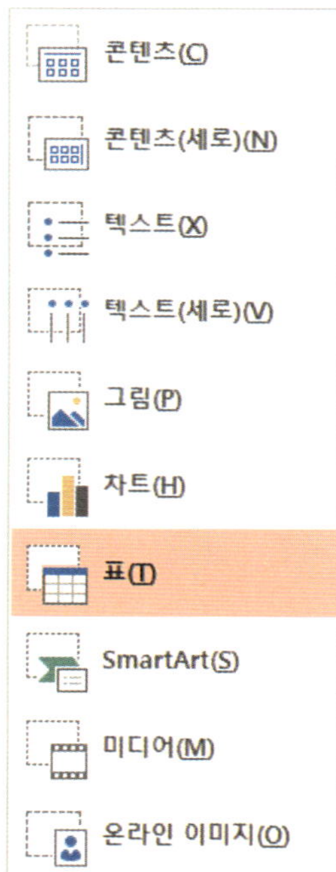

마스터 레이아웃 영역에서는 마스터 레이아웃, 개체 틀 삽입 메뉴가 있으며 레이아웃에 제목과 바닥글이 들어가는지 여부를 지정할 수 있다. 마스터 레이아웃에서는 슬라이드 마스터에 적용되는 기본적인 구성요소들을 지정할 수 있다. 제목, 텍스트, 날짜, 슬라이드 번호, 바닥글의 5개 항목에 대해서 기본적인 적용을 할 것인지를 결정한다. 개체 틀 삽입은 레이아웃에 포함되는 개체가 들어갈 자리를 지정하게 된다. 오른쪽에 제시된 10개 항목에 대해서 적용이 가능하다.

슬라이드 마스터 또는 각 레이아웃에 그림이나 텍스트를 삽입하는 방법은 기존의 슬라이드를 편집하는 것과 동일하다. 다만, 개체 틀을 이용하여 개체를 삽입할 장소를 미리 지정한다는 점에서 차이가 있다. 실제 슬라이드에서 레이아웃이 적용되었을 때 개체 틀이 위치하는 장소는 텍스트나 각종 개체의 입력을 기다리는 상태로 나타나게 된다.

개체 틀로 그림이 삽입된 레이아웃　　레이아웃이 적용된 슬라이드

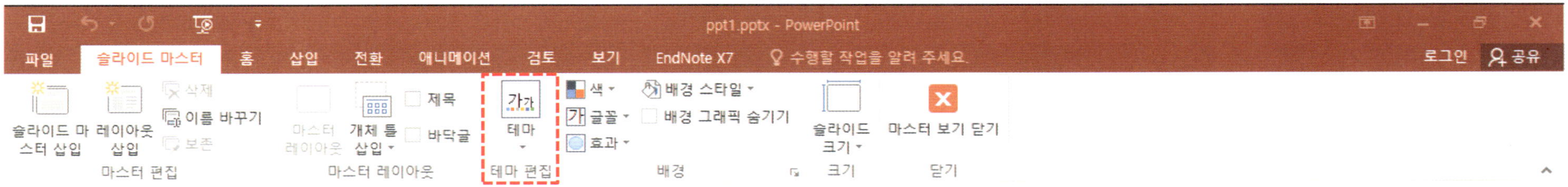

슬라이드 마스터 탭 메뉴에서 테마 편집은 미리 설정되어 있는 슬라이드 테마를 적용하는 것으로 각 테마별로 아래 쪽에 기본적으로 적용되는 색상들이 제시되어 있으며 사용될 폰트 등도 지정되어 있다.

슬라이드 테마는 디자인 탭에서도 찾을 수 있으며 슬라이드 테마를 바꾸게 되면 모든 슬라이드에 영향을 주기 때문에 슬라이드를 준비하기 전부터 미리 선택하고 작업 구상을 해 둘 필요가 있다.

슬라이드 테마에서 사용되는 색상들은 비교적 시인성이 뛰어난 조합을 활용하고 있지만 외부 이미지들이 추가되어 있는 경우에 슬라이드 테마에 맞추는 작업이 요구된다.

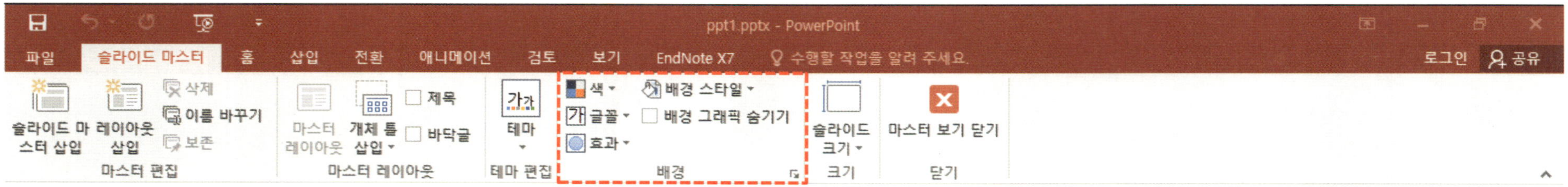

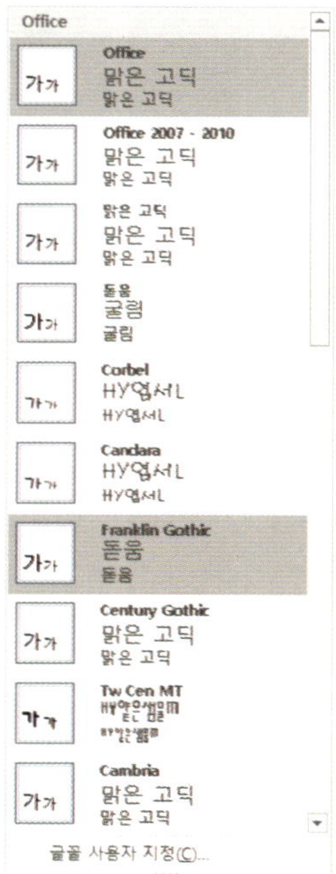

슬라이드 마스터 탭 메뉴에서 배경 영역에서는 슬라이드 마스터 및 레이아웃에 적용되는 색상 글꼴 효과 및 배경스타일을 편집할 수 있다. 왼쪽에 색과 글꼴을 선택하였을 때 나타나는 드롭다운 메뉴를 나타내었다. 글꼴 사용자 지정을 클릭하면 아래의 대화상자가 나타난다. 대화상자를 이용하여 글꼴을 미리 지정하여 사용할 수 있다. 배경 스타일은 오른쪽 아래쪽에 나타낸 것과 같이 배경의 색상을 설정할 수 있다. 배경 그래픽 숨기기는 슬라이드 마스터에 적용된 이미지를 각각의 레이아웃에서 나타나게 할 것인지를 결정하게 된다. 배경 그래픽 숨기기 설정을 해놓지 않으면 슬라이드 마스터에 적용된 이미지가 각각의 레이아웃에 나타나게 된다.

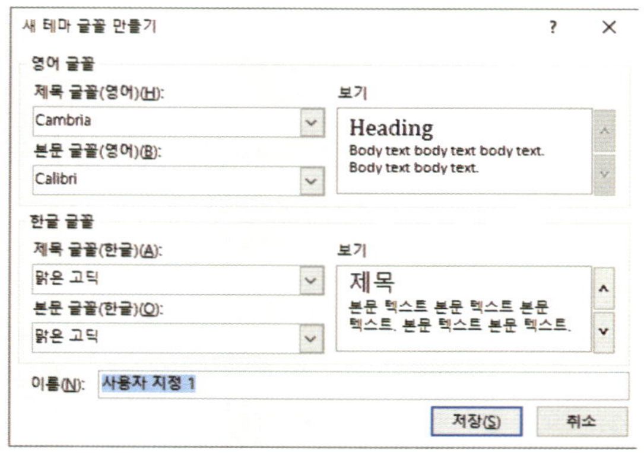

3 레이아웃의 적용

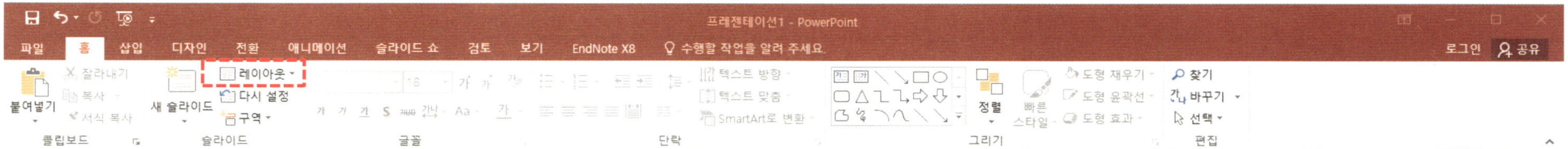

슬라이드 마스터를 이용하여 만들어진 다양한 레이아웃을 적용하기 위해서는 홈 탭의 슬라이드 영역의 레이아웃을 클릭하여 나타나는 레이아웃들 중에서 선택하면 된다. 각 슬라이드를 선택하여 마우스 오른쪽 클릭을 해도 대화상자에 레이아웃이 나오며 레이아웃을 선택하면 슬라이드 마스터에 만들어져 있는 모든 레이아웃이 나타나게 된다. 아래는 이 책의 원고 작업 때 사용되었던 모든 레이아웃을 나타낸 것이다.

레이아웃을 만들 때는 어떤 주제로 어떤 느낌의 슬라이드를 구성할 것인지 철저한 사전 계획을 세워야 할 것이다. 파워포인트에서 기본적으로 제공하는 테마를 활용하여도 좋지만 본인만의 개성이 살아 있는 레이아웃을 만들기 위해서는 많은 노력과 연습이 필요하다. 온라인에 찾을 수 있는 파워포인트 템플릿도 다양하게 있으므로 필요에 따라서 활용하는 것도 방법이다.

4 이 책에서 사용된 레이아웃

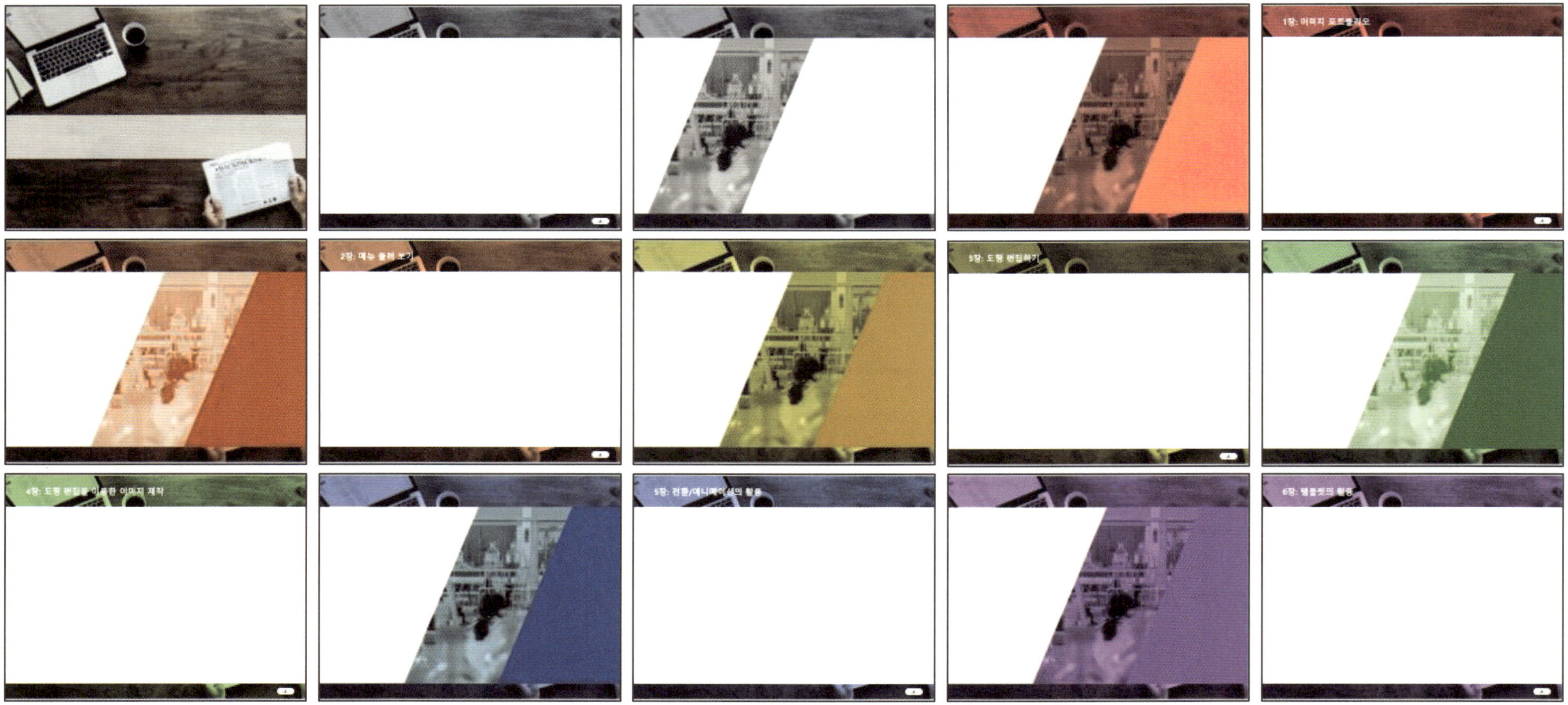

이 책의 원고 작업 때 사용되었던 레이아웃들이며 일관성을 유지하기 위해서 동일한 이미지를 사용하였고 색상의 변화만을 주었다.

저자 소개

장우동
일본 도쿄대학 화학생명공학 박사
일본 도쿄대학 조교수
연세대학교 조교수, 부교수
현) 연세대학교 이과대학 화학과 교수
한국과학기술한림원 준회원

이공계 학생을 위한
파워포인트로 이미지 만들기

저　　자　장우동
발 행 인　김지영
발 행 처　자유아카데미
주　　소　경기도 파주시 회동길 37-42
　　　　　파주출판도시
전　　화　031-955-1321
팩　　스　031-955-1322
홈페이지　www.freeaca.com
전자우편　main@freeaca.com (대표)
　　　　　editor@freeaca.com (편집)
　　　　　crm@freeaca.com (영업)
등　　록　제406-2003-017호, 1980. 7. 12
제1판1쇄　2020년 6월 30일 발행

무단 복제를 금하며, 잘못된 책은 바꾸어 드립니다.
ISBN 979-11-5808-270-3　93000